现代汽车技术丛书

车辆动力学

（翻 译 版）

〔德〕马丁·梅维克（Martin Meywerk） 著

陈潇凯 译

机 械 工 业 出 版 社

本书系统地阐述了车辆动力学所涉及的基本原理和结构,将车辆动力学理论知识和汽车最先进的结构功能紧密联系起来。动力学理论方面的内容主要对车辆的纵向、侧向动力学以及垂向动力学和振动进行了较为详实的理论分析,详细说明了车辆的行驶性能、动力学模型以及多体系统动力学基础方面的相关知识;应用方面的内容介绍了当下研究前沿的混合动力系统、自适应巡航控制、悬架系统、离合器和变速器、减振器和制动器、纵向和侧向主动控制系统的基本知识。

本书根据不同章节难易程度可作为高等院校车辆工程以及相关专业本科生或研究生的教学用书,也可供相关工程技术人员参考。

Copyright ⓒ John Wiley & Sons Ltd 2015.

All Rights Reserved. This translation published under license. Authorized translation from the English language edition, entitled Vehicle Dynamics, ISBN:978-1-118-97135-2, by Martin Meywerk, Published by John Wiley & Sons Ltd. No part of this book may be reproduced in any form without the written permission of the original copyrights holder.

本书中文简体字版由 Wiley 授权机械工业出版社独家出版。未经出版者书面允许,本书的任何部分不得以任何方式复制或抄袭。版权所有,翻印必究。

北京市版权局著作权合同登记 图字:01-2019-7253 号。

图书在版编目(CIP)数据

车辆动力学:翻译版/(德)马丁·梅维克(Martin Meywerk)著;陈潇凯译. —北京:机械工业出版社,2022.12
(现代汽车技术丛书)
ISBN 978-7-111-71700-3

Ⅰ.①车⋯ Ⅱ.①马⋯ ②陈⋯ Ⅲ.①车辆动力学 Ⅳ.①U270.1

中国版本图书馆 CIP 数据核字(2022)第 179826 号

机械工业出版社(北京市百万庄大街 22 号 邮政编码 100037)
策划编辑:尹法欣 责任编辑:尹法欣 章承林
责任校对:樊钟英 李 杉 封面设计:张 静
责任印制:任维东
北京圣夫亚美印刷有限公司印刷
2023 年 2 月第 1 版第 1 次印刷
184mm×260mm·15 印张·365 千字
标准书号:ISBN 978-7-111-71700-3
定价:69.00 元

电话服务 网络服务
客服电话:010-88361066 机 工 官 网:www.cmpbook.com
010-88379833 机 工 官 博:weibo.com/cmp1952
010-68326294 金 书 网:www.golden-book.com
封底无防伪标均为盗版 机工教育服务网:www.cmpedu.com

译者序

　　本书作者马丁·梅维克（Martin Meywerk）教授拥有在德国大众汽车公司、布伦瑞克工业大学（德国 TU9 高校之一）等企业和高校的多年工作经历，有着丰富的工程实践与教学经验。与同类图书相比，本书很好地体现了作者在车辆动力学方面扎实的工程背景，书中设有详尽的理论推导过程，有利于培养学生更好地面对不确定性未来的发展弹性。

　　本书的特色是很好地厘清了车辆动力学的基本概念及它们之间的关系，便于学生更好地理解车辆动力学的本质。本书的内容大体可分为四部分：纵向动力学、垂向动力学、侧向动力学，以及车辆系统结构设计与车辆电子系统。独具特色的是，每章内容的最后，基于学习理论中的布鲁姆（Bloom）认知模型，设置了"记忆""理解""应用"等不同层级的学习训练任务，来帮助读者"以产出为导向"加深对本章内容的掌握，契合了工程教育的根本理念。

　　特别值得一提的是，基于本书，Martin Meywerk 教授在德国 MOOC 平台 iversity 所开设的同名慕课是最受欢迎的车辆工程专业课之一，感兴趣的读者可以结合该视频课程资源来学习本书相关内容。

　　本书翻译过程中得到了北京理工大学电动车辆国家工程研究中心的王鸿霖、陈丰、郑成、王建鑫、王晨宇、梁茹钰、符东、曾洺锴、王泓晔等研究生，以及王睿、龚雪等朋友给予的大力支持。谢谢你们！

　　由于水平和时间的限制，书中难免存在疏漏和错误之处，敬请广大读者不吝赐教。

陈潇凯

序

本书涵盖了车辆动力学的主要部分，分为三个主题：纵向、垂向和侧向动力学。书中还特别对机电系统的背景知识等工程应用问题进行了解释，并概要地介绍了一些关键零部件的相关知识。

图 1 提供了本书各章节内容安排的概览，书中车辆动力学的主要内容（纵向、垂向和侧向动力学）与工程应用和零部件等内容有机地融合在一起。通过使用简单的机械模型（例如，1/4 车辆模型和单轨模型）来解释许多车辆动力学的基本原理。由于非常复杂的多体系统动力学（MBS）虚拟开发技术已被广泛应用于现代汽车开发工作中，在本书的最后一章非常简要地介绍了这种仿真技术。尽管这些 MBS 模型能够预测许多细节，但使用此类模型的用户应了解车辆动力学响应的原理以及动态特性背后的主要理论，因此，利用本书中所描述的简单模型，对车辆的基本动力学特性进行学习是非常重要的。

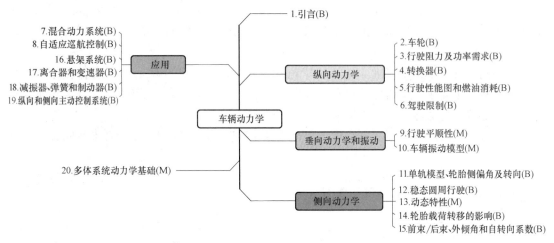

图 1 本书的章节安排

第 1 章包含车辆的一般数据。然后介绍了车辆坐标系的基础知识，每位读者均需阅读此部分的介绍。接下来，介绍了在很大程度上是相互独立的三部分内容，分别是车辆纵向动力学、垂向动力学和侧向动力学。纵向动力学和垂向动力学基本上是完全独立于其他部分内容的，即使没有其他部分内容的知识，也可以进行阅读和理解。第三部分是侧向动力学，它涉及其他两部分的相关内容，若没有事先学习纵向动力学和垂向动力学的相关知识，对于该部分的学习会存在理解困难。

若不阅读相应的理论章节，只能部分理解工程应用部分的内容。因此，建议读者从基础部分开始学习：在纵向动力学章节中可以找到第 7 章（混合动力系统）、第 8 章（自适应巡航控制）和第 17 章（离合器和变速器）的基础知识；侧向动力学对于理解第 16 章（悬架系统）十分重要；而对于第 18 章（减振器、弹簧和制动器），需要用到垂向动力学和纵向及侧向动力学的部分知识；对于第 19 章（纵向和侧向主动控制系统），顾名思义，涉及纵向和侧向方面；第 20 章几乎独立于本书的理论体系之外。

图 1 中在每章后面都标记了字母 B 或 M，分别表示适用于学士或硕士课程。对于机械工程专业高年级本科生而言，由于已具备必要的工程力学和数学知识，标记字母 B 的章节内容应易于理解，涉及的基础知识包括：代数、三角函数、微积分、线性代数、矢量、坐标系、力、力矩、平衡、质量、质心、转动惯量、隔离体方法、摩擦力、牛顿定律、拉格朗日方程等。对于标记字母 M 的章节内容，则需用到研究生阶段相关课程的知识，例如：常微分方程（ODE）、ODE 的稳定性、拉普拉斯（Laplace）变换、傅里叶（Fourier）变换、路面不平度的随机性描述及功率谱密度等。

基本上在每一章的最后，你都会发现一些问题与练习。这些问题与练习可用于掌握学习进度或尝试将所学知识应用于一些小的工程问题。因此，根据学习理论中的布鲁姆（Bloom）认知模型（图 2），这些问题和任务可以被用于课堂学习的训练内容。

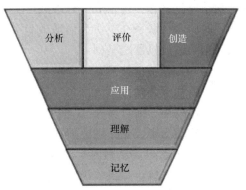

图 2　布鲁姆认知模型

对照布鲁姆认知目标分类法，最简单的类型是"记忆"，这意味着只需要记住正确的内容（例如定义或公式）；如果已理解所学内容，则应该能够回答第二层级"理解"的问题；第三层级"应用"关系到能够利用所学知识解决某些未知问题。其余三个类别的"分析""评价"和"创造"适合于学生更高级的学习活动，例如学士或硕士学位论文的工作等，本书很少涉及这些类别。

丛书前言

汽车是社会生活的关键要素，车辆的动态特性是其价值的重要体现。此外，车辆动力学已经被研究了很多年，对于教师而言已有大量的素材可供其用来教给学生诸多基本概念。这些车辆动力学概念不仅构成了理解载运工具性能的重要基础，而且车辆运动学、动力学及物理学之间的内在联系在本质上体现了非常精妙的关系，进而构成了车辆这一迄今为止最令人印象深刻的载运机器之基础。

车辆动力学不仅涉及整个车辆系统的动力学、建模，以及控制等方方面面，而且还包括诸如变速器和混合动力系统等各零部件的集成问题。本系列图书不仅提供了车辆系统各经典主题的详尽概述，而且涉及21世纪先进车型上涌现的新技术。所涵盖的主题从车辆刚体运动学、车轮动力学，到车辆巡航控制、混合动力系统设计与分析，以及多体系统动力学等。本书是"汽车系列"丛书的一部分，其主要目的是为企业界的工程师和车辆工程领域的研究生和高年级本科生提供实用和专业的书籍。本系列图书介绍了为开发下一代运输系统，在车辆工程领域所涌现出来的诸多新兴技术。本系列图书涵盖了广泛的技术主题，包括设计、建模和制造技术等，并且提供了相关信息的来源，汽车工程领域的从业人员可能会对其感兴趣并从中获益。

车辆动力学涉及包括动力需求、转换装置、性能需求、燃油消耗特性和车辆动力学模型等许多与汽车有关的不同设计、分析和开发注意事项等问题。基于作者的丰富工程经验，本书的撰写工作是非常务实的。无论作为本科和研究生课程教材，还是作为汽车系统开发工程师的参考书，本书都是非常有用的。本书涵盖了广泛的技术要点，这些对于理解车辆性能至关重要，这也使得本书成为"汽车系列"丛书的重要补充。

Thomas Kurfess

前言

本书来源于德国汉堡国防大学（Helmut-Schmidt-University）所开设车辆动力学和机电系统的课程讲义。这两门课程分别自 2002 年（车辆动力学）和 2009 年（车辆机电一体化）以来一直开设。本书属于车辆动力学领域的基础内容，对于机械工程专业的高年级本科生而言，只要已具备数学和工程力学基础知识，本书的大部分内容应该是容易理解的。同时，本书的部分章节涉及更高端的内容，可以在机械工程的研究生课程阶段进行学习。

我要感谢 Martina Gerds 女士将图片转换为带有 LaTeX 标签的 Corel Draw，并协助打印第 9 章。感谢 B. Sc. Darrel Fernandes 先生对我的德语初稿进行了预翻译。特别要感谢 Colin Hawkins 先生检查并更正了最终英语版本。我的科研助手，特别是 Winfried Tomaske 博士和 Tobias Hellberg 硕士，非常感谢你们的校对工作，尤其是在技术术语方面。特别感谢 Hellberg 先生利用 Solid Works 软件所准备的大量悬架和变速器结构图，以及所绘制的 MATLAB 图。最后，我要特别感谢我的家人，我的妻子 Annette Nicolay 博士和我的孩子们 Sophia、Aljoscha、Indira 和 Felicia，感谢他们的耐心并给了我很多时间来准备这本书。

缩写与符号列表

下列几页中的表格总结了本书中用到的数学符号和缩写。大多数情况下（并非全部），这些字母作为下标时的含义为：

v——vehicle（车辆）

b——body（车体，车身）

w——wheel（车轮）

t——tyre（轮胎）

x，y，z——$\vec{e}_{x^*}$，$\vec{e}_{y^*}$，$\vec{e}_{z^*}$

有时候一些符号仅在本书很少的局部用到，可能与下表的含义不同，当然单位也与下表所示不同。这些仅在本书中局部出现的符号没有在表中列出。

表 0-1 符号列表

符号	描　述	单位
a	车辆加速度 $a=\ddot{x}_v$	m/s^2
A	空气动力学作用面积,迎风面积	m^2
α	轮胎侧偏角	rad
ABS	防抱制动系统	—
A_C	回旋曲线参数	m
ACC	自适应巡航控制	—
α_g	道路倾角	rad
α_{gz}	传动系统向前传动比 $\alpha_{gz}=i_{z-1}/i_z, z=2,\cdots,N$	1
α_j	轮胎侧偏角($j=1$ 为前轮,$j=2$ 为后轮)	rad
$\bar{\alpha}_j$	轮胎平均侧偏角($j=1$ 为前轮,$j=2$ 为后轮)	rad
α_{ji}	内侧轮胎侧偏角($j=1$ 为前轮,$j=2$ 为后轮)	rad
α_{jo}	外侧轮胎侧偏角($j=1$ 为前轮,$j=2$ 为后轮)	rad
ASF	主动前轮转向	—
ASR	驱动防滑控制	—
β	质心侧偏角	rad
γ	车轮外倾角	rad
c_α	侧偏刚度	N/rad
$\bar{c}_\alpha$	有效侧偏刚度	N/rad
c_d	空气阻力系数	1
c_{lj}	空气升力系数($j=1$ 为前轮,$j=2$ 为后轮)	1
CPVA	离心摆式减振器	—

（续）

符号	描　述	单位
c_y	空气侧风系数	1
DAE	微分代数方程	—
δ_{10}	车轮前束 $\delta_{10}>0$，车轮后束 $\delta_{10}<0$	rad
ΔF_{zji}	内侧轮轮荷变化（$j=1$ 为前轮，$j=2$ 为后轮）	N
ΔF_{zjo}	外侧轮轮荷变化（$j=1$ 为前轮，$j=2$ 为后轮）	N
$(O,\vec{e}_{ix},\vec{e}_{iy},\vec{e}_{iz})$	惯性参考坐标系	—
η_d	差速器效率	1
η_e	发动机效率	1
$\overline{\eta}_e$	发动机效率平均值	1
η_t	传动系统的效率（变速器和差速器）	1
$\overline{\eta}_t$	传动系统的效率平均值（变速器、变矩器和差速器）	1
η_z	传动系统第 z 级齿轮的传动效率	1
ESP	车身电子稳定系统	
$(S_{cp},\vec{e}_{tx},\vec{e}_{ty},\vec{e}_{tz})$	轮胎参考系	
$(S_{cm},\vec{e}_{vx},\vec{e}_{vy},\vec{e}_{vz})$	车身参考系	
e_w	轮胎拖距	m
e_{wj}	j 轴上轮胎拖距（$j=1$ 为前轴，$j=2$ 为后轴）	m
$(S_{cmw},\vec{e}_{wx},\vec{e}_{wy},\vec{e}_{wz})$	车轮参考系，矢量 $\vec{e}_{wz}$ 垂直于路面	—
F_a	纵向动力学中简化模型的空气阻力的纵向分力	N
F_{ax}	考虑载荷转移时，单轨模型中空气阻力在 $\vec{e}_{vx}$ 方向的分力	N
F_{ay}	空气阻力在 $\vec{e}_{vy}$ 方向的分力	N
F_{az}	空气阻力在 $\vec{e}_{vz}$ 方向的分力	N
F_{basic}	基本牵引力需求：$F_{basic}=F_r+F_a$	N
f_e	获取信号的频率	Hz
F_g	坡道阻力	N
F_{g-i}	$y=p+\lambda\,\ddot{x}_v/g$ 时坡道阻力和惯性阻力的合力	N
F_{ideal}	牵引力理想（需求）特性图中的牵引力	N
F_i	加速（惯性）阻力	N
FMCW	调频等幅波	—
f_r	滚动阻力系数	1
f_s	传输信号的频率	Hz
f_{ri}	求 f_r 近似值的系数（$i=0,1,4$）	1
F_r	滚动阻力	N
F_{tot}	总牵引力需求：$F_{tot}=F_a+F_i+F_g+F_r$	N
F_{wsz}	z 档位下由发动机施加作用在车轮上的力	N
F_x	路面对车轮施加的力的分力	N

符 号	描 述	单位
F_{xj}	路面对车轮施加的力的分力（$j=1$ 为前轮，$j=2$ 为后轮）	N
F_{zj}	路面对车轮施加的力的分力（轮荷）（$j=1$ 为前轮，$j=2$ 为后轮）	N
F_{zjaero}	空气动力学引起的轮荷（$j=1$ 为前轮，$j=2$ 为后轮）	N
F_{zjstat}	静态轮荷（$j=1$ 为前轮，$j=2$ 为后轮）	N
F_{zjdyn}	动态轮荷（$j=1$ 为前轮，$j=2$ 为后轮）	N
F_z	$\vec{e}_{wz}$ 方向上的轮荷或轴荷	N
g	重力加速度	m/s^2
G_{aj}	j 轴上的重力（$j=1$ 为前轮，$j=2$ 为后轮）	N
G_b	车身的重量（簧上重量）	N
h	质心 S_{cm} 距离路面的高度	m
h_b	车身质心距离路面的高度	m
h_{cm}	质心 S_{cm} 距离路面的高度	m
HP	液压泵	——
h_{pp}	气流方向在 $\vec{e}_{vx}$ 上时风压中心 S_{pp} 距地高度	m
HSV	高压换向阀	——
i_d	差速器传动比（最后一级）	1
i_g	变速器的传动比；定级传动时，$i_g = i_z$	1
i_t	总传动比 $i_t = i_z i_d$	1
i_z	第 z 档位下传动系统的传动比，$z=1, \cdots, N_{z\,max}$	1
J_{aj}	第 j 轴的转动惯量	kg · m^2
J_c	变速器、差速器、万向轴的转动惯量	kg · m^2
J_e	发动机、离合器的转动惯量	kg · m^2
J_z	整车对 $\vec{e}_z$ 轴的转动惯量	kg · m^2
κ	车身转角	rad
κ_{cc}	车辆运行轨迹上的瞬时曲率，$\kappa_{cc} = 1/\rho_{cc}$	1/m
κ_w	不平路面上的波数	rad/m
l	轴距，前后轴的距离	m
l_1	前轴质心和整车质心 S_{cm} 在 $\vec{e}_{vx}$ 方向上的距离	m
l_2	后轴质心和整车质心 S_{cm} 在 $\vec{e}_{vx}$ 方向上的距离	m
λ	旋转质量系数	1
λ_e	关于时间的特征值	1/s
l_{cm}	风压中心 S_{pp} 和整车质心 S_{cm} 在 $\vec{e}_{vx}$ 方向上的距离	m
$\mu = \mu(S)$	轮胎纵向力系数	1
M_a	空气动力力矩	N · m
μ_a	附着系数	1
m_{aj}	轴荷（$j=$ 为前轴，$j=2$ 为后轴）	kg

（续）

符号	描　　述	单位
M_{aj}	车轴 j 上的空气动力力矩分量（$j=1$ 为前轴，$j=2$ 为后轴）	N·m
m_b	车身质量或簧上质量	kg
MBS	多体系统动力学	—
M_{cc}	曲率中心	—
M_{cr}	瞬时转动中心	—
M_e	发动机输出的转矩	N·m
M_{100}	发动机满载转矩	N·m
M_i	输入转矩	N·m
$M(P_{max})$	发动机功率最大时的输出转矩	N·m
M_l	发动机转矩损失	N·m
M_{max}	发动机最大输出转矩	N·m
$M(n_{max})$	发动机在最大转速下的满载转矩	N·m
$M(n_{min})$	发动机在最小转速下的满载转矩	N·m
M_o	输出转矩（例如，传动系统或离合器的输入转矩即为发动机的输出转矩）	N·m
μ_s	纯滑动时的附着系数	1
m_{tot}	车辆总质量（包括簧上质量和簧下质量）	kg
M_{ws}	动力系统输出作用在轮上的转矩	N·m
n_c	总主销拖距，$n_c = n_{kc} + n_{tc}$	m
n_e	发动机转速	rad/s
n_i	输入转速（如传动系统或离合器的输入端）	r/s
n_{iz}	传动系统处于第 z 档下的输入转速	rad/s
n_{kc}	动态主销拖距	m
n_{max}	发动机最大转速	r/min
n_{min}	发动机最小转速	r/min
n_o	输出转速（例如，传动系统或离合器的输入转速即为发动机的输出转速）	r/s
$n(P_{max})$	发动机功率最大时的转速	r/min
n_{wmax}	车轮每分钟最大转速	r/min
n_{oz}	传动系统处于第 z 档下的输出转速	rad/s
n_{tc}	轮胎主销后倾拖距	m
n_w	车轮转速	rad/s
N_{zmax}	传动系统中的档位数	1
ODE	常微分方程	—
OEM	原始设备制造商	—
ω_i	输入角速度（如传动系统或离合器的输入端）	rad/s
ω_o	输出角速度（例如，传动系统或离合器的输入角速度即为发动机的输出角速度）	rad/s
p	路面坡度（倾斜度），$p = \tan\alpha_g$	1

（续）

符号	描　述	单位
ψ	横摆角	rad
φ	侧倾角	rad
P_{100}	发动机满载功率	$W(=N \cdot m/s)$
P_a	空气阻力功率$(S=0, P_a = F_a v_v)$	$W(=N \cdot m/s)$
φ_{aj}	车轴j的转角$(j=1$ 为前轴$, j=2$ 为后轴$)$	rad
φ_b	车身俯仰角	rad
P_{basic}	基本需求功率$, P_{basic} = P_r + P_a$	W
$\dot{\varphi}_c$	变速器、差速器、万向联轴器（万向节）的角速度	rad/s
P_e	发动机提供的功率	$W(=N \cdot m/s)$
$\dot{\varphi}_e$	发动机、离合器的角速度	rad/s
P_{g-i}	坡道阻力和惯性阻力的功率和	$W(=N \cdot m/s)$
P_g	坡道阻力的功率	$W(=N \cdot m/s)$
Φ_h	随机不平路面的频谱密度	m^3
$\Phi_h(\Omega_0)$	粗糙度系数	m^3
P_{basic}	基本功率需求$: P_{basic} = P_r + P_a$	W
P_{ideal}	车轮处理想功率（需求）特性图中的功率	$W(=N \cdot m/s)$
P_i	第4章中的输入功率（如传动系统的输入端）	$W(=N \cdot m/s)$
P_i	第3章中的惯性力功率	$W(=N \cdot m/s)$
P_{max}	发动机最大功率	$W(=N \cdot m/s)$
P_o	输出功率（如传动系统的输入功率为发动机的输出功率）	$W(=N \cdot m/s)$
P_r	滚动阻力功率$(S=0, P_r = F_r v_v)$	$W(=N \cdot m/s)$
P_{tot}	总功率需求$: P_{tot} = P_r + P_a + P_g + P_i$	$W(=N \cdot m/s)$
φ_w	绕 $\vec{e}_{wy}$ 轴的车轮转角	rad
P_{wsi}	第i级传动发动机输出到车轮处的功率	$W(=N \cdot m/s)$
P_w	车轮处的功率	$W(=N \cdot m/s)$
ρ_a	空气密度	kg/m^3
ρ_{cc}	车轮行驶路径上的瞬时曲率半径	m
r_k	磨胎半径:主销轴线与地面交点和轮胎接地面中心的距离	m
r_σ	轮心与转向轴线之间的主销偏移量	m
R_{w0}	车轮滚动半径	m
R_{w0j}	车轮滚动半径$(j=1$ 为前轮$, j=2$ 为后轮$)$	m
r_{wst}	车轮静力半径	m
r_{wstj}	车轴j上的车轮静力半径$(j=1$ 为前轴$, j=2$ 为后轴$)$	m
σ	主销内倾角;主销在 $\vec{e}_{vz}$-$\vec{e}_{vy}$ 平面上的投影与 $\vec{e}_{vz}$ 方向的夹角	rad
S_j	车轴j上的轮胎滑移率$(j=1$ 为前轴$, j=2$ 为后轴$)$	1
s_j	车轴j上的轮距$(j=1$ 为前轴$, j=2$ 为后轴$)$	m
S_{cm}	车辆质心（包括簧上质量和簧下质量）	—
S_{cmw}	车轮质心	—

（续）

符号	描 述	单位
SOV	换向阀	—
S_{pp}	风压中心	—
S_{cp}	轮胎接地面中心点	—
σ_n	轮胎接地面的法向力分布	N/m^2
SSF	静态稳定系数	—
τ	主销后倾角：主销在 $\vec{e}_{vz}$-$\vec{e}_{vx}$ 平面上的投影与 $\vec{e}_{vz}$ 方向的夹角	rad
t_b	压力建立时间	s
t_{fb}	底部压力建立时间	s
t_f	全力制动时间	s
t_r	反应时间	s
t_t	转换时间	s
ϑ	俯仰角	rad
v	$\vec{v}_v$ 的绝对值：$v = |\vec{v}_v| = \dot{v}_v$	m/s
v_a	风速	m/s
$\vec{v}_a$	风速矢量	m/s
v_c	车轮圆周速度	m/s
v_{ch}^2	特征车速的二次方	m^2/s^2
v_{crit}	临界速度	m/s
$\vec{v}_r$	合成车速矢量（风速和车速）	m/s
$\vec{v}_v$	质心 S_{cm} 处的车速；$v_v = |\vec{v}_v|$；$\vec{v} = \vec{v}_v$，$\vec{v} = (v_{vx}, v_{vy}, v_{vz}) \cdot (\vec{e}_{ix}, \vec{e}_{iy}, \vec{e}_{iz})^T$	m/s
v_w	车轮速度	m/s
w	不平路面波纹度	1
W_w	车轮的做功	$J (= N \cdot m)$
X	车身与车轮之间作用力的分力	N
X_j	车身与车轮之间作用力的分力（$j=1$ 为前轴，$j=2$ 为后轴）	N
$\ddot{x}_v$	车辆加速度	m/s^2
x_{aj}	车轴 j 的坐标（$j=1$ 为前轴，$j=2$ 为后轴）	m
x_v, y_v, z_v	固定在车辆质心 S_{cm} 处的车辆坐标系，写作（$O, \vec{e}_{ix}, \vec{e}_{iy}, \vec{e}_{iz}$）	m
x_w, y_w, z_w	固定在车轮质心 S_{cmw} 处的车轮坐标系，写作（$S_{cmw}, \vec{e}_{vx}, \vec{e}_{vy}, \vec{e}_{vz}$）	m
Y	车身与车轮之间作用力的分力	N
Z	车身与车轮之间作用力的分力	M
$\mathscr{Z}$	制动比 $\mathscr{Z} = -a/g$	1
z_1	车轮位移量	m
z_2	车身位移量	m
z_3	座椅位移量	m
z_b	车身位移量	m
z_w	车轮位移量	m

目录

第1章 引　　言

汽车作为一种运载交通工具已经有 100 余年了。尽管经历了这么长的时间，传统汽车的基本要素却并未改变，即四个轮子和一台带变速器的内燃机。然而汽车的技术细节已经发生了巨大的变化，其工程技术复杂程度与日俱增。这一变化一方面与通用技术的进步有关，另一方面则与用户需求的增多有关。同时各种法规政策也进一步推动了汽车的变革。

图 1-1~图 1-4 中的柱状图鲜明地体现了车辆在社会生活中的重要性。值得注意的是，这些图表中的纵坐标大多数采用对数形式。从图中可知，各国汽车保有量、总里程和人均里程要么已达到一个非常高的水平，要么正在高速增长。相比欧美等老牌经济体停滞在一个比较高的水平，新兴经济体则表现出高增长率。在汽车行业大发展的背景下，发展新型的经济和环境友好型汽车是必然趋势。而想要落实到地，则要求工程师熟练掌握汽车的基本特性。实际生活中汽车并不总是以恒定的速度前进，且其动态特性正取决于这些基本特性。因此，本书探讨的主要问题就在于汽车的基本动态特性。

充满戏剧性的一幕是，生态原因可能成为全世界范围内限制汽车发展的一大因素。如果在中国（内地和香港）的汽车保有量从 2007 年的 22 辆/千人增长到与美国相当的水平（816 辆/千人），这就意味着汽车保有量将增长 40 倍。反过来，如果将美国 2007 年的碳排放量扩大 40 倍，一共是 57000Mt，也就是 2007 年全世界范围内内燃机驱动的道路交通工具的二氧化碳排放量的 12 倍。这个碳排放水平很高（或者说过高），因此，未来几十年内，低油耗汽车、混合动力汽车和纯电动汽车将成为发展的重点。

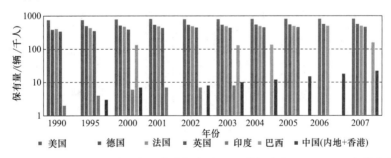

图 1-1　乘用车（美国部分含轻型货车）保有量（数据来自 OECD 2014 年的统计）

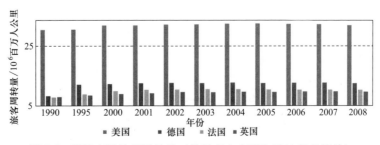

图 1-2　道路交通旅客周转量（数据来自 OECD 2014 年的统计）

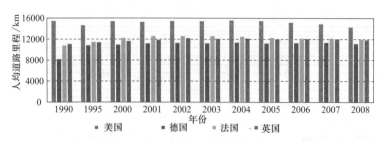

图 1-3　人均道路里程（数据来自 OECD 2014 年的统计）

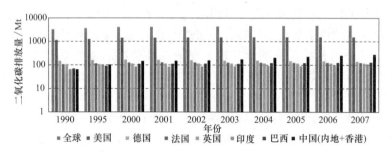

图 1-4　国际能源署（IEA）关于内燃机驱动的道路交通工具的二氧化碳排放量
（数据来自 OECD 2014 年的统计）

图 1-5 显示消费者在购买汽车时的主要考虑要素中，其中安全性、操纵性和舒适性均与汽车的行驶动力学和悬架系统密切相关，使得这些方面在汽车工程技术中显得格外重要。汽车的安全性通常分为主动安全（通过主动安全系统提前规避事故）和被动安全（被动安全系统在事故发生后保护乘员）。

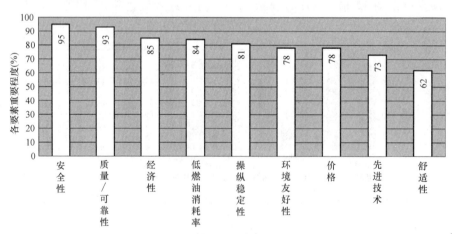

图 1-5　汽车消费中的要素排序

由于车辆动力学至关重要，且对主动安全性能有很大影响，同时它与汽车的操纵性与舒适性紧密相关，因此本书特别强调动力学方面的内容。

本书的目的是厘清汽车的一些基本概念及它们之间的关系，便于读者理解汽车动力学。

本书遵循 Mitschke 和 Wallentowitz（德国）在 2004 年的专著，仅限于讲解一些必要的知识。在书中的参考文献中可找到进一步学习的推荐阅读书目，如 Heissing 和 Ersoy 在 2011 年的专著，Dukkipati 等人在 2008 年的专著，Gillespie 在 1992 年的专著，Jazar 在 2014 年的专著，Reimpell 等人在 2001 年的专著。

1.1 引言备注

本书的内容分为四部分：纵向动力学、垂向动力学、侧向动力学，以及车辆系统结构设计与车辆电子系统。其中，第 2~6 章为纵向动力学部分，讨论汽车加速和制动的过程。该部分的关键是汽车行驶时的总阻力、汽车动力的供需关系、汽车行驶状态示意图。第 7 章和第 8 章描述了和汽车纵向动力学相关的其他附加系统：混合动力系统和自适应巡航控制系统。第 9 章和第 10 章在垂向动力学的范畴内解释了不平路面下的汽车行驶状态，这两章主要研究了汽车振动的基本理论和振动对人体的影响。第 11~15 章的内容主要是侧向动力学，描述了汽车转向时的操纵性。这部分中的重要概念有：侧偏、过多转向和不足转向、束角和车轮外倾角。这些概念反映了轮荷对汽车操纵性的影响。

第 16~19 章强调了汽车的工程设计（结构）方面。除了变速器，这些章节中还讨论了主动安全系统中的制动和底盘部分，如防抱制动系统（ABS）、驱动防滑系统（ASR）、电子稳定系统（ESP）。第 20 章介绍了多体系统动力学（MBS）的理论基础，MBS 被用于更精确地计算车辆的动态特性。

1.2 车辆的运动

为了描述车辆动力学，本书像研究其他工程问题一样，采用局部自由度模型。模型的复杂程度取决于研究的问题。当今，科研机构和车企研发部门普遍应用多体系统动力学模型。多体动力学系统是由通过弹簧、减振器和运动副连接的一个或多个刚体组成的。

图 1-6 所示为车辆的一个多体系统动力学（MBS）模型。该模型来自商用多体系统动力学软件 ADAMS。图 1-7 显示了另一个麦弗逊前悬架的例子。这些模型可以用于车辆动力学特性的高精度仿真。模型中可以纳入许多细节，甚至包括柔性体。然而，细节仿真依赖于大量的计算结果，且待工程师来解释和理解这些结果。例如，工程师需从主要结果中剔除数值误差。为此，理解基本动力学知识和了解车辆动力学特性的简单计算模型有助于解释甚至检查多体系统模型的计算结果。故本书以车辆动力学特性和简单模型为主要研究对象。

将车辆进行简化，其多体模型可以看作由五个刚体组成：四个车轮和车身结构。它们之间通过弹簧、减振器和由运动副连接的悬架导向机构相连。一个刚体有 6 个自由度，因此简化模型有 5×6＝30 个自由度[⊖]。

显然，即使只是描述这个 30 个自由度的简单模型就需要 30 个二次运动微分方程。

运动方程是描述刚体运动的常微分方程。以下是一个单质量振动系统运动方程的例子（质量为 m，弹簧刚度为 k，位移为 z）：

$$m\ddot{z} + kz = 0 \qquad (1\text{-}1)$$

⊖ 一般会认为，位于车轮与车身之间的悬架系统约束了 5 个自由度，同时车轮轴承解锁一个旋转自由度，这导致每个车轮有两个自由度，那么整车的自由度数之和应该是 14。这一结论在悬架系统不具有弹性的条件下是成立的，但由于现代汽车的悬架有弹性特性，因此整车模型应该具有 30 个自由度。

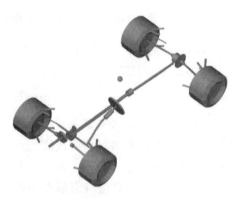

图 1-6　四轮驱动车辆的多体系统模型
（多体系统动力学软件 ADAMS 中的例子）

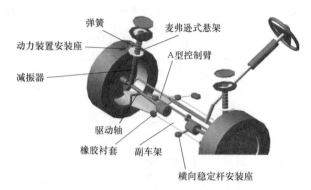

图 1-7　带驱动轮的麦弗逊前悬架
（来自多体系统动力学软件 ADAMS）

　　运动方程常为关于时间的二次常微分方程。对具体问题，这些模型可以简化为若干个质量系统的有限个运动。因此，继而将问题限制在确定、具体的范畴内。本书正是采用了这种方法。为此，首先引入一些术语和坐标系来描述车辆可能的运动。

　　参考系：四元组 $(A,\ \vec{e}_x,\ \vec{e}_y,\ \vec{e}_z)$ 是仿射空间的一个参考系系统。此处，A 是一个点（原点），$\vec{e}_x,\ \vec{e}_y,\ \vec{e}_z$ 为直角坐标系的三个单位矢量（轴系）。为了描述 P 点相对于 A 点的位置，需有三个坐标值 $x,\ y,\ z$：

$$\vec{AP}=x\vec{e}_x+y\vec{e}_y+z\vec{e}_z \tag{1-2}$$

　　当 A 点为空间（或惯性参考系）里的一个定点，参考系就为惯性坐标系（有时称为大地坐标系或全局坐标系）。如果 A 点和轴系 $\vec{e}_x,\ \vec{e}_y,\ \vec{e}_z$ 在车身上并与之固连，则此时称为车身参考系。

　　上述内容介绍了几种参考系。第一种为与大地（或全局）[⊖]固连的惯性参考系 $(O,\ \vec{e}_{ix},\ \vec{e}_{iy},\ \vec{e}_{iz})$。要想描述惯性参考系里一个点的运动，必须要有三个直角坐标 $x,\ y,\ z$，对车辆质心 S_{cm} 而言，特地引入 $x_v,\ y_v,\ z_v$。S_{cm} 是另外两个车身固连参考系的原点：

1. $(S_{cm},\ \vec{e}_{vx},\ \vec{e}_{vy},\ \vec{e}_{vz})$：车身参考系

2. $(S_{cm},\ \vec{e}_x,\ \vec{e}_y,\ \vec{e}_z)$：中间参考系

　　第一个参考系完全固定在车身上，即所有的三个矢量 $\vec{e}_{vx},\ \vec{e}_{vy},\ \vec{e}_{vz}$ 都随汽车一起移动。第二个参考系的原点同样固定在车身上。为了定义中间参考系，假定只存在绕 $\vec{e}_{iz}$ 方向的转动，也就是说 $\vec{e}_{iz}=\vec{e}_z$。于是矢量 $\vec{e}_x$ 就是由矢量 $\vec{e}_{ix}$ 绕 $\vec{e}_{iz}$ 方向转过所谓横摆角 ψ 后得到的。矢量 $\vec{e}_y$ 指向车辆的左侧，与矢量 $\vec{e}_x$ 垂直，并平行于 $\vec{e}_{ix}$-$\vec{e}_{iy}$ 平面。矢量 $\vec{e}_z=\vec{e}_x\times\vec{e}_y$ 为矢量积[⊜]。

　　为了定义汽车和车身坐标轴 $\vec{e}_{vx},\ \vec{e}_{vy},\ \vec{e}_{vz}$ 相对于惯性坐标系 $\vec{e}_{ix},\ \vec{e}_{iy},\ \vec{e}_{iz}$ 的方向，必

⊖　在一些 MBS 软件工具中，这种坐标系被称为世界系统。严格地说，这是一个大地坐标系，即固定在地球上的坐标系，不是地球自转的惯性系。类似地球自转的这些因素通常都被忽视了，这里也是如此。

⊜　如果两个矢量相对于标准正交基的坐标为 $(x_1,\ y_1,\ z_1)$ 和 $(x_2,\ y_2,\ z_2)$，则可以通过 $[y_1z_2-y_2z_1,\ -(x_1z_2-x_2z_1),\ x_1y_2-x_2y_1]$ 计算矢量积。

须有三个角度。这三个角度有不同的表示方式，此处采用欧拉法。定义：第一次转动是绕着 $\vec{e}_{iz}$ 轴进行的，这个旋转角称为横摆角 ψ。然后，绕着新 $\vec{e}'_{iy}$ 轴（由 $\vec{e}_{iy}$ 轴经第一次旋转得到）转动，得到俯仰角 ϑ。第三次转动是关于新 $\vec{e}''_{ix}$ 轴的旋转。$\vec{e}''_{ix}$ 轴是 $\vec{e}_{ix}$ 轴经过第一次和第二次分别转动 ψ 和 ϑ 之后得到的。第三次转动的角度称为侧倾角 φ ⊖。

还有许多必要的参考系统用以描述车辆的运动。图 1-8 所示为一种固定在轮心的参考系（S_{cmw}，$\vec{e}_{wx}$，$\vec{e}_{wy}$，$\vec{e}_{wz}$）和一个固定在轮胎接地点的附加参考系（S_{cp}，$\vec{e}_{tx}$，$\vec{e}_{ty}$，$\vec{e}_{tz}$）。

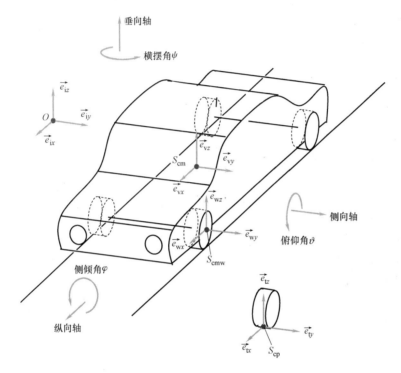

图 1-8 车辆的运动

图 1-8 中包括多个参考系统和三个转角 ψ，ϑ 和 φ。这些角度不表示转动的先后顺序，只说明绕单独某一个轴的转角。本书出于多种考虑才做此简化。大部分情况下，仅关注一个转动而忽略其他转动的影响是更为高效的。如果将其他转动的影响考虑在内，那么方程的复杂程度将会大大增加。简而言之，考虑这些因素后通过 MBS 软件进行运动学建模很难得出可靠的仿真结果。

当车辆沿直线行驶时，$\vec{e}_{vx}$ 与 $\vec{e}_{ix}$ 重合。本课程的第一部分关注车辆的直线行驶（纵向动力学），研究行驶阻力、驾驶性能和加速、制动过程。研究车辆纵向动力学时，车辆的转

⊖ 这三个角度在文献中被称为卡尔丹角（Tait-Bryan 角），一个特征是每个坐标轴（x、y 和 z）都发生在旋转轴的序列中。在德国文献中，这些角度有时被称为万向角。另一种方向角定义的方法是使用所谓的欧拉角。在这个定义中，例如，第一个旋转轴是 $\vec{e}_{ix}$ 轴，第二轴是 $\vec{e}'_{iz}$ 轴，第三轴同样围绕 x 轴，即 $\vec{e}''_{ix}$ 轴。在一些 MBS 软件以及 ISO 8855：2011 标准中，发现了与 Tait-Bryan 角的定义相似的欧拉角。因此，在工程实践中应该仔细阅读旋转轴的确切定义，而不应当简单地将其假设为一种特定的约定应用。

动总是绕着 $\vec{e}_{iy}$ 轴的。如上文提到的，绕着 $\vec{e}_{iy}$ 轴的转动称为俯仰。因此，俯仰和直线运动是相关的：由于质心 S_{cm} 在地面上，每个加速或制动过程都在 S_{cm} 上作用一个惯性力，构成一个力矩，形成俯仰运动。

第二类运动是由不平路面引起的。它被归类在车辆振动这一范畴下。这类运动包括沿 $\vec{e}_{iz}$ 方向的平移（跳动），绕 $\vec{e}_{iy}$ 方向的转动（俯仰）和绕 $\vec{e}_{ix}$ 方向的转动（侧倾）。

车辆转向时，横摆角不是一个常数，通常 $\vec{e}_{ix}$ 与 $\vec{e}_{vx}$ 方向不重合，车辆除了绕 $\vec{e}_{iz}$ 轴的转动，绕 $\vec{e}_{vx}$ 轴的转动（侧倾），还有减速和加速时绕 $\vec{e}_{vy}$ 轴的转动（俯仰）。此时有车辆的侧向运动。本书第三部分"侧向动力学"或"转向部分"对转向进行了研究。

上述简短的讨论说明，车辆的运动过程几乎都是多自由度的。

1.3 问题与练习

记忆

1. 常用哪几种模型来描述车辆动力学？
2. 车身有几个自由度？
3. 车身运动的六个自由度分别叫什么？
4. 车辆运动常分为三种主要形式，分别是什么？
5. 何种运动在车辆纵向动力学中起重要作用？
6. 何种运动在车辆垂向动力学中起重要作用？
7. 何种运动在车辆侧向动力学中起重要作用？

理解

1. 汽车过减速带（左右高度一致）时涉及哪些自由度？
2. 汽车过凹坑（仅一侧）时涉及哪些自由度？

应用

1. 对比车轮近乎刚性、车轮和车身无悬架直接固连的车辆与质心位于地面上的车辆，在加速或制动时，会对车辆产生哪些相同的影响？（考虑惯性力及其产生的力矩）

2. 对比车轮近乎刚性、车轮和车身无悬架直接固连的车辆与质心位于地面上的车辆，在转向时，会对车辆产生哪些相同的影响？（考虑离心力）

第 2 章 车　　轮

车轮是连接路面与车身结构的部件。因此，车轮在车辆动力学中起着关键作用。本章推导了车轮的运动方程，同时介绍了车轮阻力（滚动阻力、在湿滑路面上的滚动阻力、轴承阻力、束角阻力和曲线阻力）。

2.1　车轮的运动方程

这里推导的运动方程只针对车轮在 $\vec{e}_{wx}$-$\vec{e}_{wz}$ 平面上的运动。使用质心 S_{cmw} 的运动，x_w 和 z_w 坐标来对车轮的平移运动进行描述（见图 2-1）。而绕 $\vec{e}_{wy}$ 轴的旋转运动通过 φ_w 描述。车轮质心 S_{cmw} 的高度距路面为 r_{wst}。值得注意的是，此时的半径 r_{wst} 与未加载、未产生变形时的车轮半径不同，称此时的半径 r_{wst} 为车轮静力半径。车轮在倾斜平面上滚动时，平面的倾斜角为 α_g（下角标 g 表示有坡度）。为了建立运动方程，将车轮从系统中单独抽出，不考虑倾斜平面与轮毂（或轴承）。此时轮胎与平面之间不再是点接触，而是产生一个接触面（接地面）。

接地面：轮胎与路面接触的一块区域。其大小取决于轮胎的设计与尺寸，以及内部压力和轮荷。对于乘用车车轮，接地面大概有一张明信片大小（与此相比，有轨铁路车轮的接触区域只有拇指指甲大小）。

车轮不运动时，接地面处的法向力关于 $\vec{e}_{wy}$-$\vec{e}_{wz}$ 平面上对称分布，切向力分布（与平坦路面相切）几乎为零。

但当车轮滚动时，法向压力不再是对称分布的。图 2-2 示出了法向压力分布的基本趋势。车轮沿平面向上滚动。可以看出法向压力的分布是非对称的，且合力 F_z（通过对接触面处法向压力分布的积分得到）的作用线偏离了车轮中心平面，产生了轮胎拖距 e_w。观察由力 F_z 和轮胎拖距 e_w 产生的力矩，可以发现这一力矩阻碍了车轮的滚动。

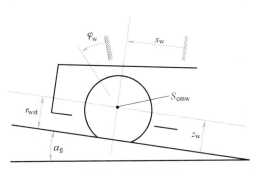

图 2-1　车轮坐标系

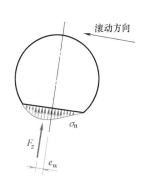

图 2-2　轮胎接地面处的法向压力

图 2-3 解释了法向力非对称分布现象，图中展示了车轮在三个不同时刻的运动（车轮从右向左滚动）。为了描述弹性和阻尼特性，可以将车轮想象成一个由弹簧阻尼系统支承在轮辋上的弹性环。在图 2-3 中，只表示了一个弹簧阻尼系统。分别在时刻 t_1、t_2 和 t_3 对弹簧阻尼系统进行观察分析，与之相类似，整个车轮可以看作是由无数个弹簧阻尼系统沿圆周排列而成的。在 $t=t_1$ 时，车轮和（假想的）未加载的弹簧阻尼系统的情况如图 2-3a 所示。

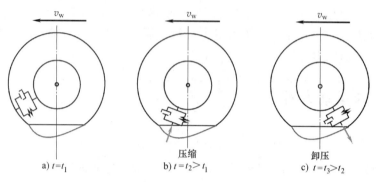

图 2-3 在接地面处正压力非对称分布的图解

在 $t=t_2$ 时，如图 2-3b 所示，可以看到轮胎即弹簧阻尼系统受压时的情况。压缩时所需要的力的大小首先取决于压缩量 Δs（克服弹簧），其次由压缩率 $\Delta \dot{s}$（克服阻尼）决定。此时，压缩量和压缩率都是正的：$\Delta s > 0$，$\Delta \dot{s} > 0$。可得合力 F 为：

$$F = \underbrace{k\Delta s}_{>0} + \underbrace{b\Delta \dot{s}}_{>0} \qquad (2\text{-}1)$$

在 $t=t_3$ 时，如图 2-3c 所示，表明所研究的阻尼元件已经恢复自由状态。当然，此时也有法向力作用在轮胎上起压缩作用，得到的合外力为弹簧合力减去减振器恢复自由状态所需要的力，即 $\Delta s > 0$，$\Delta \dot{s} < 0$。这会导致这块区域的法向力减小，此时：

$$F = \underbrace{k\Delta s}_{>0} + \underbrace{b\Delta \dot{s}}_{<0} \qquad (2\text{-}2)$$

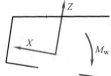

综上所述，可知车轮接地面前部分的法向力大于后部分的法向力。

由于滚动阻力导致的制动转矩将通过车轮的运动方程在图 2-4 中阐明。为此，将车轮从车身（产生截面力 X 和 Z，截面力矩 M_w）和路面（产生截面力 F_x 和 F_z）上分离下来。车轮的受力图如图 2-4 所示。力矩 M_w 代表驱动或制动力矩。轮胎接地区的法向力（垂直于路面）和切向力（与路面相切）的分布在受力图中通过合力 F_x 和 F_z 分别表示。此外，力矩 M_w、截面力 X 和 Z 作用在轮毂中心。重力

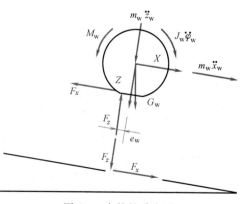

图 2-4 车轮的受力图

$G_w = m_w g$（g 为重力加速度）作用在车轮的质心$^\ominus$。

在进一步简化后，可以假设重力作用于车轮中心，且车轮中心与质心重合。达朗贝尔惯性力 $m_w \ddot{x}_w$ 和 $m_w \ddot{z}_w$ 作用于质心，再加上惯性力矩 $J_w \ddot{\varphi}_w$，就得到受力图。确定了在 $\vec{e}_{wx}$ 方向的合力并将此力设为零。通过重新排列，获得了如下运动方程：

$$m_w \ddot{x}_w = F_x - X - G_w \sin\alpha_g \tag{2-3}$$

同样地，获得在 $\vec{e}_{wz}$ 方向的合力：

$$m_w \ddot{z}_w = F_z - Z - G_w \cos\alpha_g \tag{2-4}$$

根据力矩之和为零的情况，获得关于质心的力矩和（此处为重新排列后的结果）：

$$J_w \ddot{\varphi}_w = M_w - F_x r_{wst} - F_z e_w \tag{2-5}$$

2.2　车轮阻力

车轮滚动时，形成了几种车轮阻力（这些力阻碍车轮滚动）。在本节，更详细地考虑滚动阻力，对于其他阻力，如由于泥泞路面产生的阻力、由于车轮轴承摩擦产生的阻力，或者由于前束或后束导致的阻力，只做粗略的概述。

2.2.1　滚动阻力

首先给出其定义及推导相关的公式。

滚动阻力：如果车轮在路面上滚动，在路面与车轮的接触区域会产生分布不对称的法向力（图2-2）。法向力的合力 F_z 的作用线不通过车轮中心，而是向滚动方向偏移。车轮中心与力 F_z 作用线之间的距离为轮胎拖距 e_w。这导致了力矩 $M = e_w F_z$。为了克服此力矩，对于驱动轮而言，需要牵引力矩 M_w，而对于从动轮而言，需要一个驱动力 F_r。这个力 F_r 被称为滚动阻力。它可以通过力矩和为零，即由 $0 = r_{wst} F_r - e_w F_z$ 解得：

$$F_r = \frac{e_w}{r_{wst}} F_z \tag{2-6}$$

对于驱动轮，滚动阻力为：

$$F_r = \frac{M_w}{r_{wst}} \tag{2-7}$$

从车轮在 $\vec{e}_{wx}$ 方向上的运动方程（2-3）开始，得到力 F_r 的关系式。假设车轮在没有坡度的路面上匀速滚动（因此 $\alpha_g = 0$）。匀速意味着速度 $\dot{x}_w$ 为常数。因此：

$$\ddot{x}_w = 0 \tag{2-8}$$

由式（2-3）和式（2-8）的结果可得：

$$F_x = X \tag{2-9}$$

通过力矩方程（2-5），得到（车轮既不在驱动状态，也不在制动状态；由车轮匀速滚动知 $\ddot{\varphi}_w = 0$）：

$$0 = -r_{wst} F_x - e_w F_z \tag{2-10}$$

_____

$\ominus$　严格地说，重心才是真正的作用点，但对于像车辆这样不大的物体，重心和质心之间的差别可以忽略不计。

通过式（2-9）推导出的 $F_x = X$ 和式（2-10），得到：

$$X = -\frac{e_w}{r_{wst}}F_z \tag{2-11}$$

称 $F_r = -X$ 为滚动阻力：

$$F_r = \frac{e_w}{r_{wst}}F_z \tag{2-12}$$

将此结果与受力图（图2-4）相比，发现，驱动力 X 必须作用在滚动方向上，以克服滚动阻力。无量纲因子 e_w/r_{wst} 被称为滚动阻力系数 f_r：

$$f_r = \frac{e_w}{r_{wst}} \tag{2-13}$$

滚动阻力系数：滚动阻力系数 f_r 为轮胎接地面上滚动阻力 F_r 与法向力合力 F_z 之比：

$$f_r = \frac{F_r}{F_z} \tag{2-14}$$

滚动阻力可以通过如下经验公式估计（取决于车速）（$v_0 = 100\text{km/h}$）：

$$f_r(v) = \tilde{f}_{r0} + \tilde{f}_{r1}\frac{v}{v_0} + \tilde{f}_{r4}\left(\frac{v}{v_0}\right)^4 \tag{2-15}$$

备注2.1 可以看到，式（2-15）中没有二次项。这一项的缺失是因为同与车速二次方成正比的空气阻力相比，它小到可以忽略。而且，v^4 项的影响超过二次方项。

备注2.2 f_r 的取值范围为 $0.005 \sim 0.015$。系数 $\tilde{f}_{r0}$，$\tilde{f}_{r1}$ 和 $\tilde{f}_{r4}$ 取决于轮胎的种类和轮胎压力。HR 轮胎的平均值为：$\tilde{f}_{r0} = 9.0 \times 10^{-3}$，$\tilde{f}_{r1} = 2.0 \times 10^{-3}$，$\tilde{f}_{r4} = 3.0 \times 10^{-4}$。

备注2.3 此处定义的滚动阻力取决于非对称正向力的影响和轮胎材料的耗散作用。车轮上额外的阻力取决于轮胎接地面处的滑移现象。

备注2.4 滚动阻力系数随轮胎压力的增加与轮胎载荷的增加而减小。系数 f_r 与轮胎载荷也有关，说明滚动阻力 F_r 与轮胎载荷 F_z 之间不是线性关系。

备注2.5 式（2-15）是关于车速的函数，式中的系数取决于车轮内部压力。系数 $\tilde{f}_{r0}$ 和 $\tilde{f}_{r4}$ 随着轮胎压力的增加而减小，而系数 $\tilde{f}_{r1}$ 随轮胎压力的增加而增加。

图2-5、图2-6和图2-7分别示出了夏季车轮、冬季车轮和全气候车轮的不同尺寸（也就是轮胎宽度）轮胎的滚动阻力系数。这些图表是基于 TÜVSüd 机构代表德国联邦环境局 2002 年的研究，在 Reithmaier 和 Salzinger 的著作中绘制的。这些研究调查了来自不同制造商的不同尺寸轮胎（n 为轮胎数量）。

2.2.2 滑水阻力

另一种车轮阻力，F_{aq} 是由于路面上的积水产生的。F_{aq} 取决于单位时间内水的体积位移。它大致与轮胎宽度 b 和速度 v 的若干次幂成正比：

$$F_{aq} \approx bv^{n_{aq}} \tag{2-16}$$

对于 0.5mm 高的水层，幂指数 $n_{aq} \approx 1.6$。

当车速达到一定值时，即所谓的漂滑速度或滑水速度，轮胎与路面分离，车轮接地面处

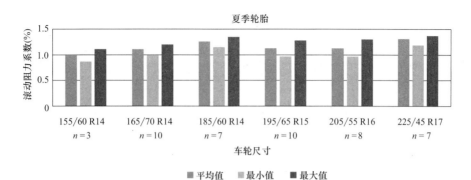

图 2-5 夏季轮胎的滚动阻力系数的百分比情况
（数据来自于 Reithmaier 和 Salzinger 2002 年的著作）

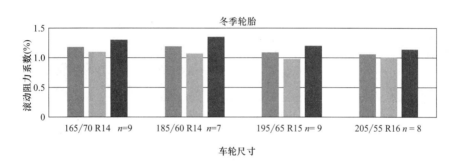

图 2-6 冬季轮胎的滚动阻力系数的百分比情况
（数据来自于 Reithmaier 和 Salzinger 2002 年的著作）

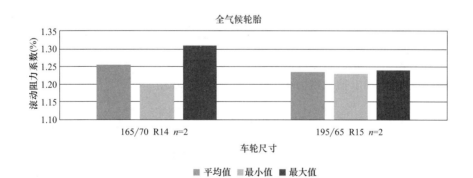

图 2-7 全气候轮胎的滚动阻力系数的百分比情况
（数据来自于 Reithmaier 和 Salzinger 2002 年的著作）

的侧向力与纵向力趋于零，这种现象被称为滑水现象。滑水速度的大小取决于几个因素，如轮胎宽度和胎面花纹等都会产生很大影响。图 2-8 和图 2-9 显示了不同种类轮胎的滑水速度。可以发现，滑水速度随着轮胎宽度增加有减小的趋势，且大多数轮胎在冬季比夏季的轮胎滑水速度更大。

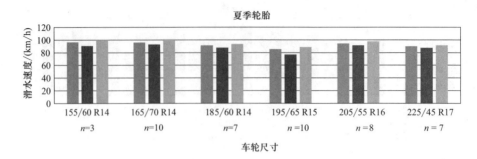

图 2-8　夏季轮胎的滑水速度（数据取自 Reithmaier 和 Salzinger 2002 年的著作）

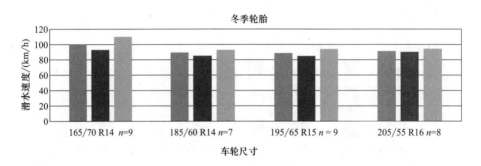

图 2-9　冬季轮胎的滑水速度（数据取自 Reithmaier 和 Salzinger 2002 年的著作）

2.2.3　轴承阻力

由于车轮轴承中的摩擦产生摩擦力，进而产生了力矩 M_{wb}：

$$\left| M_{wb} \right| = \mu_b r_b \sqrt{X^2 + Z^2} \tag{2-17}$$

式中，$\sqrt{X^2 + Z^2}$ 为轴承中分力 X 和 Z 的法向合力；μ_b 为库仑摩擦系数；r_b 为产生摩擦力处的轴承半径。由该力矩导出轴承阻力 F_{wb}：

$$\left| F_{wb} \right| = \mu_b \frac{r_b}{r_{wst}} \sqrt{X^2 + Z^2} \tag{2-18}$$

将 M_{wb} 代入力矩和即式（2-5）之中并考虑车轮处于稳态，即 $\ddot{\varphi}_w = 0$，得到：

$$0 = M_{wb} - F_x r_{wst} - F_z e_w \tag{2-19}$$

将式（2-17）中的 $M_{wb} = \mu_b r_b \sqrt{X^2 + Z^2}$ 与 $e_w = f_r r_{wst}$ 代入式（2-19），得到：

$$-F_x = f_r F_z + \mu_b \frac{r_b}{r_{wst}} \sqrt{X^2 + Z^2} \tag{2-20}$$

由式（2-20）可以看出，除了滚动阻力 $f_r F_z$，还受轴承阻力 $F_{wb} = \mu_b \dfrac{r_b}{r_{wst}} \sqrt{X^2 + Z^2}$ 的影响。但是，相对于滚动阻力，轴承阻力由于通常较小，而被忽略不计。

2.2.4 车轮前束/后束阻力

另一种阻力是由于车轮定位角导致的（绕 $\vec{e}_{wz}$ 方向旋转得到）。这种车轮倾斜被称为前束或后束（参见图 15-1）。该角度 δ_{10} 为一小值时，产生阻力：

$$F_{wtoe} = c_\alpha \delta_{10} \underbrace{\sin\delta_{10}}_{\approx \delta_{10},\text{当}\delta_{10}\ll1\text{时}} \approx c_\alpha \delta_{10}^2 \tag{2-21}$$

式中，c_α 为车轮的侧偏刚度；δ_{10} 为前束或后束角，即车轮绕 $\vec{e}_{wz}$ 轴转过的角度（详细信息可以参照第 15 章）。

备注 2.6 束角阻力值的大小约为滚动阻力的 $1/100$。

还有一种阻力为曲线阻力 F_{wc}，在转向时由于侧向力增大而产生。

故而，整个车轮上的阻力由滚动阻力 F_r、滑水阻力 F_{aq}、轴承阻力 F_{wb}、束角阻力 F_{wtoe} 和曲线阻力 F_{wc} 组成。

当汽车在干路面上直线行驶时，整个车轮阻力基本上等于滚动阻力（其他阻力可忽略）。

2.3 车轮阻力纵向附着力系数和滑移现象

首先考虑什么是滑移率。考虑一个车轮上有驱动力矩 M_w，而切向作用力 $F_x = 0$ 的情况（图 2-4）。假设这个车轮在路面上稳态滚动。驱动力矩需要恰好能克服滚动阻力矩。车轮角速度为 ω_{w0}，车速为 v_{w0}。由于切向力 $F_x = 0$ 不作用在接触区域，轮胎与路面接触的部分会黏附在路面上。因此，可以定义半径 R_{w0}：

$$R_{w0} = \frac{v_{w0}}{\omega_{w0}} \tag{2-22}$$

由于在车轮接地处没有发生滑移，称这个状态为无滑移的纯滚动状态。半径 R_{w0} 由无滑移的滚动车轮的速度 v_{w0} 和角速度 ω_{w0} 定义。这个半径 R_{w0} 被称为车轮无滑移滚动时的滚动半径（车轮处于这种状态时，轮胎接地区没有切向力）[⊖]。

但是，如果车轮由切向力 $F_x \neq 0$ 驱动，那么车速 v_v 与角速度 ω 之间的关系就不再适用：

$$R_{w0}\omega \neq v_v \tag{2-23}$$

车轮不再黏附在路面上，而是存在滑动或滑移。轮胎接地处的质点速度 $v_c = R_{w0}\omega$（即所谓的圆周速度；注意：此速度是在与车轮固连的坐标系中定义）不等于车轮的速度 v_v（v_w 为车轮中心的速度，它与车速相等 $v_w = v_v$），因此不再等于路面相对于车轮中心的速度（即从与车轮固连的坐标系来看）。为了将这种滑移效果量化，引入滑移率的概念，且在此处区分驱动轮与制动轮的滑移率是很有必要的。

⊖ 滚动半径 R_{w0} 小于未变形车轮的半径 r_{w0}，并且大于车轮的静力半径 r_{wst}。在一些文献中还存在关于滚动半径的其他定义方法，其中有一篇将滚动半径 R_e 定义为自由滚动轮半径，即驱动转矩 $M_w = 0$ 时的车轮半径。这种情况下，车轮的角速度 ω_w 和车轮移速 v_w 共同产生有效滚动半径 $R_e = v_w/\omega_w$。对于非驱动轮即牵引轮（牵引力为滚动阻力），接触面中的切向力等于滚动阻力 $F_x = F_r \neq 0$。由 $F_x \neq 0$ 可以发现轮胎和道路之间存在非零相对速度。因此，后一种有效滚动半径 R_e 不太能够适应存在相对运动的场合。相对运动经常被应用于定义纵向滑移时。然而后一种定义被用在一本著作中（更多细节可参考 Pacejka 在 2002 年出版的《Tyre and Vehicle Dynamics》中的第 65 页）。对于滑移的定义，论述车轮滑移和切向力关系时会采用不同的滚动半径，既使用 R_{w0}，也使用 R_e。

滑移率：对于驱动轮，滑移率 S 被定义为车轮圆周速度 $v_c = R_{w0}\omega$ 与行驶速度 v_v 的差与圆周速度 v_c 的比值：

$$S = \frac{v_c - v_v}{v_c} \qquad (2\text{-}24)$$

车轮制动时，则被称之为滑转率，此时滑转率 S 定义为：

$$S = \frac{v_v - v_c}{v_v} \qquad (2\text{-}25)$$

滑移率一般用百分比表示。

备注 2.7 滑移率的百分比形式是指，若 $S = 0.2$，代表着滑移率为 20%。研究本书的公式中所用的滑移率时，必须确定使用的滑移率是采用小数形式表示还是百分数形式表示的；通常，倾向于使用小数形式而非百分数形式。

备注 2.8 对两种情况分别定义（一种针对驱动轮，一种针对制动轮）是必要的，这里有两个原因：分子上的不同定义可以保证滑移率始终为正；分母上的不同定义有效防止了分母为零的情况。

备注 2.9 这种表述是一种理想化的观点，即轮胎的滑移率是在接地面局部现象的全局简化。如果仔细观察接地面，可以发现某些区域的滑移率比其他区域更大，某些区域滑移率更小甚至可以观测到某些区域无滑移现象。

轮胎纵向力系数：车轮上的切向力 F_x 在驱动状态或制动状态下产生，且与滑移率和法向力 F_z 相关，它们之间的关系为

$$F_x = \mu(S) F_z \qquad (2\text{-}26)$$

μ 的值代表轮胎的纵向力附着系数。μ 是一个关于滑移率 S 的函数。制动状态下的函数 $\mu_b(S)$ 和驱动状态下的函数 $\mu_d(S)$ 有些不同，但基本相同：$\mu(S) \approx \mu_b(S) \approx \mu_d(S)$。这就是在讨论纵向力系数时不区分制动状态与驱动状态的原因：$\mu(S) = \mu_b(S) = \mu_d(S)$。

图 2-10 中展示了函数 $\mu(S)$。轮胎纵向力系数上升至路面附着系数 μ_a 后随即下降。在下降区，一般汽车很难保持这种状态行驶。通常车辆处于此区域后，滑移率会快速上升到 1，且轮胎纵向力系数下降到纯滑移时的系数 μ_s[⊖]。

在滑移率 $S = 0.05 \sim 0.2$ 的范围内，附着系数 μ_a 的大小一般在 0.2（雪地）~1.1（干水泥地）之间。附着系数 μ_a 很大程度上取决于天气（下雨、下雪、结冰和温度）。图 2-11 和图 2-12 展示了不同轮胎在湿滑路面的制动性能。为了说明这种区别，研究了车轮在湿滑路面上的制动过程。图表展示了速度从 80km/h 降到

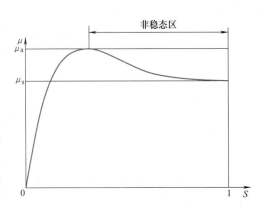

图 2-10 轮胎纵向力系数 μ 与滑移率 S 的函数关系

⊖ 附着系数 μ_a 和滑动附着系数 μ_s 的公式很简洁，但严格来说并不正确。它们在德国相关文献中使用；但在 ISO 8855:2011 中，却使用最大纵向力系数表达式来代替附着系数。详细观察轮胎的摩擦机制可以发现，几乎所有情况下都会发生滑动。然而，为了方便，更倾向于使用附着系数 μ_a 和滑动附着系数 μ_s。

10km/h 内的平均减速度 $a_{mean} = \Delta v/T$，重力加速度为 g（$\Delta v = 70$km/h，T 为汽车减速需要的时间）。汽车四个轮胎载荷之和（忽略空气升力）为 $F_{ztot} = m_{tot}g$；在减速期间的平均纵向惯性力（忽略汽车的旋转部分）为 $F_{xa} = m_{tot}a_{mean}$。结果，$\mu = F_{xa}/F_{ztot} = a_{mean}/g$ 为轮胎在湿路面上所计算出的制动性能。[一]

滚动阻力是由于法向力的非对称分布导致的，它会产生一个合力矩。因此，为了描述滑移率与滚动阻力的关系，预设并研究了两种理想（在某种意义上是人为创造的）情况。

例 2-1 考虑车轮在理想的光滑表面（可以想象成类似在一片玻璃上的肥皂或油）滚动的情况。车轮以速度 v_v 运动，并以角速度 $\omega = \dfrac{v_v}{R_{w0}}$ 旋转。尝试回答以下问题：必须在质心 S_{cmw} 处作用哪些力和力矩，才能使车轮的运动变成稳态？

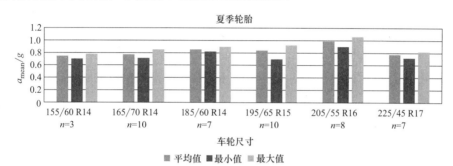

图 2-11　夏季车辆速度由 80km/h 降低到 10km/h 期间，平均减速度与重力加速度的比值（数据取自 Reithmaier 和 Salzinger 2002 年的著作）

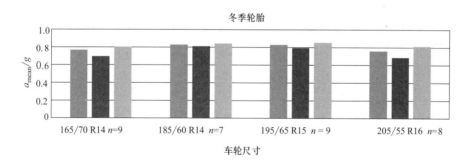

图 2-12　冬季车辆速度由 80km/h 降低到 10km/h 期间，平均减速度与重力加速度的比值（数据取自 Reithmaier 和 Salzinger 2002 年的著作）

因此，需要寻找力 X 和力矩 M_d，它们满足上述的运动条件（车轮的受力见图 2-4）。利用以下的运动方程来计算这些参数（$\alpha_g = 0$）：

$$0 = F_x - X \tag{2-27}$$

$$0 = F_z - Z - G_w \tag{2-28}$$

[一] 值得一提的是，不同的测量结果是无法相互比较的。因为在 Reithmaier 和 Salzinger 2002 年的著作中，在制动试验测量中他们改变了道路条件。这一点从夏季轮胎 205/55 R16 的测量中可以明显看出 μ 值极大地提高了，这是因为这些测量是在一条抓地力水平非常高的新道路上进行的。

$$0 = M_d - F_x r_{wst} - F_z e_w \tag{2-29}$$

由于路面是完全光滑的，不能传递切向力，所以 $F_x = 0$。因此，由式（2-27）可得到：$X = 0$。由车轮的受力图（即图2-4，车身质量为 m_b）可得：

$$Z = \frac{m_b}{4} g \tag{2-30}$$

假设质心位于车辆中心（这意味着所有轮荷相等）。将 F_z 从上面的公式中消去，得到：

$$M_d = F_z e_w = \left(\frac{m_b}{4} + m_w \right) g e_w \tag{2-31}$$

通过这个例子，可以发现：

1）滚动阻力不一定与切向力 $F_x \neq 0$ 有关。

2）当有力矩作用在车轮上时，车轮可能做纯滚动（即，在车轮接地面处不发生滑移时的运动）；不要求驱动力 $X \neq 0$。

例 2-2   思考车轮在理想的粗糙路面上滚动的情况（即，在车轮接地面处不会发生滑移；准确地说，对于所有 $S \neq 0$，$\mu(S) \rightarrow \infty$）。由于车轮在理想粗糙表面运动，有：

$$\omega = \frac{v_v}{R_{w0}} \tag{2-32}$$

载荷为驱动力矩 $M_d = \left(\frac{m_b}{4} + m_w \right) g e_w$ 以及四分之一车身重力 $Z = \frac{m_b}{4} g$。

为得到车轮接地处的切向力 F_x，首先由式（2-28）可得：

$$F_z = \left(\frac{m_b}{4} + m_w \right) g \tag{2-33}$$

再将式（2-33）代入式（2-29），以得到力矩和，即可得到：

$$F_x = 0 \tag{2-34}$$

从这两个例子可以发现，在车轮接地面处的切向力 F_x 可以为零，而与接触面中的滑移或附着条件无关。

在实际情况中，当车轮做纯滚动时，在接地面处也有滑移区域，它会导致滚动阻力微小的增加。因此，有时将滚动阻力分为两部分，一部分是由于轮胎的变形，另一部分是由于摩擦。

2.4   问题与练习

记忆

 1. 什么是车轮接地面？

 2. 在车轮接地面处法向力的分布情况是什么样的？

 3. 车轮接地面处，法向合力的偏移量叫什么？

 4. 由法向合力的非对称分布导致的滚动阻力有多大？

 5. 滚动阻力 F_r 与法向合力 F_z 的比值叫什么？

 6. 在滚动阻力系数 f_r 与速度的关系中，最大的指数是多少？

7. 在如下公式中，系数 $\tilde{f}_{r0}$，$\tilde{f}_{r1}$ 和 $\tilde{f}_{r4}$ 取决于什么？

$$f_r(v) = \tilde{f}_{r0} + \tilde{f}_{r1}\frac{v}{v_0} + \tilde{f}_{r4}\left(\frac{v}{v_0}\right)^4 \qquad (2\text{-}35)$$

8. 车轮前束对于车轮上的力有什么影响？

9. 在汽车直线行驶时，哪种作用在车轮上的阻力对车轮阻力影响最大？

10. 滑移（转）率 S 是如何定义的？

11. 画一张滚动车轮的受力图。

12. 在车轮接地面处，切向力 F_x 与法向力 F_z 的比值叫什么？

13. 问题 12 中这个比值与滑移率的关系是什么？

理解

1. 什么导致了离心率 e_w 的产生？

2. 说明在公式中对滑移率 S 在驱动和制动状态下分别定义的必要性，通过没有 ASR 起动汽车与没有 ABS 进行完全制动这两种情况进行说明。

3. 说明当滑移率 S 由初始时的 $S=0$ 增加后，纵向力 F_x 的变化（轮胎载荷 F_z 为常数）。

应用

1. 在 ABS 中，感知车轮抱死情况的一个标准是角加速度是否超过临界值。通过如下给出的参数，对此临界值进行估算（车身质量平均分配在四个车轮上；在如下列出的参数中，存在除了用于计算的参数外的其他参数）。

$\mu_a = 1.1$，$\mu_s = 0.9$，$f_r = 0.011$，$m_w = 20\text{kg}$，$m_b = 1200\text{kg}$，$J_w = 0.1\text{kg}\cdot\text{m}^2$，$r_{wst} = 0.3\text{m}$。

2. 车辆总质量 $m_{tot} = 1500\text{kg}$。整个车辆的滚动阻力大小是多少？

分析

1. 在 ABS 中，感知车轮抱死情况的一个标准是滑移率 S 是否超过临界值。难点在于行驶速度未知，行驶速度可以通过车轮的角速度进行估算。

分析如下情况：ABS 通过计算四个车轮的平均圆周速度 v_{ci}（$i=1$，$\cdots$，4），估算车辆的行驶速度。在制动过程中，四个车轮的角速度与时间的关系一样，即 $\omega_{wi} = \Omega_0(1-t/T_0)$，$i=1$，$\cdots$，4。制动过程从 $t=0\text{s}$ 开始，在 $t=T_0$ 时结束。ABS 的控制算法能检测出滑移率是否超过滑移临界值吗？

2. 分析如下情况：车辆左侧路面的附着系数 μ_a 与右侧路面的附着系数 μ_s 不同（这种路面被称为对开路面）。现在，假设车辆的制动过程中四个车轮的滑移率相同，车辆会出现什么状况？

3. 计算在速度 $v_v = 30\text{m/s}$（$\tilde{f}_{r0} = 9.0\times10^{-3}$，$\tilde{f}_{r1} = 2.0\times10^{-3}$，$\tilde{f}_{r4} = 3.0\times10^{-4}$）时的滚动阻力系数。

4. 克服滚动阻力所需的功率 P 可以通过 $P = F_r v_v$ 计算。式中，F_r 为滚动阻力；v_v 为车速。通过上文提到的滚动阻力系数，计算车辆需要的功率（$m=1500\text{kg}$；所有轮胎载荷相等；$g=9.81\text{m/s}^2$）。

5. 研究一个车轮（静力半径 $r_{wst} = 0.3\text{m}$，偏心率 $e_w = 3\text{mm}$，轮胎载荷 $F_z = 2500\text{N}$）。在车轮上作用有驱动力矩 $M = 382.5\text{N}\cdot\text{m}$。车轮以速度 $v_v = 30\text{m/s}$ 移动。假设 μ 的函数可以近

似线性表示为

$$\mu(S) = 10S \tag{2-36}$$

计算车轮的角速度。因为这个问题难度比较大，请按照如下求解过程解决问题。

1）计算轮胎接地面处的切向力 F_x（切记，转矩 M 的一部分用来克服滚动阻力）。

2）通过线性化方程式（2-36），计算纵向滑移率 S（切记，$\mu(S) = F_x/F_z$）。

3）通过纵向滑移率 S 计算角速度 $\dot{\varphi}_w$。

第3章 行驶阻力及功率需求

本章研究重点在于其他阻力（除了滚动阻力）——这些力对车轮没有影响，主要是由整车引起的。其中，3.1 节关注导致空气阻力的空气作用力；3.2 节处理汽车行驶在坡道上时的坡道阻力；在 3.3 节中，讨论由于加速阻力产生的达朗贝尔惯性力；在 3.4 节，利用行驶阻力（总的行驶阻力）建立整车的运动方程；这些构成 3.5 节中考虑功率的基础，功率供需的概念在这章中以特征图表的形式进行说明。

第3章部分
彩色曲线图

3.1 空气阻力

在汽车周围流动的空气在某些区域造成了湍流损失，这部分损失体现在空气阻力上。空气阻力主要源于车后方的涡流（参见图 3-1）。在车轮、后视镜、发动机舱和 A 柱（参见图 3-2 和图 3-3）处的小涡流也会产生空气阻力。在汽车上，由于这些涡流的形成而产生的力为：

$$F_a = c_d A \frac{\rho_a}{2} v_r^2 \tag{3-1}$$

式中，c_d 为空气阻力系数；A 为汽车在纵向的投影面积；ρ_a 为空气密度；v_r 为空气的合速度，即车速 v_v 和风速 v_a 的矢量合速度。

图 3-1　车后方的涡流（经戴姆勒公司授权引用）

图 3-2　A 柱处的涡流（经戴姆勒公司授权引用）

图 3-3　发动机舱和 A 柱附近的涡流（经戴姆勒公司授权引用）

阻力系数的大小主要取决于流动方向。为了更好地对不同汽车进行比较，通常采用忽略风速的简化方法进行研究。

空气阻力：若一辆汽车迎风面积的投影为 A，纵向车速为 v_v，那么它所受的一个纵向力 F_a，即所谓的空气阻力以如下形式表示（风速 $v_a = 0$）：

$$F_a = c_d A \frac{\rho_a}{2} v_v^2 \tag{3-2}$$

式中，c_d 为空气阻力系数，现代乘用车的空气阻力系数 c_d 为 $0.2 \sim 0.3$；迎风面积 A 的典型大小为 2m^2。

3.2 坡道阻力

坡道阻力：坡道阻力（爬坡阻力）F_g 为汽车重量的分量，它与路面平行：

$$F_g = m_{tot} g \sin\alpha_g \tag{3-3}$$

路面的坡度由斜率 p 决定，它是由路面的升高距离除以路面在水平面上的对应距离所得到的。因此，斜率 p 等于路面倾角的正切值：

$$p = \tan\alpha_g \tag{3-4}$$

斜率也可以用百分数表示。对于小的倾角（$\alpha_g \leqslant 17°$），可以将坡道阻力公式（3-3）中的 $\sin\alpha_g$ 用 $\tan\alpha_g$ 代替（误差不超过 5%）。执行这个替换可以得到简化后的公式：

$$\begin{aligned} F_g &= m_{tot} g \sin\alpha_g \\ &\approx m_{tot} g \tan\alpha_g \\ &= m_{tot} g p \end{aligned} \tag{3-5}$$

由于 $\tan\alpha_g \approx \sin\alpha_g$ 而导致的误差可以被算出（$\alpha_g \leqslant 17°$ 时）：

$$\frac{|m_{tot} g \sin\alpha_g - m_{tot} g \tan\alpha_g|}{|m_{tot} g \sin\alpha_g|} = \frac{|\sin\alpha_g - \tan\alpha_g|}{|\sin\alpha_g|} \leqslant 0.045 \tag{3-6}$$

当式（3-3）中的角度 α_g 很小时，可以通过 $\sin\alpha_g \approx \alpha_g$ 进行替换得到第二个近似公式：

$$F_g \approx m_{tot} g \alpha_g \tag{3-7}$$

在式（3-7）中，角度 α_g 需要使用弧度制。有关 p 的详细说明可以在文前缩写与符号列表中找到。

3.3 加速阻力

加速阻力：另一个阻力是由达朗贝尔惯性力产生的。这些惯性力（产生于平移运动和旋转运动）合起来被称为加速阻力（或惯性阻力）F_i（见图 3-4）。加速阻力不止考虑了由于平移加速而产生的力，还考虑了由旋转质量的角加速度而产生的纵向力。

假设俯仰运动的激励可以忽略，同样先忽略车轮和轴的惯性力，这些将在最后考虑并加到加速阻力的计算中。车轮和轴的转动惯量最初是被忽略的，但它们也可以被认为类似于其他旋转惯量。图 3-5 所示为车辆俯视示意图。它描绘了前轴（角速度 $\dot{\varphi}_{a1}$、转动惯量 J_{a1}）和

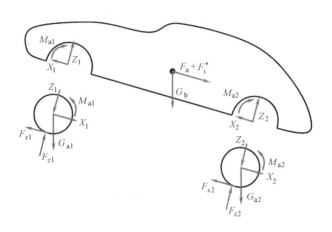

图 3-4 整车的受力图（不包括轴的惯性力）

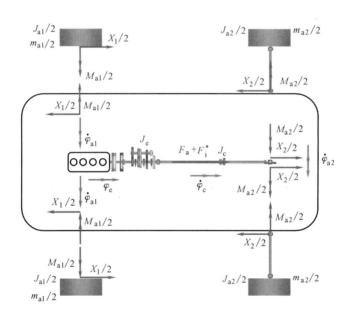

图 3-5 确定加速阻力的受力图（不包括轴的惯性力）

发动机驱动的后轴（角速度 $\dot{\varphi}_{a2}$、转动惯量 J_{a2}）。

车辆由发动机驱动（离合器和部分变速器的角速度 $\dot{\varphi}_e$、转动惯量 J_e）。发动机通过离合器、变速器（变速比 i_g）、万向轴（包括部分变速器的转动惯量 J_c）和主减速器或差速器（变速比 i_d）连接到后轴上。

接下来需要关注的问题是为了使车辆加速需要在质心 S_{cm} 上作用多大的力 F_i^* ⊖。

⊖ 在第一步中用 F_i^* 表示需要加速车辆所必需的作用在质心上的力，使用 " * " 以区别于实际的加速阻力 F_i。重要的是力 F_i^* 不能够充当质心上达朗贝尔惯性力，但是为了方便在这个位置上去简化它。当在之后第 6 章的平衡矩方程推导轴载荷时，会发现只有达朗贝尔惯性力 $m_b\ddot{x}_v$ 作用于质心。

假设前轮的滑移率 S_1 和后轮的滑移率 S_2 都为常数。为了计算力 F_i^*，先计算出整车的动能，其中车速以 $v_v = \dot{x}_v$ 的形式表示。之后可以通过列拉格朗日方程得到加速阻力。⊖

接着计算 F_i^*：

$$F_i^* = \frac{\mathrm{d}}{\mathrm{d}t}\left(\frac{\partial E_{kin}}{\partial v_v}\right) \tag{3-8}$$

式中，E_{kin} 表示车辆的动能。势能 V 及空间坐标 x_v 的导数导致的斜坡阻力在此处不做考虑。

系统（不包括轴与车轮）的动能为：

$$E_{kin} = \frac{1}{2}m_b\dot{x}_v^2 + \frac{1}{2}J_c\left[\frac{i_d\dot{x}_v}{(1-S_2)R_{w0}}\right]^2 + \frac{1}{2}J_e\left[\frac{iv_d i_g\dot{x}_v}{(1-S_2)R_{w0}}\right]^2 \tag{3-9}$$

假设传动比 i_d 和 i_g 与时间、车速无关，可得⊖：

$$F_i^* = \left\{m_b + J_c\left[\frac{i_d}{(1-S_2)R_{w0}}\right]^2 + J_e\left[\frac{i_d i_g}{(1-S_2)R_{w0}}\right]^2\right\}\ddot{x}_v \tag{3-10}$$

3.4 整车的运动方程

本节将列出沿车辆行驶方向的纵向运动方程。由图 3-4 可知，前后轴的运动方程为 $(j=1,2)$：

$$m_{aj}\ddot{x}_{aj} = -X_j + F_{xj} - G_{aj}\sin\alpha_g \tag{3-11}$$

$$J_{aj}\ddot{\varphi}_{aj} = M_{aj} - F_{xj}r_{wstj} - F_{zj}e_{wj} \tag{3-12}$$

转动惯量 J_{aj} 中包括车轮、制动器和轮毂的转动惯量，在轴是驱动轴的情况下还包括驱动轴的转动惯量。假设前轮上的是理想轴承，那么 $M_{a1}=0$。轴的加速度 $\ddot{x}_{aj}$ 等于汽车的加速度 $\ddot{x}_v$。解力矩和的方程式（3-12）得到 F_{xj} 并将它代入式（3-11），得到纵向力之和，并得到（$\ddot{x}_{aj}=\ddot{x}_v$）：

$$m_{aj}\ddot{x}_v = -X_j - G_{aj}\sin\alpha_g + \frac{1}{r_{wstj}}(-J_{aj}\varphi_{aj} + M_{aj} - F_{zj}e_{wj}) \tag{3-13}$$

由图 3-4 可以列得汽车的运动方程：

$$X_1 + X_2 = F_a + F_i^* + F_g \tag{3-14}$$

式中，F_a 为空气阻力；F_i^* 为加速阻力（不考虑轴、车轮等）；F_g 为坡道阻力。前几节中，不考虑汽车的俯仰运动。通过车速 $\dot{x}_v$ 来表示轴的角速度 $\dot{\varphi}_{aj}$。对于后驱动轴，这意味着：

$$\dot{\varphi}_{a2} = \frac{\dot{x}_v}{(1-S_2)R_{w02}} \tag{3-15}$$

⊖ 拉格朗日函数 $L=T-V$ 是动能 T 和势能 V 之间的差。L 中的变量有速度和位移，如 x_i 和 $v_i = \dot{x}_i$ $(i=1,\cdots,n)$ 的平移运动。运动方程可以简单地通过计算导数来建立：

$$\frac{\mathrm{d}}{\mathrm{d}t}\left(\frac{\partial L}{\partial v_i}\right) - \frac{\partial L}{\partial x_i} = 0, i=1,\cdots,n$$

⊖ 对于无级变速器（CVT）而言，它的传动比可能取决于时间或速度。因此，必须考虑关于时间或关于 $\dot{x}_v$ 的导数，这使得公式更加复杂。

对于前轴：

$$\dot{\varphi}_{a1} = \frac{(1-S_1)\dot{x}_v}{R_{w01}} \tag{3-16}$$

此时，根据车辆滑移率的定义，前、后轴又一次出现了不对称性。

如果根据式（3-15）与式（3-16）的关系，用车身加速度 $\ddot{x}_v$ 代替运动方程中轴的角加速度 $\ddot{\varphi}_{aj}$，然后解式（3-13）得到 X_1 和 X_2，并将 X_1 和 X_2 代入式（3-14），则得到（风速 $v_a=0$）[注]：

$$\frac{M_{a1}}{r_{wst1}} + \frac{M_{a2}}{r_{wst2}} = c_d A \frac{\rho_a}{2}\dot{x}_v^2 + \left\{ m_b + J_c \left[\frac{i_d}{(1-S_2)R_{w02}} \right]^2 + J_e \left[\frac{i_d i_g}{(1-S_2)R_{w02}} \right]^2 \right\} \ddot{x}_v +$$

$$\left[m_{a1} + m_{a2} + J_{a1} \frac{(1-S_1)^2}{R_{w01}^2} + J_{a2} \frac{1}{(1-S_2)^2 R_{w02}^2} \right] \ddot{x}_v + G\sin\alpha_g + f_{a1}F_{z1} + f_{a2}F_{z2} \tag{3-17}$$

式中，f_{aj} 为前、后轴的滚动阻力系数。将质量 m_b、m_{a1} 和 m_{a2} 相加得到车辆的总质量 m_{tot}，以得到所谓的旋转质量系数 λ：

$$\lambda = 1 + \frac{1}{m_{tot}} \left\{ J_c \left[\frac{i_d}{(1-S_2)R_{w02}} \right]^2 + J_e \left[\frac{i_d i_g}{(1-S_2)R_{w02}} \right]^2 + \right.$$

$$\left. J_{a1} \frac{(1-S_1)^2}{R_{w01}^2} + J_{a2} \frac{1}{(1-S_2)^2 R_{w02}^2} \right\} \tag{3-18}$$

现在，式（3-17）可以被重写为：

$$\frac{1}{r_{wst1}} M_{a1} + \frac{1}{r_{wst2}} M_{a2} = \underbrace{c_d A \frac{\rho_a}{2}\dot{x}_v^2}_{=F_a} + F_i + F_g + f_{a1} + F_{z1} + f_{a2}F_{z2} \tag{3-19}$$

式中，$F_i = \lambda m_{tot} \ddot{x}_v$ 为整车的加速阻力，因此它包括车轮、车轴、传动轴和制动器造成的各部分阻力。通过这个公式计算得到克服阻力所需的车轮力矩。这是车辆纵向动力学的一个基本公式。

备注 3.1 式（3-19）同时考虑一根轴上的两个车轮。也可以分别考虑每个车轮，然后以同样的方式建立类似的方程。

备注 3.2 这些公式包括很多可能与时间有关的参数或与其他变量有关的参数，如 f_{aj}、F_{zj}、λ、r_{wstj}、R_{w0j}、S_j。如果不将这些非常数的参数替换为时变变量，则运动方程可以用这种简单的形式表示。

3.5　性能表现

为使车辆起动，需要加在驱动轴上的功率为：

$$P_{tot} = M_{a1}\dot{\varphi}_1 + M_{a2}\dot{\varphi}_2 \tag{3-20}$$

注　这里的 $M_{a1}<0$ 是来自轴承的一个小制动转矩。如果前轴也被驱动，则转矩 M_{a1} 是发动机转矩的一部分。在这种情况下，一个四轮驱动的车辆前轴之间有一个额外的差速器。所以必须修改这个方程，这个修改决定了前后轴之间的角速度的相互关系。

以车速 $\dot{x}_v$ 代替角速度 $\dot{\varphi}_{aj}$ 得到：

$$P_{tot} = M_{a1} \underbrace{\frac{(1-S_1)^2 \dot{x}_v}{R_{w01}^2}}_{\geqslant 0} + M_{a2} \underbrace{\frac{\dot{x}_v}{(1-S_2)^2 R_{w02}^2}}_{\geqslant 0} \qquad (3\text{-}21)$$

假设只有一根驱动轴（在这个例子中，驱动轴为后轴，$S=S_2$），且只关心驱动轴上的功率，忽略 R_{w0} 和 r_{wst} 的不同，由式（3-19）得到：

$$P_{tot} = \frac{1}{1-S} \dot{x}_v \underbrace{(F_a + F_i + F_g + F_r)}_{= F_{tot}} \qquad (3\text{-}22)$$

式中，假设前、后轴的滚动阻力系数相等，以简化 $F_r = f_r G$。进一步，忽略滑移率（$S \approx 0$），利用坡道阻力中的近似 $\tan\alpha_g \approx \sin\alpha_g = p$，得到一根轴上的车轮需要的功率（$v = \dot{x}_v$；风速 $v_a = 0$）：

$$P_{tot} = \left(f_r + p + \lambda \frac{\ddot{x}_v}{g}\right) G_v + c_d A \frac{\rho_a}{2} v^3 \qquad (3\text{-}23)$$

如果在 $\vec{x}_v$ 负方向上有速度为 v_a 的风，式（3-23）可以被改写为：

$$P_{tot} = \left(f_r + p + \lambda \frac{\ddot{x}_v}{g}\right) G_v + c_d A \frac{\rho_a}{2} (v+v_a)^2 v \qquad (3\text{-}24)$$

图 3-6 中展现了不同阻力作用下所需功率的组成。其中各参数的选择如下：

$\tilde{f}_{r0} = 0.0087$，$\tilde{f}_{r1} = 0.0022$，$\tilde{f}_{r4} = 5.7258$，$m_{tot} = 1350\text{kg}$，$c_d = 0.32$，$A = 2.2\text{m}^2$，$\rho_a = 1.226\text{kg/m}^3$，$v_a = 0$。

图 3-6 中还包括了轴处的功率关系：由于滚动阻力，有 $P_r = F_r v$；由于空气阻力，有 $P_a = F_a v$，两者的和 $P_{basic} = P_r + P_a$。

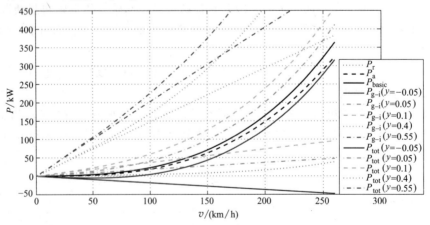

图 3-6　几种阻力下的功率需求

曲线 $P_{g\text{-}i}(y) = [F_g(p) + F_i(\lambda \ddot{x}_v/g)] v$ 表明了克服坡道阻力与加速阻力所需功率的值，其中：

$$y = p + \lambda \frac{\ddot{x}_v}{g} \qquad (3\text{-}25)$$

功率 $P_{\text{g-i}}$ 可能完全是 $p = y$ 时克服坡道阻力产生的，但也可能完全是由加速度 $\ddot{x}_{\text{v}} = gy/\lambda$ 而产生的，或如式（3-25）中一样，由两者的结合而产生。由此得到总功率：

$$P_{\text{tot}} = \underbrace{P_{\text{r}} + P_{\text{a}}}_{= P_{\text{basic}}} + \underbrace{P_{\text{g}} + P_{\text{i}}}_{P_{\text{g-i}}} \qquad (3\text{-}26)$$

对功率的基本需求随由 F_{a} 产生的车速 v（忽略风速）的三次方以及由 F_{r} 产生的车速 v 的五次方的增加而增加。故车辆高速行驶时需要很大的功率（例如 200km/h 的车辆需要约 165kW 的功率）。

比如计算攀爬一个坡度为 5%（$p = 0.05$）的小丘所需要的功率，则很明显，高速行驶的车辆为了克服坡道阻力需要很大的功率。

图 3-7 展示了与图 3-6 中相同情况下牵引力（阻力和阻力之和）的大小。

接下来，假设车辆所能达到的最大坡度、最小坡度以及最大加速度的范围在 $y = p + \lambda \dfrac{\ddot{x}_{\text{v}}}{g} = 0$

和 $y = p + \lambda \dfrac{\ddot{x}_{\text{v}}}{g} = 0.55$ 之间。

这意味着在某一速度下，驱动功率的大小必须涵盖一定区域。该区域可参考图 3-8 中的标识区。该功率区域与牵引力区间相当，可见图 3-9 中的标识区。上述区域中包括一辆车能在任意可能的速度下，爬上坡度 $p = 0.55$ 的小丘所必须达到的所有所需功率-车速或所需牵引力-车速的数据点。

称这个区域图为车辆特性需求图。它需要与传动系统的动力传递图相互对照使用。

在对照之前，这里先仔细研究一下边界情况。由这些边界情况可以得到理想的发动机传递图。

首先，假设理想的传动系统能在全车速范围内传递最大的发动机功率。在图 3-8 中，这种情况以水平线 P_{Phyp} 表示。在图 3-9 中，这条水平线变成了双曲线，即所谓的理想牵引力曲线。这是由于功率不变时，牵引力 $F = P_{\text{e}}/v$。牵引力曲线 F_{Phyp} 如图 3-9 所示。

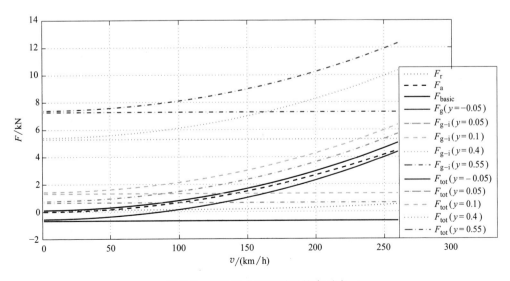

图 3-7 几种阻力下所需要的牵引力

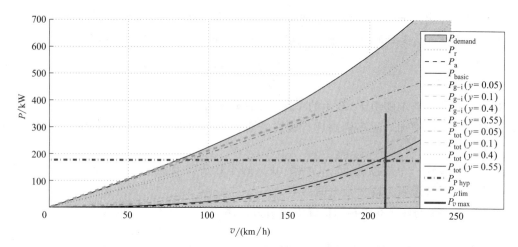

图 3-8　功率需求区域

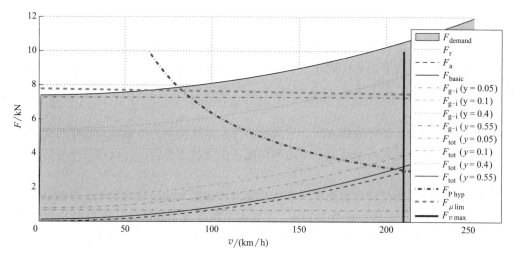

图 3-9　牵引力需求图

对理想发动机传递图的第二个约束取决于最大车速（分别由图 3-8 与图 3-9 中的垂线 $P_{v\max}$ 与 $F_{v\max}$ 确定）。

第三个约束取决于轮胎的最大纵向力系数，即路面附着系数 μ_a。它的极值取决于轴荷。图 3-8 与图 3-9 描绘了前驱车辆的极限情况。这意味着极限是 $F_{z1}\mu_a$，此处 F_{z1} 为前轴车轮与路面间的截面力。这两个图都没有考虑在加速期间后轴向前轴的载荷转移，也没有考虑其他因素对轴荷的影响（例如空气升力）。此外，路面附着系数 μ_a 随车速的增加而轻微地减小（在这些图中，μ_a 的值在速度 $v=0$ 到 $v\approx72\text{km/h}$ 时由 1.1 线性地减小到 1.05）。这个界限如曲线 $P_{\mu\text{lim}}$ 和 $F_{\mu\text{lim}}$ 所示。

由这三个边界条件得到理想的发动机特性图，如图 3-10 和图 3-11 所示。

与之形成对比的是实际的发动机特性图，图 3-12 是一台柴油机的特性图，也称这种特性图为实际的发动机特性图。

图 3-12 中所示的参数为功率比 $P_{100}/P_{\max}$ 以及力矩比 $M_{100}/M(P_{\max})$ 与相对转速

$n/n(P_{\max})$ 的关系。此处，$P_{100}=P(100\%)$ 为发动机在特定转速下能传递的最大功率，而 $M_{100}=M(100\%)$ 为满载时的转矩，$P_{\max}$ 为发动机最大功率，$M(P_{\max})$ 和 $n(P_{\max})$ 分别为发动机达到最大功率时的转矩与转速。

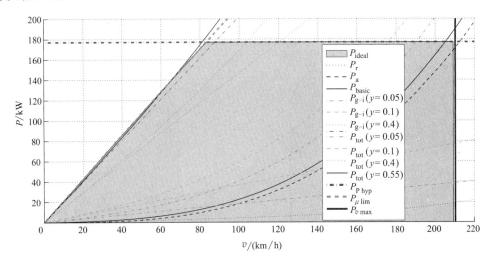

图 3-10 理想的发动机功率特性图

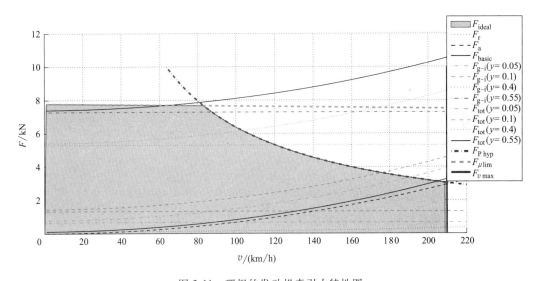

图 3-11 理想的发动机牵引力特性图

将实际的发动机特性图（图 3-12）与理想的发动机特性图（图 3-10 或图 3-11）进行比较，可以发现三处明显的差异：

备注 3.3 在理想的发动机特性图中，在很大一片区域内发动机功率应该是恒定的。而在实际的特性图中，这种情况只可能在速度区间的末端很小的一片区域内出现。

备注 3.4 在理想的发动机特性图中，由于牵引力的限制，曲线会有一个短时的下降。在实际的发动机特性图中，不包含这部分区域。

备注 3.5 理想的发动机特性图覆盖全车速范围，实际的发动机特性图在某些速度下不能传递功率（特性图中的这种缺口称为速度、转矩或功率缺口）。

在比较传递特性图中的转矩时，一个值得注意的点是，在理想的发动机特性图中，转矩在转速范围内只发生很小的变化，而在实际的发动机特性图中变化很大。

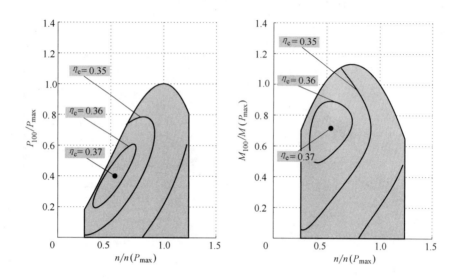

图 3-12　实际的发动机牵引力特性图

此外，发动机效率 η_e 如图 3-12 所示。特征图中，在一个点处达到了最大效率 $\eta_e = 0.37$。这个点却并不在满载的特性曲线上（图 3-12 中的边界线）。

3.6　问题与练习

记忆

1. 什么是坡道阻力？
2. 什么是加速阻力？
3. 空气阻力与车速是什么关系？
4. 空气阻力系数和迎风面积的量级是多少？
5. 平移惯性与旋转质量一般是结合在一起的，哪个因素在此处起作用？
6. 旋转质量系数的量级是多少？
7. 如何计算性能参数？
8. 如何得到所需的牵引力和性能的特征值？
9. 所需特征值的约束条件有哪些？

理解

1. 描述牵引力和性能的理想特性。
2. 描述内燃机的实际特性图。
3. 通过比较实际与理想的特性图，可以发现什么？
4. 为什么 $\lambda_i > \lambda_{i+1}$ 适用于旋转修正系数？
5. 为什么 $\lambda_i > 1$ 适用于旋转修正系数？

6. 有没有可能造出 $\lambda_i = 1$ 的汽车？

7. 下面哪个式子适用于功率的基本需求计算（无风条件下）？正确答案不止一个。

1）$Gf_r + c_d A \dfrac{\rho_a}{2} v_v^2$

2）$Gf_r + c_d A \dfrac{\rho_a}{2} v_v^3$

3）$Gf_r v_v + c_d A \dfrac{\rho_a}{2} v_v^3$

4）$\left(Gf_r + c_d A \dfrac{\rho_a}{2} v_v^2 \right) v_v$

5）$\left(Gp + c_d A \dfrac{\rho_a}{2} v_v^2 \right) v_v$

6）$\left(Gy + c_d A \dfrac{\rho_a}{2} v_v^2 \right) v_v$，$y = p + \lambda a_v / g$

式中，f_r 为滚动阻力系数，假设所有四个车轮的滚动阻力系数相等；G 为汽车重量；c_d 为空气阻力系数；A 为车辆的横截面面积；v_v 为车速；a_v 为车辆的加速度；p 为坡度；λ 为质量修正系数。

8. 将下面描述的情况对应至功率需求曲线上的点（见图 3-13）。

1）在坡度 $p = 0.05$ 的路面上以 150km/h 匀速行驶的车辆需要的总功率。

2）在坡度 $p = 0$ 的路面上以 150km/h 匀速行驶的车辆需要的总功率。

3）在坡度 $p = 0.1$ 的路面上以 200km/h 匀速行驶的车辆需要的总功率。

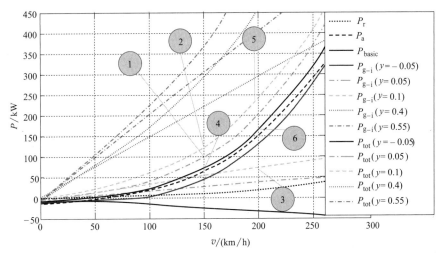

图 3-13 功率需求曲线

9. 将如下约束条件对应至图 3-14 中理想特性图中的曲线。

1）路面附着系数 μ_a 的约束。

2）最大功率的约束。

3）最大车速的约束。

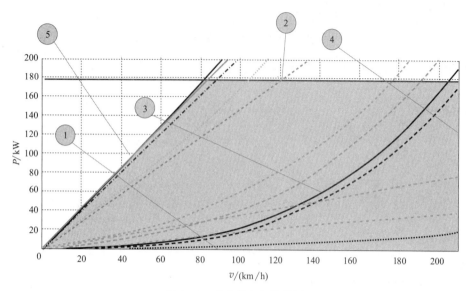

图 3-14　功率的理想特性图

应用

1. 一个车轮，静力半径 $r_{wst} = 0.3m$，轮胎拖距 $e_w = 3mm$，轮胎载荷 $F_z = 2500N$。驱动力矩 $M = 382.5N \cdot m$ 作用在车轮上。车轮以速度 $v_v = 30m/s$ 移动。假设此题中，函数 μ 可以近似线性地表示为：

$$\mu(S) = 10S \qquad (3-27)$$

计算车轮的角速度。

2. 计算车速 $v_v = 10m/s$ 和 $60m/s$ 时，空气阻力以及克服此阻力所需要的功率：空气阻力系数 $c_d = 0.3$，截面面积 $A = 2m^2$，空气密度 $\rho_a = 1.226kg/m^3$。风速为零。在计算功率 P_a 时，请使用 $P_a = F_a v_v$。

3. 空气密度与温度、压力有关，见表 3-1。

表 3-1　影响空气密度的因素

变量组	温度 T/K	压力 p/Pa	空气密度 $\rho_a/(kg/m^3)$
1	223.15(−50℃)	1.1×10^5	1.717
2	323.15(50℃)	6.24×10^4	0.648

使用第 2 题中的车辆参数，计算表 3-1 中两种密度的空气的空气阻力的功率（$v_v = 60m/s$）。

第4章 转 换 器

第3章介绍了发动机的理想和实际特性图之间的差异。这些差异需要对发动机的实际特性图进行转换，目的是：①减小速差；②使发动机的实际特性图逼近理想特性图。

第4章部分彩色曲线图

环境保护等其他方面因素在机动车的设计开发中也起着重要作用。因此，必须满足进一步的环保要求，比如减少燃料消耗和污染物排放。本章将主要着眼于上面列出的两个目标，即减小速差并获得近似理想的发动机特性图。

图 4-1 给出了转矩和功率的实际和理想特性图。横坐标表示转速，纵坐标表示功率或转矩。为了简化视图，图中仅绘制了一个转速横轴。但是，实际上应该有两个横轴：一个代表车轮速度，另一个代表发动机速度。但是，假设已经以某种方式转换了发动机的转速，使实际特性图中的极限转速与理想特性图中的极限转速一致（请参见以下示例）。

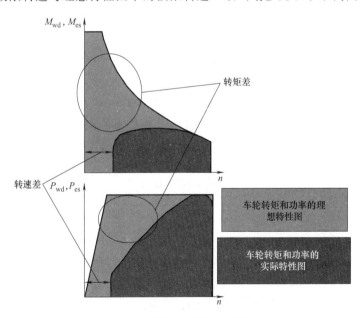

图 4-1 实际特性图和理想特性图

类似地，发动机的转矩和功率必须在车轮处转换为对应的大小。

例 4-1 发动机的最大转速为 6000r/min。这是在最高档位以 $v_{max}=50\text{m/s}$ 的速度实现的。车轮的静力半径 $r_{wst}=0.32\text{m}$。根据半径 r_{wst} 和最大速度 v_{max}，获得车轮的最大转速 n_{wmax}：

$$n_{wmax}=60\frac{v_{max}}{2\pi r}\text{r/min}$$

$$\approx 1492\text{r/min}$$

这意味着，在发动机转速 n_e 和车轮转速 n_w 之间，应该有一个 $i_d=4$ 的传动比（包括了差速器的传动比)$^{\ominus}$：

$$i_d = \frac{n_e}{n_w} \tag{4-1}$$

此处的下角标 d 包含了差速器传动比。

图 4-1 中已经考虑了该示例的传动比。具有基本的传动比是必需的，因为这有利于降低发动机的转速。除了基本的传动比之外，还需要差速器，这通常是为了实现该基本的传动比。然后可以将变速器的一个较高的档位设计成传动比为 1，不使用齿轮传动，来使传动效率最大化（参见图 4-5）。

可在图 4-1 中看出一些缺陷：发动机仅在特定的速度区间内提供转矩和功率，而理想特性图中的大部分却未被实际特性图覆盖。

为了克服这些差距必须要用到一些转换器。

4.1 离合器

为了克服速度差距，需要一种转换器，该转换器理想地将转矩和功率从高速状况转换为低速状况。完全消除转换器中的功率损耗是不可能的（如下所述），但是不损耗转矩却是可能的。因此，输入转矩和输出转矩相等，转速不等。这两个特性可以通过采用以下两个方程式来定义离合器：

$$M_o = M_i \tag{4-2}$$
$$n_o \neq n_i \tag{4-3}$$

式中，M_i 是离合器输入端的转矩；M_o 是输出端的转矩；n_i 和 n_o 分别是输入和输出的转速。如果看一下下面的简要计算，立即可以看出输入功率 P_i 和输出功率 P_o 一定不同。

$$P_o \neq P_i \tag{4-4}$$

其中，

$$P_o = \underbrace{2\pi n_o}_{\omega_o} M_o \tag{4-5}$$

$$P_i = \underbrace{2\pi n_i}_{\omega_i} M_i \tag{4-6}$$

当使用图 4-2 对其进行说明时，离合器的原理将变得清晰。两个圆盘固定在两个轴的末端。左轴连接到发动机，右轴连接到变速器。发动机轴以角速度 $\omega_i = 2\pi n_i$ 旋转，转矩为 M_i。输出轴传递的转速和转矩参数为 $\omega_o = 2\pi n_o$ 和 M_o。

现在，两个圆盘通过耦合力 F 相互挤压。这意味着法向力作用在摩擦表面上，如果 $\omega_i \neq \omega_o$ 成立，则会产生摩擦力。从图 4-2 中，获得绕旋转轴的力矩总和（对于静止状态，即 $\omega_i = 0$ 且 $\omega_o = 0$，由于惯性定律导致转矩消失）：

$$M_o = M_i \tag{4-7}$$

这样就满足了离合器的工作条件。从图 4-2 中可以看出没有惯性力。因此，关系式 $M_o = M_i$ 仅在平稳操作期间成立。在非平稳运行时，如果惯性矩较小，则误差将较小（对于与活

$\ominus$　原书为 differential 应译为差速器，但译者认为此处指的是主减速器的传动比，后文涉及差速器传动比时，均宜如此理解。

塞发动机相连的离合器，通常情况并非如此）。在图 4-3 中，显示了一个示例，说明了离合器如何在坡度为 10% 的坡道上开始行驶的车辆中运行。

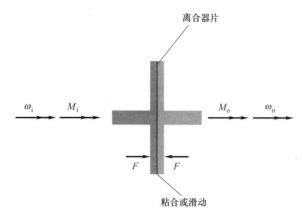

图 4-2 离合器的工作原理

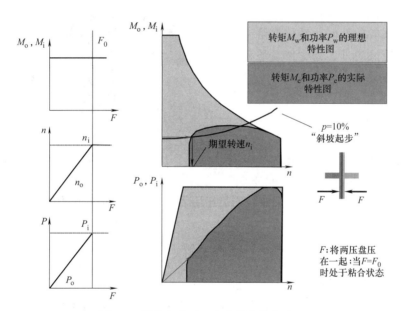

图 4-3 斜坡起步时，离合器的接合过程

图 4-3 显示了力矩 M_o 和 M_i 以及功率 P_o 和 P_i 的每种情况，即离合器的输出和输入。输入 M_i 和 P_i 对应于发动机转矩 $M_e = M_i$ 和发动机功率 $P_e = P_i$（此处下角标 e 代表发动机）。在两个分图中均显示了理想特性图和实际特性图（第四档位），并且在转矩图中突出显示了 $p = 10\%$ 时的转矩需求图。该转矩需求图与实际特性图的交点表示发动机旋转以提供需要转矩的必要转速 n_e。逐渐增加接触力 F（见图 4-2）直到 F 达到值 F_0。在此值下，两个离合器片彼此粘合在一起。在此过程中，当离合器处于接合状态时，发动机转速保持恒定。如果增加接触力，则离合器的输出力矩 M_o 将立即上升，这表明：$M_o = M_i$（请参见图 4-3 左上方的小图）。输出转速 n_o 也随接触力 F 的增加而增加。当后者达到 F_0 时，盘片粘住并且速度 $n_o = n_i$（如果输出转矩略高于在斜坡上行驶需要的转矩）。这个过大的转矩是必需的，以便车辆可以加速且 n_o 可以增加。由 $M_o = M_i$ 与式（4-5）和式（4-6），可得：

$$\frac{P_{\text{o}}}{2\pi n_{\text{o}}} = \frac{P_{\text{i}}}{2\pi n_{\text{i}}} \tag{4-8}$$

可以重新表示为：

$$P_{\text{o}} = P_{\text{i}} \frac{n_{\text{o}}}{n_{\text{i}}} \tag{4-9}$$

离合器的效率 $\eta = \dfrac{n_{\text{o}}}{n_{\text{i}}}$ 随力 F 的增加而增加到 1。如果获得了需要的实际特性图，则不再需要离合器。在这一点上，应注意的是，如此处所示，车辆通常在第一档而不是在较高档开始从静止状态前进。此处仅为了方便和易于展示而选择了第四档的特性图。

图 4-4 显示了摩擦离合器的更多详细信息。发动机曲轴与飞轮固连，通过离合器摩擦片，将飞轮的旋转运动传递给变速器的输入轴。除飞轮外，离合器盖还包含膜片弹簧、压盘、离合器摩擦片和止动轴承（或分离轴承）。为了松开离合器，有一个力压在分离轴承上。在接合状态下，膜片弹簧将与离合器衬片的压板压向飞轮。离合器衬片通过压盘牢固地连接至变速器轴。

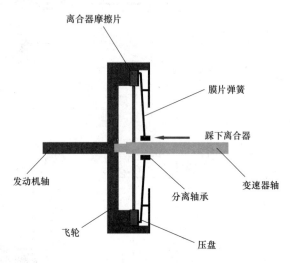

图 4-4 离合器的主要构件

为了松开离合器，必须沿箭头方向施加作用力 F，随之压板的压力减小，摩擦片开始在飞轮上滑动。

4.2 变速器

现在转到第二部分，借助变速器得到理想的传递特性图（图 4-1）的介绍。在这里，将仅考虑有级变速器。这就提出了一个问题，即应该如何选择变速器各档的传动比。使用传动比来确定传动的特定阶段。

传动比： 传动比 i_z 是传动装置的输入转速 $n_{\text{i}z}$ 与输出转速 $n_{\text{o}z}$ 之比：

$$i_z = \frac{n_{\text{i}z}}{n_{\text{o}z}}, z = 1, \cdots, N_{z\max} \tag{4-10}$$

下角标 z 表示处在第 $N_{z\max}$ 级档位的传动阶段。传动比 i_z 与速度无关。

渐进比： 渐进比 α_{gz} 表示两个相邻的传动比的比（商），即

$$\alpha_{gz} = \frac{i_{z-1}}{i_z}, z = 2, \cdots, N_{z\max} \tag{4-11}$$

考虑五档变速器的布局设计（$N_{z\max} = 5$）。可以设计有级变速器的第五档，从而可以在发动机的最高转速下实现车辆的最大速度。这仅对于阻力消失的情况下是可能的，这意味着负

坡度（$p<0$）的坡度阻力，可以补偿滚动阻力和空气阻力的总和。此外，该最大速度不是车辆在非倾斜道路上可以达到的最大速度。在图4-1中，绘制了实际的特性图，其中包括这种情况。最后驱动状态下的变速器或差速器用于将发动机的最大速度调整为车辆的最大速度。通常，通过选择变速器的输入轴和输出轴之间的互锁连接[注]，将变速器的第五个或一个更高的档位选择为 $i_5=1$ 的直接档，以最大程度地减少机械损耗。在使用高档位时，油耗起着重要影响。这就是在最高档位时最大程度地减少损失和提高效率的原因。选择第一档的传动比，以便满足最大转矩的要求。通过选择传动比，以便获得与理想特性图更好的近似结果。图4-7在左侧显示了理想特性图和实际特性图。在右侧显示了差速器转换过后的实际特性图（传动比 i_d 和效率 η_d）。除了传动比 $i_z=n_{iz}/n_{oz}$ 之外，转矩转换特性图还需要效率 η_z：

$$P_o = \eta_z P_i \tag{4-12}$$

当 $P_i = 2\pi n_{iz} M_i$ 且 $P_o = 2\pi n_{oz} M_o$（n_{iz} 和 n_{oz} 的单位为 r/s）时，还可以从式（4-12）中获得：

$$M_o = M_i \eta_z \frac{n_{iz}}{n_{oz}} \tag{4-13}$$

一般来说，手动变速器的效率 η_z 接近1。

图4-5显示了传动比的分配设计示例。在某些车辆传动系统设计中可以出现传动比为1的状况，但并非所有传动比都是按照图4-5中几何级数增减设计的，这从图4-6可以明显看出。最后三辆车由于使用了相同的自动变速器，所以无法看出具体差异。

档位2、3和4的传动比可以通过两种方法进行设计分配：等比式设计和渐进式设计。对于等比式设计，可得：

$$\alpha_{g5} = \alpha_{g4} = \alpha_{g3} = \alpha_{g2} \tag{4-14}$$

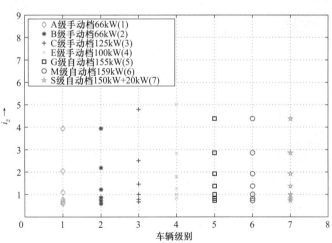

图4-5 梅赛德斯奔驰几种车型的传动比

因此，等比增量是恒定的。使用式（4-11）中的渐进比定义，式（4-14）等效于：

$$\frac{i_4}{i_5} = \frac{i_3}{i_4} = \frac{i_2}{i_3} = \frac{i_1}{i_2} \tag{4-15}$$

[注] 这种互锁连接并不适用于所有的变速器设计。

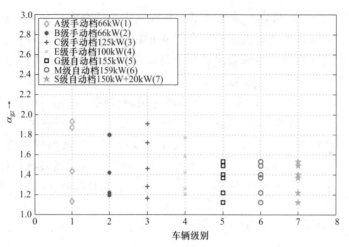

图 4-6 梅赛德斯奔驰几种车型的渐进比

由式（4-15）得到 $i_1 i_5 = i_2 i_4 = i_3^2$，这样得出：

$$i_3 = \sqrt{i_1 i_5} , i_2 = \sqrt{i_1 i_3} , i_4 = \sqrt{i_3 i_5} \tag{4-16}$$

在渐进式分配方法中，根据式（4-17）选择增量：

$$\alpha_{gz} = \alpha_{p1} \alpha_{p2}^{5-z} \tag{4-17}$$

定义传动比后可以得到功率和转矩转换的特性曲线。图 4-7 展示了一个例子。

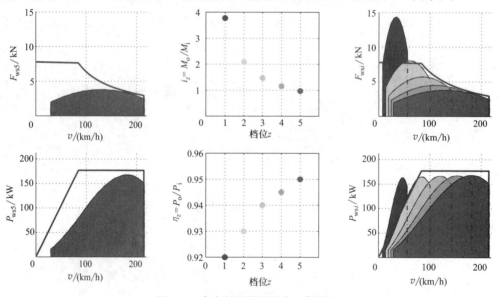

图 4-7 手动变速器的基本工作原理

对于转矩图和功率图，仍然可以检测到理想图和实际图之间的差异。特别地，可以通过比较这些图来找出传动比之间的间隔。在等比式设计中，间隔的大小大致相同。等比式设计主要用于诸如货车等多用途车辆。渐进式设计中，间隔随速度的增加而变小，通常用于乘用车中（参见图 4-7）。由于乘用车在低速行驶时的行驶阻力较低，因此这些间隔的下降幅度不大。对于 $60\text{km/h}^{\ominus}$ 或更高速度，空气阻力显著增加，因此需要较小的间隔。高档位传动比

$\ominus$ 原书为 60m/s，译者更正为 60km/h。

的小间隔使驾驶人能够使用功率极限（或略低于此极限的水平）来使车辆加速，而不会导致转矩下降和加速度下降。图 4-9 和图 4-10 比较了等比式传动比和渐进式传动比（P_{wsi} 和 F_{wsi} 分别表示在车轮处提供的功率和力）。

在渐进式变速器中可以清楚地看到传动比间隔的减小，而等比式变速器的间隔几乎保持恒定。在变速图中（在图 4-9 和图 4-10 的左图中），可以看出：对于等比式设计，当换档时，发动机转速降低是恒定的；而在渐进式设计中，发动机转速间隔会随着档位的增加而降低。

变速的一个目的是覆盖理想的特性图；另一个目的是，对于牵引力-速度图中的广阔区域，动力系统应该能够提供良好的发动机效率（同样适用于动力-速度图）。实现后一个目的需要对变速器进行平滑的设计。无级变速可以实现绝对平滑的设计，这意味着可以达到一定范围内的每个传动比。可以通过带有大量离散的齿轮的传动装置来近似实现这种连续设计。这就是自动变速器中的齿轮数逐渐增多的原因。

图 4-8 是一种 9 档自动变速器，其变速范围为 $i_1/i_9 = 9.15$，Trilok 变矩器的效率 $\eta = 0.92$。在 Trilok 变矩器的非转换模式下，通过锁止离合器提高了效率。双扭振减振器和离心摆式减振器减少了扭振。变速器具有四个行星轮组和六个换档元件，用于制动轮组中的单个车轮（制动器）或用于接合车轮或轮组（离合器）。

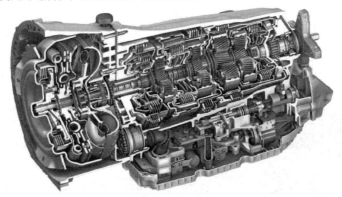

图 4-8　梅赛德斯 9 档自动变速器（经戴姆勒公司授权引用）

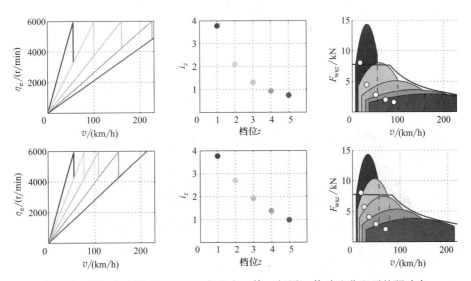

图 4-9　等比式（第二行图）和渐进式（第一行图）传动比分配下的驱动力

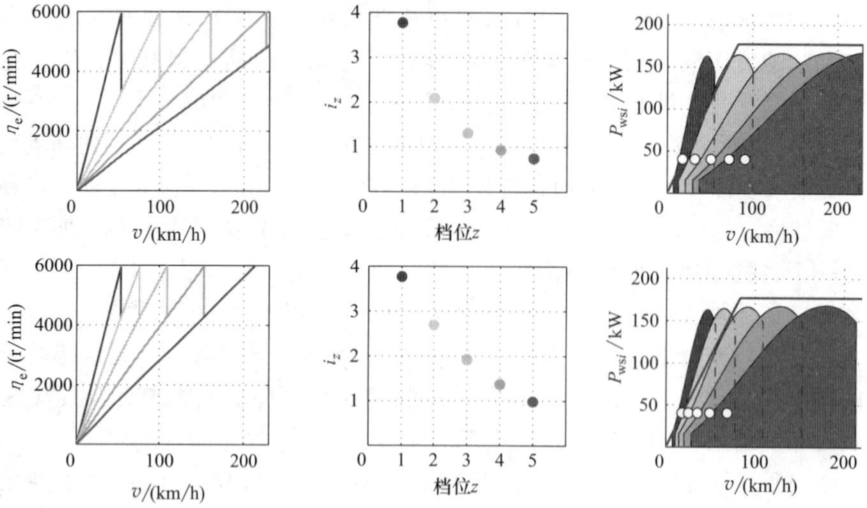

图 4-10　等比式（第二行图）和渐进式（第一行图）传动比分配下的功率

对于离合器和变速器，还有其他工作原理和构造设计，例如无级变速器或液力变矩器（请参阅第 17 章）。

至此，一方面得出了由于驱动阻力而产生的车轮处功率和驱动力的需求，另一方面推导出了动力系统（带变速器的发动机）的驱动力和功率输出。

在图 4-11 和图 4-12 中分别对这些量的力特性和功率特性进行了总结。为了完整起见，

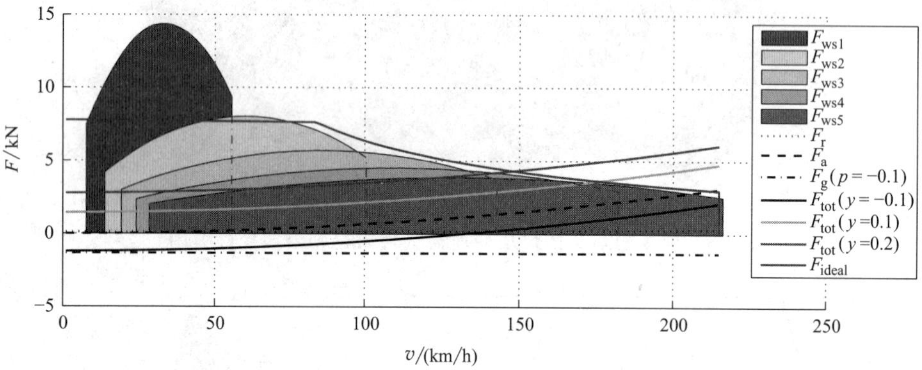

图 4-11　驱动性能图（驱动力）

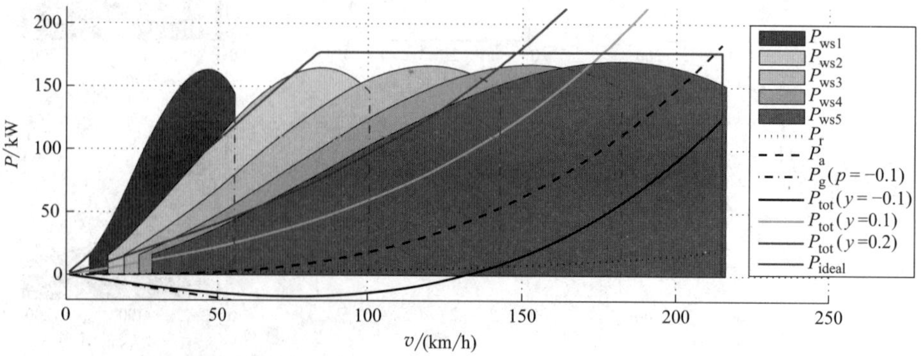

图 4-12　驱动性能图（功率）

还描绘了理想的特性图。在接下来的步骤（在第 5 章）中，将比较在特定驾驶情况（例如，在坡度 $p = 0.1$ 下行驶）下所需的动力系统的力和功率输出。

4.3　问题与练习

记忆

1. 离合器的作用是什么？
2. 变速器的作用是什么？
3. 传动比的定义是什么？
4. 渐进比的定义是什么？
5. 列举两种设计手动变速器的方式。
6. 离合器的转矩和速度的输入端和输出端适用什么条件？
7. 离合器的效率是多少？
8. 变速器的输入、输出转速比是什么？

理解

1. 在图 4-13 中，变速器的哪个档位属于第三档？

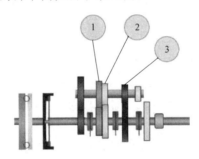

图 4-13　变速器

2. 有没有可能在稳态条件下设计 $P_o > P_i$ 的组合式离合器与变速器？
3. 简述离合器或变速器 $P_i < 0$，$P_o < 0$ 的非稳态情况。

应用

1. 对下表中的点进行插值近似，用得到的抛物线来逼近发动机转矩的满负荷特性（M 表示转矩；n 表示发动机转速）。

$n/(\text{r/min})$	$M/\text{N} \cdot \text{m}$
$n_1 = 1000$	$M_1 = 100$
$n_2 = 3000$	$M_2 = 200$
$n_3 = 5000$	$M_3 = 100$

计算插值抛物线：

$$M(n) = a_2 n^2 + a_1 n + a_0 \tag{4-18}$$

抛物线的最大值（即发动机的最大转矩）为：在 $n = n(M_{max})$ 时，$M_{max} = M_2$。最小速度 $n_{min} = n_1$，最大速度 $n_{max} = n_3$，相应的转矩分别为 $M(n_{min})$ 和 $M(n_{max})$。

提示：可以使用拉格朗日的插值公式为

$$M(n) = \sum_{i=1}^{3} M_i \prod_{\substack{j=1 \\ j \neq i}}^{3} \frac{n - n_j}{n_i - n_j} \tag{4-19}$$

2. 计算发动机的最大功率和每分钟的转数，此时功率为最大值。

提示：可以根据 $P = M\omega$ 得到功率，因此，每分钟的转数（功率为最大值）为

$$\frac{\partial P}{\partial n} = 0 \tag{4-20}$$

3. 本章"应用"其余问题（第3~6题）的目的是设计六档渐进式变速器。第四档应该是在输入轴和输出轴之间具有直接接头的齿轮；因此，传动比 $i_4 = 1$。

车轮的静力半径 $r_{wst} = \dfrac{10.5}{10\pi}\mathrm{m}$。

在发动机最大转速为 n_3 的情况下，以及第四档达到180km/h的车速的条件下，计算主减速器的传动比 i_d。

4. 车辆关于空气阻力的参数：$c_d = 0.3$，$\rho_a = 1.2\mathrm{kg/m^3}$，$A = 2\mathrm{m^2}$。

假设车辆在第六档的最大速度即车辆的最大速度，计算第六档的传动比 i_6，即对于其他传动比 $\tilde{i}_6 \neq i_6$，最大速度始终小于设计的传动比 i_6 计算的速度。注意：请遵循提示以简化此计算，否则计算会极为复杂。

提示：

1）如果计算出车辆的基本动力需求（忽略较小的滚动阻力 F_r）与第六档的满载特性曲线之间的区间，则假定该节点即为最大值，则可获得该传动比 i_6（参见"应用"第2题）。

2）建议忽略滚动阻力，否则将必须计算四阶多项式的根。

3）应该假设第六档的效率 $\eta_6 = 1$。

5. 轿车的质量为1200kg，最大有效载荷为800kg，牵引式拖车为500kg（对于重力加速度 g，请使用10m/s²，简化公式为 $F_g = Gp$）。

计算第一档的传动比 i_1。具有有效载荷和拖车的轿车应能够以200N·m的最大可用发动机转矩在 $p = \pi/10$ 的倾斜道路上行驶。

6. 渐进式设计的渐进比为

$$\alpha_{gz} = \alpha_{p1} \alpha_{p2}^{6-z} = \frac{i_{z-1}}{i_z} \tag{4-21}$$

计算 α_{p1} 和 α_{p2}。

提示：

下方或其他类似的派生公式将有助于计算：

$$\alpha_{gz} \alpha_{g(z-1)} = \frac{i_{z-1}}{i_z} \frac{i_{z-2}}{i_{z-1}} = \frac{i_{z-2}}{i_z} = \alpha_{p1}^2 \alpha_{p2}^{12-(2z-1)} \tag{4-22}$$

第 5 章　行驶性能图和燃油消耗

在本章中，将讨论行驶性能图。

行驶性能图包括：

1）发动机的（实际）输出特性曲线，即车轮上的力和功率关于行驶速度的函数，并且绘制在同一张图中。

2）所需的牵引力（行驶阻力）或发动机的功率。

借助这些图，可以确定，车辆的行驶能力，如无坡度的最大速度、任意档的爬坡能力以及加速能力等。

图 5-1 显示了五个档位中每个档位的输出特性图（驱动力和功率）以及标准参数及对几种行驶情况的需求。这些需求曲线基于行驶阻力，并且由以下几部分组成：坡道阻力 F_g、加速阻力（惯性阻力）F_i、滚动阻力 F_r 和空气阻力 F_a。

与图 4-11 和图 4-12 的根本区别在于，图 5-1 显示了相对于附着力极限的全轮驱动。显然，图 5-1 中的极限值几乎是图 4-11 和图 4-12 中极限值的两倍。

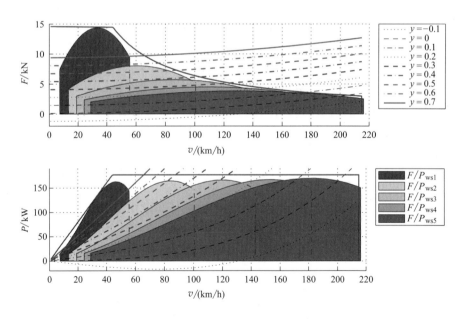

图 5-1　行驶性能图（$y = p + \lambda\, \ddot{x}/g$）

必须转换发动机的输出特性图（通过变速器的传动比 i_z 和效率 η_z 以及主减速器的传动比 i_d 和效率 η_d），才能与需求曲线相比较。因此，需要将发动机的功率和转矩转换为牵引力，从动轮的功率和发动机的角速度（或转速）必须转换为车轮的转速 n_w，然后转换为车辆的行驶速度 v：

$$v = r_{wst} 2\pi \frac{n_e}{\underbrace{i_z i_d}_{n_w}} \tag{5-1}$$

首先，必须使用变速器、差速器的总传动比将发动机的转矩 M_e 转换为车轮上的转矩。总传动比 $i_t = i_z i_d$ 包括差速器和变速器的传动比 i_d 和 i_z。但由于转矩损失，车轮上的转矩减小了。转矩损失导致变速器和差速器的效率变为 $\eta_t = \eta_z \eta_d$（η_t 是第 z 档变速器和差速器的效率），因此车轮处的输出转矩 M_{ws} 为：

在驱动状态下，

$$M_{ws} = \eta_t i_t M_e \tag{5-2}$$

在制动状态下，

$$M_{ws} = \frac{1}{\eta_t} i_t M_e \tag{5-3}$$

在这里必须区分驱动和制动，因为制动转矩始终是损失转矩的，因此降低了发动机的驱动转矩或增加了发动机的制动转矩。制动状态下，式（5-3）中效率 η_t 接近于 1：

$$\eta_t = 1 - \zeta_t \tag{5-4}$$

式中，$\zeta_t \ll 1$。

差速器和变速器的转矩损失 M_1 为：

$$M_1 = \zeta_t i_t M_e \tag{5-5}$$

车轮处的制动转矩由发动机的牵引转矩 $i_t M_e$ 和转矩损失 $M_1 = \zeta_t i_t M_e$ 组成：

$$i_t M_e + \zeta_t i_t M_e = (1 + \zeta_t) i_t M_e \tag{5-6}$$

如果采用下方的级数展开：

$$\frac{1}{\eta_t} = \frac{1}{1 - \zeta_t} = 1 + \zeta_t - \frac{1}{2}\eta_t^2 + \cdots \tag{5-7}$$

将会获得下方公式，进而得到式（5-3）近似的有效适用范围：

$$M_{ws} = (1 + \zeta_t) i_t M_e \approx \frac{1}{1 - \zeta_t} i_t M_e \tag{5-8}$$

类似地，对于功率则有：

$$P_{ws} = \eta_t P_e \tag{5-9}$$

$$P_{ws} = \frac{1}{\eta_t} P_e \tag{5-10}$$

其中，在式（5-9）中，从动轴的功率为 $P_e > 0$ 的正值；在式（5-10）中，制动轴的功率为 $P_e < 0$ 的负值。

式（5-9）的推导过程如下：

$$P_{ws} = \omega_w M_{ws} = \omega_w \eta_t i_t M_e = \eta_t \underbrace{\omega_w i_t M_e}_{\omega_w}{}^{\overbrace{}^{= P_e}} = \eta_t P_e$$

$$\tag{5-11}$$

式（5-10）的推导与之类似。

备注 5.1　在这些计算中，通过简化采用了恒定且与速度无关的效率 η_t 的假设。然而

效率 η_t 本身应当是与角速度、传动比和转矩相关的变化函数值。

图 5-1 显示了包括损失在内的不同档位的功率和牵引力输出特性图，表示了针对不同值 $y = p + \lambda \ddot{x}/g$ 的需求曲线。在以下各节中，将通过分析这些图线来阐述车辆的特性。

5.1 无坡度的最大速度

为了获得无坡度时车辆的最大速度，选定需求功率曲线与第五档的满载特性曲线的交点（请参见图 5-2a）进行研究分析。此时对应的速度为 v_1。在图 5-2a 中，看到 $y = 0$ 的需求曲线与满载曲线相交。在这种设置下，可以在第五档（$z = 5$，P_{ws5}）时获得最大速度。在第四档（$z = 4$，P_{ws4}）时车辆达到的最大速度 $v_2(z = 4) < v_1$（$z = 5$）。

如果考虑 $p = 0.12$ 的坡度的最大速度，则很明显，即第四档的 v_3 和第五档的 v_4 大小关系为：$v_4(z = 5) < v_3$（$z = 4$）。

除了上述设计之外，第五档还有其他可能的设计，如需求曲线在最大功率下与满载曲线相交。图 5-2b 显示了另外两种可能性。对于特性曲线 P_{ws1}，传动比 $\hat{i}_5$ 大于对于 P_{ws2} 的传动比 i_5：$\hat{i}_5 > i_5$。对于第三档特性曲线 P_{ws3}，以下关系成立：$\tilde{i}_5 < i_5$。可以看出，对于 P_{ws1} 和 P_{ws3}，最大速度 v_2 和 v_3 分别满足：$v_2 < v_1$ 和 $v_3 < v_1$。比较 $p = 0.12$ 的坡度的最大速度，发现 P_{ws1} 的最大速度 v_5 高于 P_{ws2} 的最大速度 v_6，即 $v_5 > v_6$。

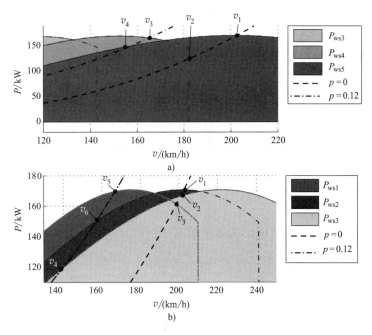

图 5-2 无坡度的最大速度

最大速度的减小使得在 P_{ws3} 下达到最大值，在 P_{ws1} 下达到最小值：

$$v_2 - v_4 > v_1 - v_6 > v_3 - v_5 \tag{5-12}$$

在 P_{ws3} 下，发动机以低速旋转，即在较高效率的范围内旋转。较低的速度和较高的效率（见图 3-12）意味着消耗的燃油更少。因此，该档位称为经济驱动档或超速驱动档。

在 P_{ws1} 下，对于相同的车速，发动机以更高的速度旋转。P_{ws1} 和 P_{ws3} 的功率消耗存在显著差异，这可以通过同一坡度下最大速度的下降来看出［参见式（5-12）］。

5.2　爬坡能力

爬坡能力是指车辆在坡度为 p 的道路上行驶的能力。如果速度 v 低于最大速度，则可以使用额外的功率［无坡度（$p=0$）行驶的需求与动力系统的满载功率之差］来加速或在倾斜的道路上行驶。坡道阻力 F_g 可以表示为滚动阻力 F_r 和空气阻力 F_a 的函数：

$$F_g = Z(z) - (F_r + F_a) \tag{5-13}$$

式中，$Z(z)$ 是档位 z 中的最大牵引力（在满载特性曲线上）。不应考虑加速阻力，因为当车辆在斜坡上行驶时，加速度 $\ddot{x}_v = 0$。通过替换 $F_g = pG$ 和 $F_r = f_r G$，可以得出：

$$p = \frac{1}{G}\left[Z(z) - F_a \right] - f_r \tag{5-14}$$

满载特性曲线 $Z(z)$ 可以由档位 z 下动力系统提供的功率代替：P_{wsz}/v。

5.3　加速能力

加速能力类似于爬坡能力。参数的需求特性曲线 $y = p + \lambda\, \dfrac{\ddot{x}_v}{g}$ 如图 5-1 所示。为了获得加速能力，必须在式（5-14）中用 $\lambda\, \dfrac{\ddot{x}_v}{g}$ 代替 p。可以得到：

$$\ddot{x}_v = \frac{g}{\lambda_z G}\left\{ \left[Z(z) - F_a \right] - G f_r \right\} \tag{5-15}$$

爬坡能力和加速能力之间的主要区别是旋转质量因数 λ_z，它取决于所采用的档位。

为了说明车辆的加速能力，经常使用平均数据，例如车辆从 $v_1 = 0\text{km/h}$ 的速度变为 $v_2 = 100\text{km/h}$ 的速度所需的时间。为了计算这个时间，根据方程：

$$\ddot{x}_v = \frac{\mathrm{d}v_v}{\mathrm{d}t} \tag{5-16}$$

重新排列（通过读取 $\mathrm{d}v_v$ 和 $\mathrm{d}t$ 作为数学意义上的微分），得到：

$$\mathrm{d}t = \frac{1}{\ddot{x}_v}\mathrm{d}v_v \tag{5-17}$$

对式（5-17）积分得出：

$$\Delta t = \int_{v_1}^{v_2} \frac{1}{\ddot{x}_v}\mathrm{d}v_v \tag{5-18}$$

在这种情况下，平均加速度 $\overline{\ddot{x}_v}$ 为：

$$\overline{\ddot{x}_v} = \frac{v_2 - v_1}{\Delta t} \tag{5-19}$$

可以使用以下关系来计算加速过程中的行进距离：

$$\ddot{x}_v = \frac{dv_v}{dt} = \frac{dv_v}{dx_v}\frac{dx_v}{dt} = \frac{dv_v}{dx_v}v_v \tag{5-20}$$

在解出 dx_v 后可得：

$$\Delta x_v = \int_{v_1}^{v_2}\frac{v_v}{\ddot{x}_v}dv_v \tag{5-21}$$

由于不同档位的旋转质量换算系数不同，因此需要改变档位以实现最大的爬升能力的速度 v_{optg}，它与获得最大加速能力的速度 v_{opti} 有所不同。为了说明这一点，考虑从第一档到第二档的升档点（参见图5-3）。当考虑自由牵引力 $Z_f(z)$ 时 $[Z(z)$ 是第 z 档的满载特性曲线上的最大牵引力]：

$$Z_f(z) = Z(z) - F_r - F_a \tag{5-22}$$

$Z(z=1)$ 和 $Z(z=2)$ 的交点会产生最佳速度 v_{optg}，以便从第一档升至第二档，以实现在一条倾斜的路上达到最佳的爬坡能力或达到最大牵引载荷。但是，当在加速能力中寻找该速度 v_{optg} 时，对于这两个档位 $[\hat{Z}_f = Z_f(z=1) = Z_f(z=2)]$，得到以下结果：

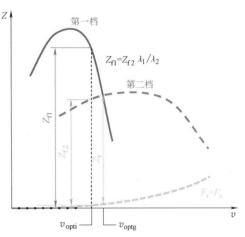

图 5-3　第一档和第二档牵引力满载特性曲线交点的自由牵引力 Z_f

$$\ddot{x}_{1.\,gear} = \frac{g}{\lambda_1 G}\hat{Z}_f \tag{5-23}$$

$$\ddot{x}_{2.\,gear} = \frac{g}{\lambda_2 G}\hat{Z}_f \tag{5-24}$$

由于 $\lambda_1 > \lambda_2$，因此第一档在该速度 v_{optg} 处的最大加速度明显低于第二档的最大加速度。如果得到第一档的自由牵引力 $Z_{f1} = Z_f(z=1)$ 与第二档的自由牵引力 $Z_{f2} = Z_f(z=2)$ 对应于旋转质量换算系数的比值：

$$\frac{Z_{f1}}{Z_{f2}} = \frac{\lambda_1}{\lambda_2} \tag{5-25}$$

则可以获得达到最佳加速点的最佳换档点的速度 $v=v_{opti}$。

因此，最佳的爬坡能力最佳换档速度 v_{opti} 低于最佳点 v_{optg}，即 $v_{opti} < v_{optg}$。

5.4　燃油消耗

首先，假设发动机和变速器的燃油效率恒定，这涉及简化，因为发动机的效率取决于转矩和速度，而动力系统的效率（略微）取决于这些因素。由图3-12可知，发动机的效率取决于转矩（或功率）和转速。此外，整个速度和转矩转换器（离合器、变速器和差速器）的效率也取决于转速和转矩。在第一种燃油消耗计算方法中，假定发动机的效率 $\bar{\eta}_e$ 以及包括差速器的速度和转矩转换器的效率 $\bar{\eta}_t$ 恒定。为了计算燃油消耗，需要计算移动车辆所需的功（或能量）W_w。该功是根据车轮的功率 P_w 计算的：

$$W_w = \int_0^T P_w \mathrm{d}t \tag{5-26}$$

功率 $P_w \approx F_w v_v$（忽略滑移；F_w 是从动轮处的牵引力）。如果 B 是燃料量（例如用 l 表示，单位为 dm^3），而 H_1 是低位热值（例如，单位为 $\mathrm{J/dm}^3$），则从燃料量 B 中获得等同于功 W_w 的能量：

$$\int_0^T F_w v_v \mathrm{d}t = W_w = \bar{\eta}_e \bar{\eta}_t B H_1 \tag{5-27}$$

低位热值 H_1 是在完全燃烧时单位体积（或质量）燃料所释放的热量，其燃烧产物中水以气态形式存在。低位热值与内燃机有关。它与上位热值 H_u 的区别在于水的蒸发热 Q_v：$H_1 = H_u - Q_v$。求解式（5-27）的 B，获得与行驶距离 L 有关的燃油消耗：

$$\frac{B}{L} = \frac{1}{\bar{\eta}_e \bar{\eta}_t H_1} \frac{1}{L} \int_0^T F_w v_v \mathrm{d}t \tag{5-28}$$

当以恒定速度 v_0 行驶（即 $F_i = 0$ 且 $F_w = F_r + F_a + F_g =$ 常数）时，得到：

$$\frac{B}{L} = \frac{F_r + F_a + F_g}{\bar{\eta}_e \bar{\eta}_t H_1} \tag{5-29}$$

此处用 $v_0 = L/T$ 代替。因此，如果内燃机中离合器和变速器的效率高，并且驱动阻力 F_r、F_a 和 F_g 小，则燃油消耗低。

速度 $v_v(t) = \bar{v} + \Delta v(t)$（图 5-4）变化的情况将在下面更详细地分析。$\bar{v}$ 是平均速度（相对于时间，而不是相对于行进距离）：

$$\bar{v} = \frac{1}{T} \int_0^T v_v(t)\, \mathrm{d}t \tag{5-30}$$

Δv 表示速度偏差：

$$\Delta v(t) = v_v(t) - \bar{v} \tag{5-31}$$

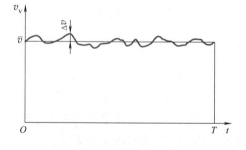

图 5-4　速度变化示例

在这里，将车辆限制在无坡度道路上，因为坡度阻力提供了与速度无关的分量。关于行驶距离和油耗由式（5-32）给出：

$$\frac{B}{L} = \frac{1}{\bar{\eta}_e \bar{\eta}_t H_1 L} \int_0^T (F_r + F_i + F_a) v_v \mathrm{d}t \tag{5-32}$$

如果设置 $F_r = f_r G$，$F_i = \lambda \dfrac{G}{g} \ddot{x}_v$，$F_a = \dfrac{\rho_a}{2} c_d A v_v^2$，则积分如下：

$$\int_0^T (F_r + F_i + F_a) v_v \mathrm{d}t = f_r G \int_0^T v_v \mathrm{d}t + \lambda \frac{G}{g} \int_0^T \dot{v}_v v_v \mathrm{d}t + \frac{\rho_a}{2} c_d A \int_0^T v_v^3 \mathrm{d}t \tag{5-33}$$

由于滚动阻力 F_r 起着较小的作用，因此忽略了 f_r 的速度相关性，假设滚动阻力系数 f_r 为常数，那么式（5-33）等号右侧第一项是：

$$f_r G \underbrace{\int_0^T v_v \mathrm{d}t}_{\bar{v}} = f_r G \bar{v} T \tag{5-34}$$

式中，$\bar{v}$ 是平均速度。

式（5-33）等号右侧第二项可以如下替换 $\left[\dfrac{1}{2}\dfrac{\mathrm{d}}{\mathrm{d}t}(v_\mathrm{v}^2)=\dot{v}_\mathrm{v}v_\mathrm{v}\right]$：

$$\int_0^T \dot{v}_\mathrm{v}v_\mathrm{v}\,\mathrm{d}t = \int_0^T \frac{1}{2}\frac{\mathrm{d}}{\mathrm{d}t}(v_\mathrm{v}^2)\,\mathrm{d}t = \frac{1}{2}\left[v_\mathrm{v}^2(t=T)-v_\mathrm{v}^2(t=0)\right] \tag{5-35}$$

当使用积分以这种方式计算功率时，假设制动过程的能量（通常是制动盘中的热能）可以完全回收。在具有发动机的常规机动车辆中不是这种情况，但是至少在具有非常高效率的混合动力车辆或电动车辆中是可能的。假设在考虑的车辆中，初始速度 $v_\mathrm{v}(t=0)$ 和最终速度 $v_\mathrm{v}(t=T)$ 相同，因此可得

$$v_\mathrm{v}(t=0)=v_\mathrm{v}(t=T) \tag{5-36}$$

这不是必不可少的限制，因为考虑了很长的一段时间 T（例如，20min 或 30min 甚至更长的时间在高速公路上行驶）。它遵循：

$$\int_0^T \dot{v}_\mathrm{v}v_\mathrm{v}\,\mathrm{d}t = 0 \tag{5-37}$$

对于偏差 $\Delta v(t)$，以下两个方程式成立：

$$\int_0^T \Delta v(t)\,\mathrm{d}t = 0 \tag{5-38}$$

$$\int_0^T (\Delta v)^3(t)\,\mathrm{d}t \ll \bar{v}\int_0^T (\Delta v)^2(t)\,\mathrm{d}t \tag{5-39}$$

式（5-38）直接由 Δv 定义得出：

$$\int_0^T \Delta v(t)\,\mathrm{d}t = \int_0^T \left[v(t)-\bar{v}\right]\mathrm{d}t = \underbrace{\int_0^T v(t)\,\mathrm{d}t}_{\bar{v}T} - \underbrace{\int_0^T \bar{v}\,\mathrm{d}t}_{\bar{v}T} = 0 \tag{5-40}$$

式（5-39）成立是因为速度偏差 Δv 与平均速度 $\bar{v}$ 相比较小，而且在 $(\Delta v)^3$ 的积分中，正负部分在某种程度上相互抵消，而没有补偿发生在 $(\Delta v)^2$ 的另一个积分中。

式（5-33）等号右侧第三项的积分可以写成：

$$\begin{aligned}
\int_0^T v_\mathrm{v}^3\,\mathrm{d}t &= \int_0^T \left[\bar{v}^3+3\bar{v}^2\Delta v+3\bar{v}(\Delta v)^2+(\Delta v)^3\right]\mathrm{d}t \\
&= \underbrace{\int_0^T \bar{v}^3\,\mathrm{d}t}_{=T\bar{v}^3} + 3\bar{v}^2\underbrace{\int_0^T \Delta v\,\mathrm{d}t}_{=0} + 3\bar{v}\underbrace{\int_0^T (\Delta v)^2\,\mathrm{d}t}_{=\sigma_\mathrm{v}^2 T} + \underbrace{\int_0^T (\Delta v)^3\,\mathrm{d}t}_{\ll 3\bar{v}\sigma_\mathrm{v}^2 T} \\
&\approx T(\bar{v}^3+3\bar{v}\sigma_\mathrm{v}^2)
\end{aligned} \tag{5-41}$$

式中，σ_v 是 v 的标准偏差：

$$\sigma_\mathrm{v} = \sqrt{\frac{\hat{T}}{T}\int_0^T (\Delta v)^2\,\mathrm{d}t} \tag{5-42}$$

总体而言，对于燃油消耗，结果是：

$$\frac{B}{L} = \frac{1}{\bar{\eta}_\mathrm{e}\bar{\eta}_\mathrm{t}H_1}\left[f_\mathrm{r}G+\frac{\rho_\mathrm{a}}{2}c_\mathrm{d}A\bar{v}^2\left(1+\frac{3\sigma_\mathrm{v}^2}{\bar{v}^2}\right)\right] \tag{5-43}$$

这种情况使用距离 L、速度 $\bar{v}$ 和时间 T 之间的关系：

$$L = \int_0^T v(t)\,\mathrm{d}t$$

$$= \int_0^T \left[\bar{v} + \Delta v(t) \right]\mathrm{d}t \qquad\qquad (5\text{-}44)$$

$$= \underbrace{\int_0^T \bar{v}\,\mathrm{d}t}_{\bar{v}T} + \underbrace{\int_0^T \Delta v(t)\,\mathrm{d}t}_{=\,0}$$

一方面，注意到由于滚动阻力而导致了恒定油耗；另一方面，可以看到由于速度和空气阻力而导致的燃油消耗变化。

尽管假定制动时能量已完全恢复，但由于速度变化引起的项 $3\dfrac{\rho_a}{2}c_d A \sigma_v^2$ 仍保留在式 (5-43) 中。该项是空气阻力对速度的二次方依赖的结果。最后，讨论了与速度相关的效率 η_e 的消耗。图 5-5 显示了来自图 3-12 所示的柴油机的特性曲线，柴油机转速已经被转换为车速 v_v。图 5-5a 显示了第四档，也显示了效率最高的三个点，这些点可以通过效率最高的曲线连接起来。可以通过为每个功率值绘制一条水平线（图 5-5a 中的水平虚线）并找到恒定效率曲线（这些是点画线）来获得效率最高的曲线，水平恒定功率线是恒定效率曲线最大值处的切线。这是图 5-5a 中 $\eta_e = 0.36$ 的示例曲线。

最高效率曲线也是最低燃油消耗率的曲线。图 5-5b 将第四档和第五档的最低比油耗曲线（对两点）进行了比较。

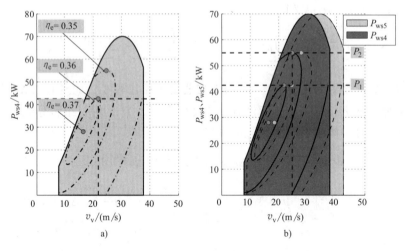

图 5-5　最佳效率点

如果比较两个档位在低功率 P_1（下水平线）下，以某一驱动速度（$v_v \approx 25\mathrm{m/s}$，在图 5-5b 中由垂直虚线表示）行驶的效率，第五档效率为 $\eta_e(z=5, P_1) = 0.36$，而在第四档中，它位于 $\eta_e(z=4, P_1) < 0.36$ 以下。如果考虑功率 P_2（上水平线），则第四档的效率为 $\eta_e(z=4, P_2) = 0.35$，在第五档中，其效率略低于 $\eta_e(z=5, P_2) < 0.35$。这意味着，有一些四档效率更高的行驶速度性能区域，也有一些区域第五档更为有利。但是，前一种情况是例外。通常，在给定速度和给定功率下，选择较高的档位比选择较低的档位更为有效。

5.5 燃油消耗循环工况

存在许多循环工况用于测量燃油消耗和废气排放来比较不同的汽车，例如 NEDC（新欧洲行驶周期），EPA（美国环境保护局）的 FTP-75（联邦测试程序）和 SFTP（补充 FTP US06，SC06，冷循环），或来自日本的 10 模式或 10-15 模式。全球统一的轻型车辆循环工况（WLTP）是由欧盟、日本和印度的专家开发的循环工况，旨在协调不同国家/地区使用的各种测试循环。这些测试通常在底盘测功机上执行。道路负载和车辆参数必须传递到测功机中。在这些循环中，将驱动速度定义为时间的函数，包括发动机停止的时间段。图 5-6 显示了 NEDC 的速度。在加减速期间，速度与时间线性相关，这意味着在这些时间段内加速度是恒定的（在其他时间段内加速度为零）。这个加速度/减速度很低，在循环的城市部分加速度最大值：$(3.75\text{km/h})/(1\text{s}) \approx 1.042\text{m/s}^2$。

冷起动也可以构成工况的一部分，但不包括坡度。这意味着测试中不包括道路为负倾角时的能量回收。定义了几个边界条件，例如温度、轮胎及其充气压力、有效载荷。在某些较旧的循环工况中，例如在 NEDC 中，也定义了用于手动变速器的换档点。由于现代车辆使用的手动变速器最多具有六个档位，因此固定档位的变速非常困难，因为这些变速点会影响结果。

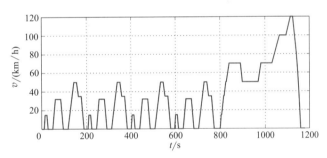

图 5-6 NEDC 速度-时间的相关性

循环工况的目的之一是比较不同汽车的燃料消耗或废气排放（例如 CO、NOx）。测试循环工况可能会根据车辆的功率和质量而有所不同。例如，在 WLTP 中，有三种类型的车辆（请参阅表 5-1），以比功率（单位为 kW/t）区分。

表 5-1 WLTP 车辆等级

等级	描述	比功率 P/m_{tot}
1	低功耗汽车	$P/m_{\text{tot}} \leq 22\text{kW/t}$
2	中功耗汽车	$22\text{kW/t} < P/m_{\text{tot}} \leq 34\text{kW/t}$
3	高功耗汽车	$P/m_{\text{tot}} > 34\text{kW/t}$

为这三个等级定义了不同的 WLTC。主要区别在于速度范围，例如，对于第 3 等级，速度范围总共包括四个部分：低、中、高速和超高速。

为了根据测试循环工况评估车辆，可以在车辆的行驶性能图中绘制该车辆相对于循环工况的功率或牵引力的需求。为此，应通过效率曲线来扩展驾驶性能图，然后根据效率可以评估不同的需求。由于发动机在非稳态模式下运行，因此无法通过简单图表对排放进行总体评估。

图 5-7 描绘了带有内燃机和五档变速器的动力系统在车轮上的功率和牵引力。它还显示了五个档位的最大效率点，以及恒定效率的一个等值线的椭圆近似值。除了这些信息外，该图还显示了 NEDC 对牵引力和功率的需求。除了对功率和牵引力的需求之外，还显示了负值部分。混合动力汽车或电动汽车可使用发电机来回收负值部分的动能。所有力曲线的抛物线形状都表征了基本的功率需求，其中主要用于克服空气阻力。

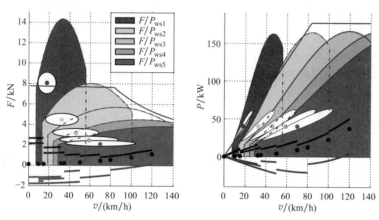

图 5-7　内燃机动力系统提供的功率和牵引力以及 NEDC 对功率的需求

显然，NEDC 的功率需求非常低，这是加速度值较低的结果，这些需求曲线并不能达到良好效率的范围。

5.6　问题与练习

记忆

1. 什么是行驶性能图？
2. 确定行驶阻力需要哪些基本组成部分？这些组成取决于哪些变量？
3. 行驶性能图需要哪些数据？
4. 如何在行驶性能图上转换发动机特性？

理解

1. 如何确定最佳加速能力的换档点？
2. 如何确定燃油消耗？
3. 较高或较低的档位是否更省油？解释它们之间的关系。
4. 为什么最佳爬坡能力的换档点与最佳加速度的换档点不一致？

应用

1. 发动机转矩 M 的满载特性曲线近似为抛物线：

$$M(n) = a_2 n^2 + a_1 n + a_0 \tag{5-45}$$

式中，$a_2 = -0.00005\,\mathrm{N \cdot m/(r/min)^2}$，$a_1 = -0.3\,\mathrm{N \cdot m/(r/min)}$，$a_0 = -50\,\mathrm{N \cdot m}$，计算牵引

力的满载曲线与车速 v 的关系：

$$F(v) = b_2 v^2 + b_1 v + b_0 \qquad (5\text{-}46)$$

在第四档 $i_4 = 1$；差速器的传动比 $i_d = 3$，从动轮的半径 $r_{wst} = 0.3\text{m}$；忽略滑动。

提示： 必须改变发动机的转速和转矩。

2. 使用"应用"中问题 1 中的参数。

估算第一档 $i_1 = 3$ 的爬坡能力。注意，应该忽略基本要求中的 $F_r + F_a$（否则计算会变得复杂）。

请使用 $g = 10\text{m/s}^2$ 以及用于坡度阻力的简化公式 $F_g = Gp$（对于该公式，p 值太大，但是使用此值进行计算非常容易）。车辆的总质量为 1200kg。

第6章 驾驶限制

第5章进行了最大车速、爬坡能力以及汽车加速性能的推导，主要关注的是功率或牵引力。在 $\mu > \mu_a$ 的情况下，不会有纵向力作用在路面上。这个关系是通过实际特性图的第三个约束获得的（见第3章3.5节）。假设第3章与第4章中的这个第三个约束为：

第6章部分
彩色曲线图

1）汽车为单轴驱动。

2）质心在汽车中间位置，即：

$$F_z = G/2 \tag{6-1}$$

式中，G 为汽车总重量。

3）没有轴荷从后轴转移到前轴，反之亦然。

4）没有其他影响车轮或轴荷的因素。

5）汽车的垂直运动与俯仰运动可以被忽略。

因此，在本章中，6.1节的关注点将转移到取决于不同因素的车轴垂直作用力上，这些垂直作用力对汽车制动与加速时的最大可转移纵向力十分重要，而且在转向时，垂直作用力也会影响可能达到的最大切向力；6.2节研究制动过程；6.3节研究制动力的分布。

在考虑运动时忽略垂直方向的振动与俯仰振动。

6.1 运动方程

在推导运动方程时，假设受力图如图6-1所示。除了先前考虑的力，空气的升力 F_{az}、由于空气动力而产生的力矩 M_a 也被纳入考虑范围。车身与前后轴的运动方程通过受力图直接给出。

不考虑发动机的转动惯量 J_e——转动惯量取决于发动机旋转轴的方向：如果旋转轴是纵向的，那么就不存在转动惯量；如果轴是横向的，就存在发动机的转动惯量。在后一种情况中，发动机的惯性矩 $M_{ie} = J_e \ddot{\varphi}_e$。式中，$J_e$ 为转动惯量；φ_e 为发动机的旋转角度；M_{ie} 的符号取决于旋转方向。对于前置后驱的汽车，绕着纵轴旋转的传动系统（离合器、变速器，不包括驱动轴的万向轴）的惯量，会导致左右轮荷转移而不会导致前后轴荷转移。因此，此处也不存在这些惯性项。

对于俯仰与垂直振动，只考虑稳态情况，所以 $\ddot{z}_v = 0$ 且 $\ddot{\varphi}_v = 0$。

接下来分别研究路面与前后轴之间的轴荷 F_{z1} 与 F_{z2}。为了简化问题，此处假设所有车轮变形后的半径与拖距都相等：$r_{wst} = r_{wst1} = r_{wst2}$，$e_w = e_{w1} = e_{w2}$。

这些力在 z 轴方向的和为：

$$0 = F_{z1} + F_{z2} - (G_{a1} + G_{a2})\cos\alpha + F_{az} - G_b\cos\alpha \tag{6-2}$$

在 x 轴方向，力的平衡条件为 $[F_i^* = m_b \ddot{x}_v$ 为达朗贝尔惯性力，而不是通过式（3-8）

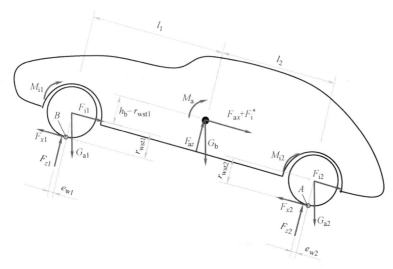

图 6-1 受力图

获得的车身加速阻力]：

$$F_i^* + F_{i1} + F_{i2} = F_{x1} + F_{x2} - (G_{a1} + G_{a2} + G_b)\sin\alpha - F_{ax} \tag{6-3}$$

后车轮上点 A（见图 6-1）处的力矩和为：

$$0 = F_{z1}(e_w + l) + F_{z2}e_w + (F_{i1} + F_{i2})r_{wst} + (G_{a1} + G_{a2})r_{wst}\sin\alpha -$$
$$G_{a1}l\cos\alpha + M_{i1} + M_{i2} - G_b l_2\cos\alpha + (F_{ax} + F_i^*)h_b + F_{az}l_2 + M_a +$$
$$G_b h_b\sin\alpha + M_{ie} \tag{6-4}$$

式中，$l = l_1 + l_2$。

通过代入加速度 $\ddot{x}_v$ 以及角加速度 $\ddot{\varphi}_{a1}$ 和 $\ddot{\varphi}_{a2}$，式（6-2）可以被改写。此处选择的参数为重量除以重力加速度而不是质量。改写后得到：

$$F_{z1}l = (G_{a1}l + G_b l_2)\cos\alpha - [(G_{a1} + G_{a2})r_{wst} + G_b h_b]\sin\alpha -$$
$$F_{ax}h_b - F_{az}l_2 - M_a - [(G_{a1} + G_{a2})r_{wst} + G_b h_b]\frac{\ddot{x}_v}{g} -$$
$$(J_{a1}\ddot{\varphi}_{a1} + J_{a2}\ddot{\varphi}_{a2}) - M_{ie} - F_r r_{wst} \tag{6-5}$$

此处，车轮的转动惯量被表达式 $J_{a1}\ddot{\varphi}_{a1}$ 和 $J_{a2}\ddot{\varphi}_{a2}$ 代替。

对点 B（见图 6-1）取力矩和，可以得到后轴的轴荷，力矩和为：

$$F_{z2}l = (G_{a2}l + G_b l_1)\cos\alpha + [(G_{a1} + G_{a2})r_{wst} + G_b h_b]\sin\alpha +$$
$$F_{ax}h_b - F_{az}l_1 + M_a + M_{ie} + [(G_{a1} + G_{a2})r_{wst} + G_b h_b]\frac{\ddot{x}_v}{g} +$$
$$(J_{a1}\ddot{\varphi}_{a1} + J_{a2}\ddot{\varphi}_{a2}) + F_r r_{wst} \tag{6-6}$$

被加项可以被分成四部分，在此不具体考虑可以忽略的微小滚动阻力矩 $F_r r_{wst}$。

（1）**静态部分** 这部分主要考虑车身重量 G_b。$\alpha = 0$ 时，总重量 $G = G_b + G_{a1} + G_{a2}$ 的分布取决于质心的位置。在 $\alpha = 0$ 时，对于前轴载荷 F_{z1}，得到：

$$F_{z1stat} = G_{a1} + \frac{l_2}{l}G_b \tag{6-7}$$

对于后轴载荷 F_{z2}：

$$F_{z2\text{stat}} = G_{a2} + \frac{l_1}{l}G_b \qquad (6\text{-}8)$$

当车辆在倾斜路面上时，$\alpha_g > 0$，前轴载荷减少，后轴载荷增加。下面估算使前轴载荷 F_{z1} 不为零时 α_g 的大小。为此先忽略轴荷 G_{a1} 与 G_{a2} 并由：

$$0 = G_b l_2 \cos\alpha_g - G_b h_b \sin\alpha_g \qquad (6\text{-}9)$$

获得极限状况下 α_g 的正切值：

$$\tan\alpha_g = \frac{l_2}{h_b} \qquad (6\text{-}10)$$

在这种极限状况下，重量 G_b 的作用线过点 A。可以看出，这种极限情况实际上并不重要，因为一般情况下有 $l_2 > h_b$，从中可得出 $\alpha > 45°$。但是，前轴载荷的减少在研究前轮牵引力时需要重视。如果前轮驱动，前轴载荷的减少会导致可传递的切向力减小。对于后轴驱动的汽车，可传递的切向力由于法向力较大而增加。

（2）空气作用力　总体的空气升力 F_{az} 以及空气力矩 M_a 可以通过两个分别作用在前后轴的力 F_{az1} 与 F_{az2} 表示。由这些力产生的轴荷可以写成：

$$F_{z1\text{aero}} = -F_{ax}\frac{h_{pp}}{l} - F_{az1} \qquad (6\text{-}11)$$

$$F_{z2\text{aero}} = F_{ax}\frac{h_{pp}}{l} - F_{az2} \qquad (6\text{-}12)$$

式中，h_{pp} 为压力中心 S_{pp} 与路面之间的距离。

升力 F_{az1} 与 F_{az2} 可以借助升力系数 c_{11} 与 c_{12}，以类似于空气阻力的计算方式得到：

$$F_{az1} = c_{11}\frac{\rho}{2}Av_v^2 \qquad (6\text{-}13)$$

$$F_{az2} = c_{12}\frac{\rho}{2}Av_v^2 \qquad (6\text{-}14)$$

所给的升力系数的样值基于图 6-2 中宝马 3 系列和图 6-3 中保时捷 911 的历史数据。

在后轴上，大的升力系数会使驾驶性能产生失稳。空气阻力使前轴载荷减少、后轴载荷增加，而空气升力使传统乘用车两轴载荷都减小（但对赛车不是这样）。

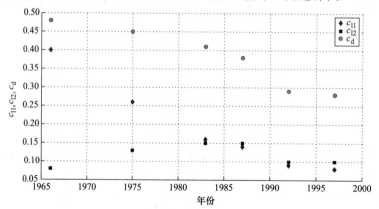

图 6-2　宝马 3 系列的升力系数（来自 Braess 1998 年著作中的数据）

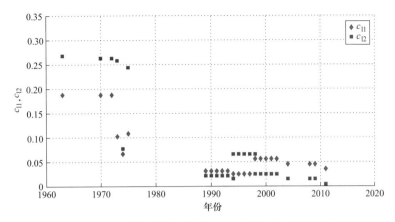

图 6-3 保时捷 911 的升力系数（来自 Harrer 等人 2013 年著作中的数据）

（3）动态部分 总结动态部分得到：

$$Gh_{cm} = (G_{a1} + G_{a2}) r_{wst} + G_b h_b \tag{6-15}$$

式中，G 为整车总重量；h_{cm} 为汽车质心到路面的高度。

忽略滑移并在定义滑移时使 $R_{w0} = r_{wst}$，可以得到：

$$[(G_{a1} + G_{a2}) r_{wst} + G_b h_b] \frac{\ddot{x}_v}{g} + (J_{a1} \varphi_{a1} + J_{a2} \varphi_{a2}) = \left(\frac{Gh_{cm}}{g} + \frac{J_{a1}}{r_{wst}} \frac{J_{a2}}{r_{wst}} \right) \ddot{x}_v$$

$$= G \left[h_{cm} + (\lambda^* - 1) r_{wst} \right] \frac{\ddot{x}_v}{g} \tag{6-16}$$

式中，

$$\lambda^* = 1 + \frac{1}{mr_{wst}^2} (J_{a1} + J_{a2}) \tag{6-17}$$

但是，式（6-17）只对发动机旋转轴纵置的汽车有效。如果这根旋转轴是横向的，那么公式需要被扩展。假设发动机旋转方向与车轮旋转方向相同，可以得到：

$$\lambda^* = 1 + \frac{1}{mr_{wst}^2} (J_{a1} + J_{a2} + i_d^2 i_g^2 J_e) \tag{6-18}$$

如果发动机反向旋转，那么式（6-18）中最后一项的符号为负。

在加速过程中，惯性力使前轴上垂向力减小、使后轴上的垂向力增加，而在制动过程则产生相反的效果。这意味着由于受路面附着系数 μ_a 的限制，前轮驱动的车辆中最大牵引力随加速度增加而减小。

总之，动态部分的轴荷满足：

$$F_{z1dyn} = -G \left[h_{cm} + (\lambda^* - 1) r_{wst} \right] \frac{\ddot{x}_v}{g} \tag{6-19}$$

$$F_{z2dyn} = G \left[h_{cm} + (\lambda^* - 1) r_{wst} \right] \frac{\ddot{x}_v}{g} \tag{6-20}$$

除了滚动阻力，还需要注意，当车辆行驶在斜坡上时，在加速时或由于空气阻力的作用，前轴载荷会减少。图 6-4b 展示了轴荷的三个主要组成部分：静态部分、空气动力部分和动态部分。为了计算动态部分，假设车辆以最大加速度加速，即车辆以最大加速性能加速。

车辆的最大加速度不仅取决于动力，也与路面附着系数 μ_a 和驱动轴的轴荷有关。由于在加速过程中轴荷不断变化，不是所有理论上加速极限所能达到的加速度都能在车辆中有效传递。

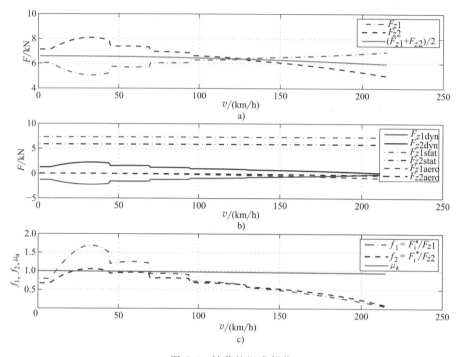

图 6-4　轴荷的组成部分

图 6-4a 展示的是动态轴荷。可以看到，由于加速度的下降，前后轴的轴荷是如何随车速的增加而相互接近的。总轮胎载荷由于空气升力而减小。在这个例子中，由加速度导致的力（即达朗贝尔惯性力 $F_i^* = m_b \ddot{x}_v$）的变化表明一档和二档的附着系数限制了理论上可达到的最大加速度。这在比较纵向力系数 $f_1 = F_i^*/F_{z1}$ 与附着系数 μ_a 时可以看出。在第三档，前驱动轴的纵向力系数 $f_1 = F_i^*/F_{z1}$ 与附着系数 μ_a 很接近，而后驱动轴的纵向力系数 $f_2 = F_i^*/F_{z2}$ 小于附着系数。

6.2　制动过程

接下来研究制动过程。它被分为如下几个不同时间段。

（1）**反应时间**　从障碍物初次出现到制动踏板上的操纵力（踏板力 F_{foot}）开始增加之间的时间被称为反应时间 t_r。这段时间包括感知（路上有东西）、识别（是个小孩）和决策时间（最好制动而不是向右转动转向盘），以及将脚从加速踏板移动到制动踏板所需要的时间。在图 6-5 中，$t_r = 0.9s$。

（2）**踏板力增长时间**　在经过时间 t_r 后，踏板力 F_{foot} 增加。达到最大制动踏板力的时间被称为踏板力增长时间 t_{fb}。在图 6-5 中，$t_{fb} = 0.8s$。

但是，车辆在 $t_r + t_t$ 后才开始减速（t_t 为传递时间）。

（3）**传递时间** 传递时间 t_t 为克服运动副和轴承公差所需要的时间。在图 6-5 中，$t_t = 0.2\mathrm{s}$。

（4）**达到最大压力的上升时间** 从开始减速到达到最大减速度所经过的时间被称为达到最大压力的上升时间 t_b，或压力增大时间。它比 t_{fb} 大。在图 6-5 中，$t_b = 0.8\mathrm{s}$。

备注 6.1 当障碍出现在驾驶人前方时，$t_r + t_t$ 的典型值为 0.6s；当驾驶人不得不转头识别障碍时，此时间为 0.9s。车辆停止之前所经过的时间被称为总停止时间 t_s。总停止距离（制动距离）s_{tot} 由三个部分组成，分别为反应距离（或思考距离）s_1、制动器接合距离 s_2 以及物理制动距离 s_3，如图 6-5d 所示。

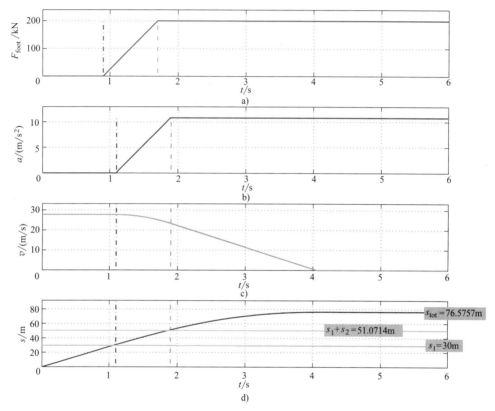

图 6-5 制动过程中踏板力 F_{foot}、加速度 a、车速 v 以及距离 s 变化

备注 6.2 在现代制动系统中，这些时间有些可以减小到一定程度，例如踏板力增长时间 t_{fb} 或传递时间 t_t。制动辅助系统可以预判出驾驶人对制动的期望，因而可以减少停止距离。这些系统检测驾驶人的脚从加速踏板切换至制动踏板的突然变化，并计算出理想的制动力，然后自动对制动踏板施加最大操纵力。此外，驾驶人正面显示的警告信号可以对反应时间的缩短产生正面影响。因而，压力建立时间以及反应时间都被缩短了。

接下来列出总停止距离 s_{tot} 的计算式。

在 $t_r + t_t$ 这段时间内的减速度为零，所以车速不变。可以得到距离 s_1：

$$s_1 = v_i(t_r + t_t) \tag{6-21}$$

式中，v_i 为初速度。

假设在时间 t_b 内，减速度 $\ddot{x}_f$ 线性地变化直到达到最大值：

$$\ddot{x} = \frac{\ddot{x}_f}{t_b}t \tag{6-22}$$

由此得到压力增大这段时间内的车速：

$$v(t) = v_i + \int_0^t \frac{\ddot{x}_f}{t_b}t\,dt$$

$$= v_i + \frac{\ddot{x}_f}{2t_b}t^2 \tag{6-23}$$

进一步整合后得到距离 s_2：

$$s_2 = \int_0^{t_b} v(t)\,dt$$

$$= v_i t_b + \frac{\ddot{x}_f}{6}t_b^2 \tag{6-24}$$

注意，$\ddot{x}_f$ 为负值。此时，假设车辆在压力增大这段时间内没有减速至停车（否则需要修改公式，因为积分的上限小于 t_b）。这个假设意味着车速在压力增大阶段结束时大于零。由式（6-23）得到：

$$0 < v_i + \frac{\ddot{x}_f}{2}t_b \tag{6-25}$$

将式（6-25）除以 $\ddot{x}_f$（$\ddot{x}_f<0$）得到：

$$0 > \frac{v_i}{\ddot{x}_f} + \frac{t_b}{2} \tag{6-26}$$

在整个制动时间内，车速与时间的关系为：

$$v = v_2 + \ddot{x}_f\int_0^t dt = v_2 + \ddot{x}_f t \tag{6-27}$$

式中，v_2 为整个制动阶段开始时的车速：

$$v_2 = v_i + \frac{\ddot{x}_f}{2}t_b \tag{6-28}$$

综上所述，可以得到在整个制动阶段之后的车速，此速度一定为 0：

$$v = v_i + \frac{\ddot{x}_f}{2}t_b + \ddot{x}_f t_f = 0 \tag{6-29}$$

求解式（6-29）中时间 t_f，得到：

$$t_f = -\frac{v_i}{\ddot{x}_f} - \frac{t_b}{2} \tag{6-30}$$

由式（6-26）可知，此时间为正：$t_f>0$。距离 s_3 为：

$$s_3 = \int_0^{t_f} v\,\mathrm{d}t$$

$$= \int_0^{t_f} \left(v_2 + \ddot{x}_f t \right)\,\mathrm{d}t$$

$$= v_2 t_f + \frac{\ddot{x}_f}{2} t_f^2$$

$$= -\frac{v_i^2}{2\ddot{x}_f} - \frac{v_i t_b}{2} - \frac{\ddot{x}_f t_b^2}{8} \tag{6-31}$$

总停止距离 s_{tot} 为式（6-21）、式（6-24）与式（6-31）之和：

$$s_{tot} = s_1 + s_2 + s_3$$

$$= v_i\left(t_r + t_t + \frac{t_b}{2} \right) - \frac{v_i^2}{2\ddot{x}_f} + \frac{\ddot{x}_f}{24} t_b^2 \tag{6-32}$$

式（6-32）显示了影响总停止距离的因素。车辆中一些系统的设计是用来减少 s_{tot} 的。在图 6-6 中展示了一些。

1）系统可以辅助增强驾驶人的感知、识别与决策能力，以减少反应时间。在图 6-6 中展示了一些这类系统：如用来帮助驾驶人提前识别障碍物的红外线系统或转向灯；平视显示器可以将驾驶人的注意力引导向特定严重的情况，由此减少感知、识别与决策的时间。

2）传递时间与压力增大时间可以通过电子系统的辅助来减小，如戴姆勒公司引进的电动液压制动器（EHB）或西门子 VDO 发布的电子楔形制动器。一方面，电子系统减少了上述时间；另一方面，它们也能放大驾驶人的制动输入。后者也是制动辅助系统的部分功能。

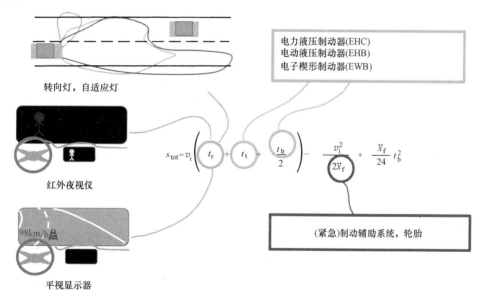

图 6-6　影响总停止距离的因素

3）系统的最后一部分，影响着最大减速度 $\ddot{x}_f$。在制动辅助系统中，驾驶人的脚从加速踏板到制动踏板的突然切换被认为是需要紧急制动的一个标志信号。在这种情况下，制动辅助系统放大驾驶人的输入并将制动压力增大到最大值，直到防抱制动系统（ABS）限制制动缸的压力为止。引入这些系统是因为经验不足的驾驶人不能充分利用制动系统的性能（包括起动 ABS），因而很大一部分制动能力未被发挥。在这方面，制动辅助系统可以帮助减小制动距离。

增强减速能力的第二种方法是提升路面附着系数。这可以通过提升轮胎性能达到。考虑图 2-11 与图 2-12 中轮胎的平均减速能力，它们之间明显有大于 10% 的性能差异。

6.3 制动强度

考虑车辆减速度时，首先想到图 6-1。车辆在没有坡度的路面行驶时，忽略滚动阻力、空气阻力和转动惯量，可以得到车辆的纵向力平衡方程：

$$F_{x1} + F_{x2} = m_{tot} \ddot{x}_v \tag{6-33}$$

备注 6.3 忽略转动惯量不会产生很大的误差，因为所需制动力的绝大部分都用于产生平移惯性的减速，而在此过程中，离合器是不参与的。空气阻力有助于制动过程。忽略滚动阻力是因为它与制动力相比太小。

纵向力 F_{xi} 和加速度 $a = \ddot{x}_v$ 在制动过程中为负值。为了避免负号，引入正的制动力 $B_1 = -F_{x1}$，$B_2 = -F_{x2}$ 以及正的减速度或制动强度 $Z = -a/g$。由此可以得到：

$$B_1 + B_2 = GZ \tag{6-34}$$

式中，$G = m_{tot}g$。

B_1/F_{z1} 与 B_2/F_{z2} 为纵向力系数 μ（见图 6-7）。

附着系数为 μ_a 时，切向力达到最大。如果 B_1/F_{z1} 与 B_2/F_{z2} 同时变为 μ_a，可以由式（6-35）推出车辆的最大制动强度 Z_{max}：

$$\mu_a \underbrace{(F_{z1} + F_{z2})}_{= G} = B_1 + B_2 = GZ_{max} \tag{6-35}$$

因此，最大制动强度为：

$$Z_{max} = \mu_a \tag{6-36}$$

最大制动强度 Z_{max} 等于路面附着系数的值 μ_a。大多数情况下，它小于这个值。为了得到制动力 B_j 与轮胎载荷 F_{zj}（$j=1$ 或 $j=2$）的比值，先研究纵向力系数，此处用 f_1 与 f_2 表示：

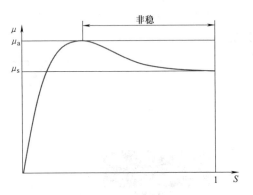

图 6-7　轮胎纵向力系数 μ 与滑移率 S 的关系

$$\frac{B_1}{F_{z1}} = f_1 \leqslant \mu_a \tag{6-37}$$

$$\frac{B_2}{F_{z2}} = f_2 \leqslant \mu_a \tag{6-38}$$

因此，如果前轴与后轴都没有抱死（除了两者同时达到 μ_a 的情况），就可以达到所需要的最大制动强度 Z_{max} 和最短制动距离。这意味着前、后轴的纵向力系数 f_1 与 f_2 必须相等，且在最大制动强度 $Z_{max} = \mu_a$ 时满足：

$$f_1 = f_2 (Z_{max} = \mu_a \text{ 时}) \tag{6-39}$$

$$\Rightarrow \frac{B_1}{F_{z1}} = \frac{B_2}{F_{z2}} \tag{6-40}$$

$$\Rightarrow \frac{B_1}{B_2} = \frac{F_{z1}}{F_{z2}} \tag{6-41}$$

制动力的比值代表了理想制动力的分配。

制动力的比值十分重要，因为一般一辆汽车中只有一个制动踏板，但理想制动力分配需要前、后轴的制动力相互独立。所需的制动力通过踏板传递到前、后轴制动系统中合适的传输路径（通常在液压系统中传递）。此处，一方面，为了获得好的制动性能，前、后轴的制动力分配很重要；另一方面，也防止了车轮抱死。如果分配在前轴上的制动力太多而车轮打滑，这表示此时不能传递侧向力，汽车无法转向，因此汽车只能直线行驶。后轮抱死则会导致侧向反力的损失，这会导致行驶不稳定：一个微小的侧向扰动，汽车就会偏离方向。在理想的制动力分配中，没有一根轴会提前抱死（或四个车轮同时抱死），因而可以获得最大的减速度。

由于踏板力通过液压传递，影响分配的可能性很小。液压力可以在前、后制动器上以固定比例分配，或者在制动系统中安装限压阀，以防止控制过程中，后轴的制动力进一步增大。在理想的制动力分配中，因为轮胎载荷的比值也取决于减速度，所以制动力的比值 B_1/B_2 不是常数。接下来推导理想的制动力分配，完成推导的过程中，只用简化后的公式表示轮胎载荷。由图 6-8，得到（在图 6-8 以及接下来的内容中，省略了符号 cm，因此 $h_{cm}=h$）：

$$F_{z1} = \frac{l_2 G}{l} + \frac{GZh}{l} = \frac{G}{l}(l_2 + Zh) \tag{6-42}$$

$$F_{z2} = \frac{l_1 G}{l} - \frac{GZh}{l} = \frac{G}{l}(l_1 - Zh) \tag{6-43}$$

由此可以推出制动力的比值：

$$\frac{B_1}{B_2} = \frac{l_2 + Zh}{l_1 - Zh} \tag{6-44}$$

加上

$$B_1 + B_2 = GZ \tag{6-45}$$

可以解得两个变量 B_1 和 B_2：

$$B_1 = \frac{l_2 + Zh}{l}GZ \tag{6-46}$$

$$B_2 = \frac{l_1 - Zh}{l}GZ \tag{6-47}$$

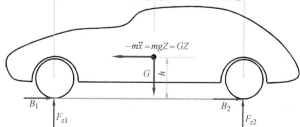

图 6-8　制动过程中的车轮动载

可以发现理想的分配比值不是常数，而是取决于制动强度。图 6-9a 绘制了轮胎载荷 F_{zi} 以及理想的制动力 $B_i(i=1, 2)$ 与制动强度 $Z=-a/g$ 之间的关系。很容易看出，前轴制动力的稳步上升及后轴制动力的下降。随着制动强度的增大，后轴的制动力减小是因为后轮胎动载荷的减小。

图 6-9b 绘制了前、后轴的纵向力系数 f_1 与 f_2 与制动强度 $Z=-a/g$ 之间的关系。它还表示了最大纵向力系数 $f_{lim}=\mu_a=1.1$。这里由任意给定的纵向力系数都能实现最大制动强度 Z 的理想变化趋势很明显。图 6-9c 展现了 B_1/G 与 B_2/G 的值。这种表示方法在文献中很常见。BFR_{ideal} 表示理想的制动力比。

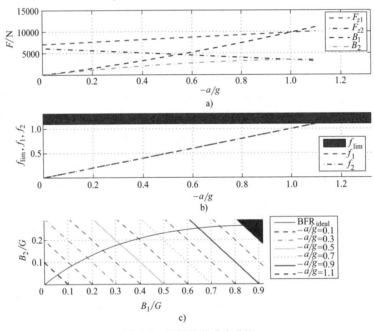

图 6-9 理想的制动力分配

为了在汽车设计中应用，先在以上设计约束的条件下，取一个固定的制动力比。接下来，考察不同的制动力比及它们的优缺点。

首先，基于车轮静载的设计可以应用于 $Z=0$ 的制动强度。由此得到：

$$\frac{B_1}{B_2}=\frac{F_{z1\mathrm{stat}}}{F_{z2\mathrm{stat}}} \qquad (6\text{-}48)$$

解式（6-48）中的 B_2 并代入 $G=B_1+B_2$，它满足：

$$B_1=F_{z1\mathrm{stat}}Z \qquad (6\text{-}49)$$

由式（6-48），得到：

$$B_2=F_{z2\mathrm{stat}}Z \qquad (6\text{-}50)$$

在这个制动力分配中，后轴制动力过大，即后轮提前抱死，因此限制了可以达到的减速度。在图 6-10b 中可以清楚地看到这种关系。当纵向力系数 $f_2=1$ 时，制动强度只能达到 $Z\approx 0.7$。另外，前轴制动力明显小于它的制动能力。如果一根轴的制动力小于制动力与制动强度 Z 关系图中理想的制动能力，则认为这根轴制动不足；如果它高于理想制动力，则称其制动过度。因此，在制动力分配的静态设计中，前轴制动不足，后轴制动过度。

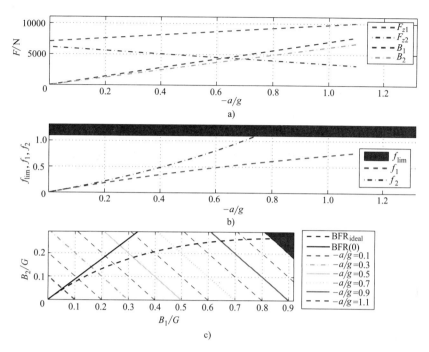

图 6-10 车轮静态载荷下的制动力分配

$\mu_a = 1.1 = f_{lim}$ 时，可以得到 $Z = 1.1$ 的理想制动强度。但是，在目前的情况下，只可能达到 $Z \approx 0.7$，制动的能力没有被很好地发挥出来。这种设计的一个尤其不好的特性是后轴会抱死。如果车轮提前抱死（当然这也是不应该的），那它应该发生在前轴上。这样汽车只会导致丧失转向能力，但仍然保持稳定。

基于 $Z = 1$ 时轮胎动载荷的设计提供了更好的制动力分配方案（见图 6-11）。图 6-11 中，一直到 $Z = 1$ 的整个制动强度范围内，都满足 $f_2 < f_1$。这种方案的一个缺点是在达到中等制动强度时，后轴的纵向力系数明显增大。这也会导致制动潜力的浪费。如果将这个点以较低制动强度下的轮胎动载荷为导向进行调整，可以优化其设计，即 $Z = 0.8$（见图 6-12）。直到 $Z = 0.8$，都满足 $f_2 < f_1$。f_i 曲线在理想设计 $f_1 = f_2 = Z$ 附近，因此，直到制动强度增至 $Z = 0.8$，与之前 $Z = 1$ 的设计相比，制动潜力都没有被太多地浪费。$Z = 0.8$ 的设计的一个缺点是，与 $Z = 1$ 的设计相比，$Z = 0.8$ 的设计会导致后轴在低制动强度时比 $Z = 1$ 的设计更容易抱死。

对后轴使用制动力限制器可以避免上述的后轴抱死问题，因而可以优化制动分配。制动力分配中，存在一种只针对十分低的制动强度的设计方法，一般大概为 $Z = 0.6$。这种设计中常常出现前轴制动力过大而后轴制动力不足的情况，但这两者都和理想的曲线相差甚微。比如 $Z = 0.6$，后轴的制动力 B_2 为一个常数，后轴制动不足（见图 6-13）。在图 6-13 中，可以清楚地看到对制动力连续线性分布的改善。前、后轴的纵向力系数都接近理想分布。在整个制动范围内，前轴制动力大于理想值，同时后轴制动力小于理想值，这使汽车保持稳定行驶。

将图 6-13c 与前文中的其他设计进行对比，可看出，安装了制动力限制器的设计接近于理想设计。

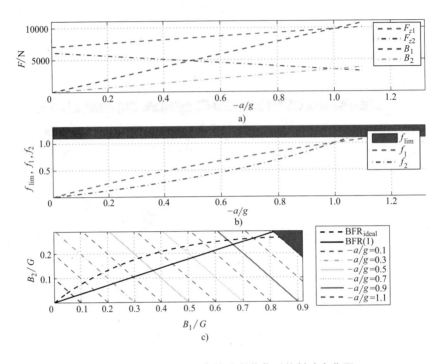

图 6-11　在 $Z=1$ 时，车轮动态载荷下的制动力分配

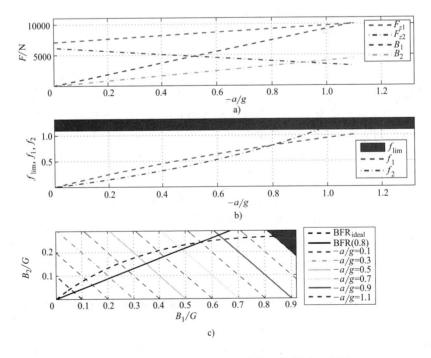

图 6-12　在 $Z=0.8$ 时，车轮动载荷下的制动力分配

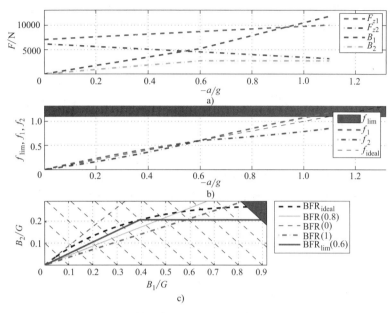

图 6-13　在 $Z = 0.6$ 且后轴有制动力限制时，车轮动载荷下的制动力分配

6.4　问题与练习

记忆

1. 车轮载荷计算中的必要参数有哪些？

2. 解释反应时间 t_r、传递时间 t_t 以及达到最大压力的上升时间 t_b 的意义。

3. 反应时间 t_r、传递时间 t_t 以及达到最大压力的上升时间 t_b 的典型值为多少？

理解

1. 哪些参数会影响车轮载荷的基本分布比例？

2. 车轮载荷在前后轮与左右轮的分布情况分别取决于什么？

3. 说明空气作用力对车轮载荷的影响。

4. 说明惯性力对车轮载荷的影响。

5. 发动机安装方向对车轮载荷有什么影响？

6. 为什么静态制动力分配是不利的？

7. 解释动态制动力分配的概念。

8. 解释安装了力限制器的制动力分配的概念。

应用

1. 计算在 1960—1970 年制造的车辆前后轴上的空气升力 （$v = 60\mathrm{m/s}$，$A = 1.8\mathrm{m}^2$）并求出空气升力之和。

2. 已知参数：$r_r = 0.9\mathrm{s}$，$t_t = 0.2\mathrm{s}$，$t_b = 0.8\mathrm{s}$，$v_i = 30\mathrm{m/s}$，$\ddot{x}_f = 8\mathrm{m/s}^2$。计算总制动距离（停止距离）并说明将 t_r、t_t、t_b 翻倍后的影响。

3. 汽车质心 S_{cm} 的高度 $h_{cm} = h = 0.8\,\mathrm{m}$，质量 $m = 1200\,\mathrm{kg}$，S_{cm} 到前、后轴的距离分别为 $l_1 = 2.0\,\mathrm{m}$，$l_2 = 2.5\,\mathrm{m}$。计算减速度 $\ddot{x} = -5\,\mathrm{m/s^2}$ 时，在理想制动力分配条件下的制动力 B_1 与 B_2 的值（请使用 $g = 10\,\mathrm{m/s^2}$）。

4. 汽车质心 S_{cm} 的高度 $h_{cm} = h = 0.8\,\mathrm{m}$，质量 $m = 1200\,\mathrm{kg}$，S_{cm} 到前、后轴的距离分别为 $l_1 = 2.0\,\mathrm{m}$，$l_2 = 2.5\,\mathrm{m}$。计算减速度 $\ddot{x} = -5\,\mathrm{m/s^2}$ 时，在理想制动力分配 $Z = 0.8$ 的条件下，制动力 B_1 与 B_2 的值（请使用 $g = 10\,\mathrm{m/s^2}$）。

分析

1. 试分析当考虑驱动轴的轮胎滑移因素时，轮胎载荷会受怎样的影响。

2. 试分析压力建立时间（t_b）增加会对总制动持续时间（t_f）的影响。

第7章 混合动力系统

世界上最早发明的一些车辆是电力驱动的，但100多年来，却是内燃机车辆在车辆工程的大部分领域中占据主导地位。过去十多年以来，由于某些因素，越来越多的混合动力和纯电动乘用车进入市场。本章介绍混合动力传动系统的一些基本概念，但由于其还在不断地发展并不断产生新的概念，因此本章的介绍仅限于一些基本概念和基础知识。

第7章部分
彩色曲线图

7.1 主要功能

本节介绍混合动力系统的主要功能。混合动力系统将在继承电机和内燃机的优势的同时尽可能避免两者的缺陷。

传统内燃机存在两个致命缺陷：现存可用的化石燃料资源有限，以及化石燃料造成的空气污染。这在很大程度上也是混合动力汽车数量增加的主要原因。混合动力系统将内燃机与电机相结合以降低对化石燃料的依赖并减少空气污染。下文将简述一些并联混合动力系统的工作模式。在并联混合动力系统中（不同类型动力系统的详细信息将在7.2节中介绍），内燃机和电机通过传动轴机械连接（连接可被离合器中断）。图7-1展示了具有并联混合动力系统的车辆的一个示例。

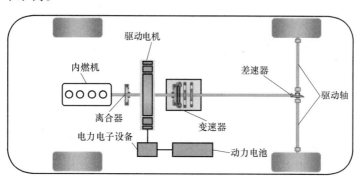

图 7-1 具有并联混合动力系统的车辆示例

内燃机和驱动电机的这种组合使得在某些情况下，可以满足对功率（或牵引力）的需求完全由动力传动系统的电气部分提供，或者说由于电机提供了部分功率，从而减少了内燃机提供的功率。图7-2即为一个示例。图7-2中展示的车辆牵引力由带有内燃机和五档手动变速器的常规动力系统提供。白色圆圈的中心是内燃机的最佳效率点。内燃机在此点附近区域工作能够有效减少排放。本文介绍的主要操作模式包括减少 CO_2（或减少燃料消耗的模式）以及减少 NO_x 排放的模式。如果在特定情况下对牵引力的需求大于最佳效率下的牵引力，电机可以提供额外的牵引力以弥补牵引力需求差距。如果牵引力需求低于最佳效率下的牵引力，电机可以将多余的能量转换为电能，电能可以作为化学能储存在动力电池中，然后

再用于驱动电机。因此，混合动力系统的一大优势是内燃机始终以几乎最佳效率的运行模式运行，从而有效地减少 CO_2 排放。满足较低的功率需求的低功耗运行模式对于减少 NO_x、CO 和 HC 排放至关重要。面对低功率需求时，内燃机处于高排放的工作模式。此时可以采用两种混合动力模式来减少这些排放：一是通过纯电动驱动以避免排放，二通过增加内燃机功率（额外的功率转换为电池中的化学能）使得内燃机可以工作在排放更低的区域内。

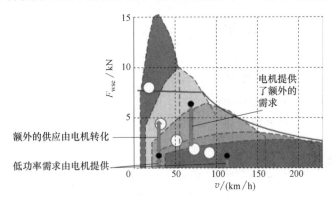

图 7-2　混合动力工作理念

在介绍了混合动力系统的一个优势后，再来研究混合动力系统的不同模式。

如图 7-3 所示，前文已经说明驱动轮需要一部分动力来克服阻力，而其余部分则由电机转换为电能，然后转换为化学能储存在电池中。化学能储备量主要取决于电机的特性，然后是电力转换器的能力，最后是电池的容量。

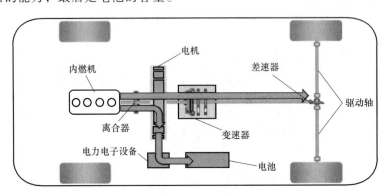

图 7-3　内燃机的动力分配

混合动力系统仅需要少量的额外空间就可以将电机集成在动力系统中。如图 7-4 所示，电机直接放置在离合器之后，变速器将是动力总成中的下一个部件，但图中并没有显示。当然这只是一个小型电机，转换功率不高。把这种模式称为发电机模式。

还有一种辅助发电机模式，称为再生制动模式。当驾驶人想要使汽车减速或制动时，产生了负的牵引力和功率需求。而此时来自空气、轮胎或是坡道的行驶阻力都太小，无法满足驾驶人的制动和减速需求，驾驶人会踩制动踏板。电子控制单元识别驾驶人的制动需求，并将电机切换为发电模式，以便将部分动能转换为电能（图 7-5）。为了提高转换效率，通常分离内燃机和电机之间的离合器片，以减少来自内燃机的阻力矩（阻力矩将在内燃机中转换为热能）。

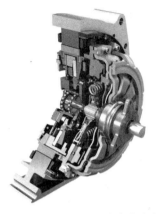

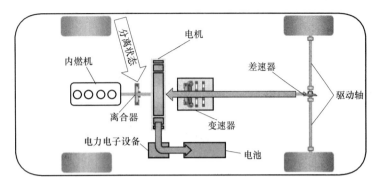

图 7-4 集成在动力总成中的电机

（经舍弗勒公司授权引用）

图 7-5 再生制动模式

在另一种被称为增强模式的模式下，内燃机的转矩由电机的转矩来提高。如本节开始所述，这可以在最佳或相当高的效率范围内运行内燃机，或者可以用来增加内燃机可用的最大转矩，如车辆是运动模式时（参照图 7-6）。

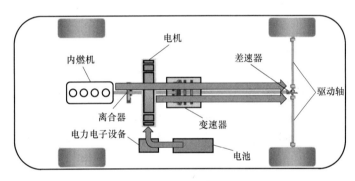

图 7-6 增强模式

最后一种工作模式是纯电动模式，其中所有的能量都由电机传递。该模式的持续时间取决于电池的容量，且纯电动模式能否应用到整个速度范围取决于电机的最大功率和行驶阻力。比如公路滑行时，这意味着在公路上以中等和恒定的速度行驶，所需驱动力主要由空气动力阻力、滚动阻力和坡道阻力决定（参照图 7-7）。

混合动力系统的另一个优势是可以起停操作。这意味着内燃机可以熄火，例如在等红绿灯时熄火后电机可以重新起动发动机而不需要一个额外的起动电机。

有不同的混合级别，图 7-8 总结了其中的一些特征。其中，最低级别是所谓的轻度混动，只有一个小型电机，通常采用并联模式。这种混动级别具有起停功能，并且电机可以提供一个附加转矩来支持内燃机。电机功率约为 20kW，用于起动发动机和低速时提供附加转矩以增强车辆动力。在一定限度内，再生制动也是可以的。比如在 30m/s 的速度下，以 $5m/s^2$ 的减速度使 1200kg 的车辆减速所需的功率是 180kW，这明显大于轻度混动汽车的电机功率。对比之下，如果只有一个轴被驱动，即只有一个轴可以再生制动，则需要考虑合理地降低一半期望制动功率。轻度混动级别的电源系统电压比常用的 14V 系统要高。

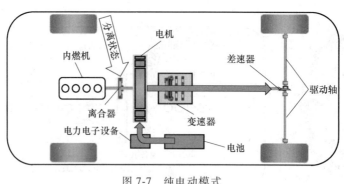

图 7-7   纯电动模式

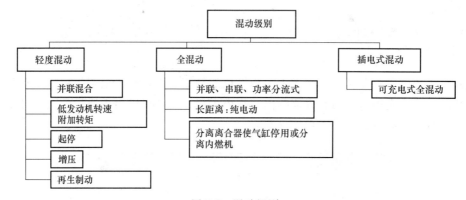

图 7-8   混动级别

第二个混动级别是全混动，它存在于不同的拓扑结构中（串联、并联或是两者的组合）。它的纯电动模式可以行驶更长的距离，内燃机可以通过离合器与电机分离，或者通过停用气缸以减少阻力矩。这种动力系统需要一个强有力的电机。图 7-9 展示了集成在自动变速器中的电机的一个示例。

图 7-9   梅赛德斯和宝马公司的混合动力组（经戴姆勒公司授权引用）

最高的混动级别是插电式混动，即电池可以通过外部供电系统充电的全混动。本系列的下一个层次将是纯电动汽车。

7.2 混合动力系统的拓扑结构

有几种拓扑结构可以用于混合动力系统。其中最简单的是一个并联混合系统，它的电机直接安装在内燃机上（参照图7-10）。实现这种动力系统的第一种方法是仅使用一个离合器（在图7-10中，变速器中集成了一个带有三叶式转换器的离合器），在这个方法中内燃机和电机之间不存在离合器。这意味着内燃机与电机需要牢固地安装在一起，可以实现较高的比功率（参考图7-4）。图7-10展示了一个带有飞轮和电机的离合器。并联混合动力适用于轻度混合和完全混合模式，但后者需要一个比图7-4所示动力更强劲的电机。同时配置一个离合器用于起停操作，用于增压和转变内燃机的工作点位置以及再生制动。然而，在并联混合时只有一个离合器的效率比不上有两个离合器的效率。在单离合器配置中，减速过程中的制动转矩被分割成两部分：其中一部分是内燃机的阻力转矩所必需的（该部分由于在内燃机中转换为热而丢失），只有另一部分能够由电机转换为电能。通过配置两个离合器，能够有效避免此缺点。在这种结构中内燃机通过分离离合器来分离，此时只要电机、电力电子设备和电池能够处理功率，制动输出的全部功率就可以转换为电能。

混合动力系统的另一个结构不同的设计是串联结构，如图7-11所示。在这种结构中，内燃机驱动一台电机（EM1）为电池充电，而第二台电机（EM2）则用于驱动车辆或是再生制动。在这种结构中，内燃机的运行模式独立于车辆的功率或牵引力需求。这意味着内燃机可以在高效率或者 NO_x、CO 和 CH_4 低排放的某些点运行。由于驱动转矩必须经第二台电机传递，因此电机必须有足够大的功率来驱动汽车。第一台电机也必须有足够的功率来转换来自内燃机的功率。这种结构的一个优点是在驱动动力系统（EM2、万向轴、差速器、驱动轴）中不需要离合器和变速器，因此串联混合动力系统的这一部分相比于并联混合动力系统要简单得多。然而，这种混合动力系统也存在一些缺点。首先是效率，由于来自内燃机的功率必须从机械能转换为电能，从电能转换为化学能，再由化学能转换为电能，最后从电能转换为机械能，能量转换过程过多导致效率降低。更显著的缺点是组件的数量明显增多，进而导致了高成本和大重量。又因为这两台电机都必须管理全功率（第一台电机 EM1 管理内燃机的全功率，第二台电机 EM2 管理驱动车辆所需的全功率），导致了这些电机重量大，价格昂贵。但也有一个优点就是 EM2 有在制动过程中再生能量的潜力较大。

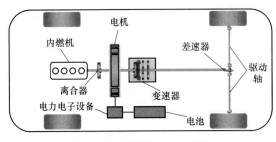

图7-10 并联混合动力系统

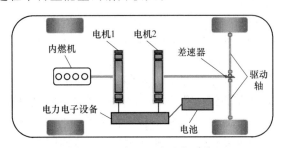

图7-11 串联混合动力系统

电机的高重量和大容量的缺点可以通过使用串并联混合动力系统（参见图7-12）克服，这种结构中两个电机可以通过接合一个离合器来连接。离合器接合时，整个动力系统类似于

传统的并联混合动力系统，其中内燃机的动力可以直接传递到驱动轴，此时工作模式与并联混合动力系统相同。从内燃机到差速器的连接之间需要一个变速器。因此动力系统需要更多的组件，但因为内燃机可以输出较高的功率，这种模式可以选择较小的电机。

本文描述的最后一个混合动力系统是功率分流式混合动力系统（参见图 7-13）。该系统的中心部分是一个行星齿轮。内燃机、一个小型发电机和万向联轴器（万向节）轴连接行星齿轮：内燃机连接行星托架，行星齿圈连接万向联轴器（万向节）轴，太阳轮连接发电机。来自内燃机的功率可以直接用于驱动车轮或者将一部分通过发电机转换为电能，转换的电能可以用于驱动电机（就提高效率而言，给电池充电没有意义）。但这意味着内燃机可以始终在一个有利的点上高效运行。电机则可用于制动时的增压或再生制动。在再生制动时，发电机的转矩可设置为零。行星齿轮中的其他转矩也为零，内燃机无法产生阻力矩降低能量再生效率。功率分流式混合系统的一个优点是行星传动比是连续可变的，这是由于发电机的转矩也是连续可变的。这使得发动机工作点可以自由选择，意味着在内燃机的转速范围内，这种类型的混合动力系统类似于一个无级变速器（CVT）。

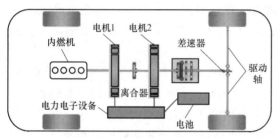

图 7-12　混联式混合动力系统

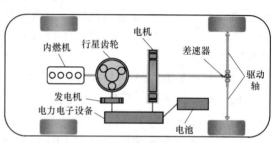

图 7-13　功率分流式混合动力系统

当然也存在其他的结构，比如内燃机和电机分别安装在不同的轴上，通过双离合器提供混合动力。图 7-14 总结了不同类型的混合动力系统的组件，显然各系统的组件数量相差很多。

7.3　再生制动和充电

由纵向动力学的基本方程式可知，为了克服空气阻力和滚动阻力等，必须消耗一部分能量，包括动能和势能，因此在制动过程中只能回收剩余能量。图 7-15 显示了牵引力的情况（主要来自于负的制动力 y）和 $y=p+\lambda \ddot{x}_v/g$ 为不同负值时的功率情况。图中 y 的绝对值最大值为 1.2，可以得出结论，较高的值是制动过程产生的而不是由道路的负倾角导致的。观察 $y=-0.1$ 的曲线可以看到，在速度 $v=130$km/h 之前，功率和牵引力均为负。即当速度在 $0\sim$ 131km/h 之间时可以从动能中回收能量。对于较高的值 $y\approx-0.3$ 时，此时功率和牵引力均为负，却能够在几乎全部速度范围内利用再生制动回收能量。

图 7-15 中曲线与横坐标的交点定义了可以进行能量回收的速度范围，曲线的形状，特别是曲线到坐标轴的距离，决定能够回收的功率范围。因为坡度没有达到很大的值，所以势能变化引起的功率回收通常很小。理论上，制动回收的功率达到了相当高的比例。以下考虑因素被用来判断这些理论上可达到的值。将会考虑以下因素来推断制动回收理论上能达到的极值。

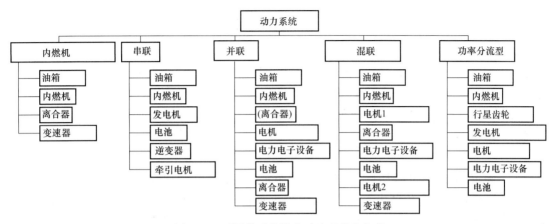

图 7-14 不同类型的混合动力系统的组件

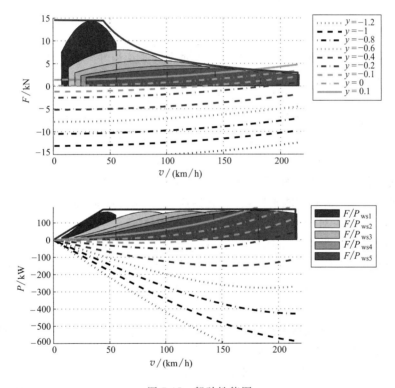

图 7-15 驾驶性能图

本文将研究以下 4 种工况,并确定各工况的牵引力、牵引力矩和可回收功率。首先定义一辆具有以下数据的车辆:$c_d = 0.3$,$A = 2 m^2$,$\rho_a = 1.2 kg/m^3$,$f_r = 0.01$,$m_{tot} = 1500 kg$,$g = 10 m/s^2$,$r_{wst} = 0.3 m$,$i_t = i_d i_g$ 为总传动比,它是差速器传动比 i_d 与变速器传动比 i_g 的乘积。

(1)**起停工况** 这是研究的第 1 种工况,与车辆停止-起动的情况相对应。起停与汽车驾驶的情况相对应。假设车辆从 $v_0 = 5 m/s$ 的速度减速到 0,加速度为 $a_0 = 2.5 m/s^2$。此值对于处在城市交通中或在交通拥堵中连续停车和起动的自适应巡航控制(ACC)是合理的。假设一个恒定的负加速度,这意味着速度呈线性下降:

$$v(t) = v_0\left(1 - \frac{ta_0}{v_0}\right) \tag{7-1}$$

制动的持续时间为 $T_0 = v_0/a_0 = 2\mathrm{s}$。旋转质量系数 $\lambda = 1.5$。当 $v_0 = 5\mathrm{m/s}$ 时，可以获得相对较小的空气阻力 $F_a = 9\mathrm{N}$，滚动阻力 $F_r = 10\mathrm{N}$，加速阻力 $F_i = -5625\mathrm{N}$。在 $v_0 = 5\mathrm{m/s}$ 的速度区间内，$F_{\max\,\mathrm{rec}}$ 可用于能量回收的力最小，此力为 $F_{\max\,\mathrm{rec}} = -5466\mathrm{N}$。$F_{\max\,\mathrm{rec}}$ 最大时得到的最大功率 $P_{\max\,\mathrm{rec}} = 27.33\mathrm{kW}$。由于假设加速度恒定，所以此速度线性减小，再生功率应当满足：

$$P_{\mathrm{rec}} = P_{\max\,\mathrm{rec}}(1 - t/T_0) \tag{7-2}$$

为了确定来自电机的 27.33kW 的最大功率是否能够再实现回收，需要利用车轮的半径和车辆的速度以及其总传动比 $i_t = 12$，将功率转换为发动机上的转矩。在这样的配置下，假定有一个并联混合动力系统，电机通过齿轮单元连接到从动轮，可以得到发动机转矩：

$$M_{\max\,\mathrm{rec}} = F_{\max\,\mathrm{rec}}\, r_{\mathrm{wst}}/i_t = 136.65\mathrm{N}\cdot\mathrm{m} \tag{7-3}$$

以及电机上必须施加在这个转矩上的转速：

$$n_{\max\,\mathrm{rec}} = 60v_0/(2\pi r_{\mathrm{wst}}) \approx 1910\mathrm{r/min} \tag{7-4}$$

（2）城市工况　第 2 种工况对应于城市交通中的制动操作，假设速度为 $v = 15\mathrm{m/s}$。假定旋转质量系数 $\lambda = 1.2$，总传动比 $i_t = 7$。这种工况下得到以下结果：$F_{\max\,\mathrm{rec}} = -4269\mathrm{N}$，$M_{\max\,\mathrm{rec}} \approx 183\mathrm{N}\cdot\mathrm{m}$，$n_{\max\,\mathrm{rec}} \approx 3324\mathrm{r/min}$，$P_{\max\,\mathrm{rec}} \approx 64\mathrm{kW}$。

（3）乡村道路工况　第 3 种工况是在乡村道路上制动（与城市工况的制动一样，只在制动初始速度下进行一次制动能量回收）。起始速度为 $v = 25\mathrm{m/s}$，$\lambda \approx 1$，$i_t = 4$。这种工况得到以下结果：$F_{\max\,\mathrm{rec}} = -3375\mathrm{N}$，$M_{\max\,\mathrm{rec}} \approx 235\mathrm{N}\cdot\mathrm{m}$，$n_{\max\,\mathrm{rec}} \approx 3183\mathrm{r/min}$，$P_{\max\,\mathrm{rec}} \approx 84\mathrm{kW}$。

（4）高速公路工况　第 4 种工况是在高速公路上制动（与城市工况的制动一样，只在制动初始速度下进行一次制动能量回收）。起始速度为 $v = 35\mathrm{m/s}$，$\lambda \approx 1$，$i_t = 4$。这种工况得到以下结果：$F_{\max\,\mathrm{rec}} = -3159\mathrm{N}$，$M_{\max\,\mathrm{rec}} \approx 237\mathrm{N}\cdot\mathrm{m}$，$n_{\max\,\mathrm{rec}} \approx 4456\mathrm{r/min}$，$P_{\max\,\mathrm{rec}} \approx 111\mathrm{kW}$。

将这些值应用到电机参数图中，参见图 7-16（图中的力以为较高的 4 个点，在二维码所示彩图中为红色，黑色点以及黑线和深灰色线是 NEDC 的需求力）。由图 7-16 可知发动机可以很好地覆盖城市行驶情况，而在乡村道路上制动的行驶情况已经达到极限，这意味着车辆无法在 35m/s 的车速下进行制动能量回收。

图 7-17 显示了不同的可以从势能中回收能量的负倾斜度。实线是理论极限，低于该极限就可以进行能量回收；其他三条线是 (p, v) 曲线，其中可恢复功率 P_{recov} 分别为 10kW、20kW 和 30kW。只有对较大的 p 值才能进行较高功率回收。

最后，本文将论述以下事实：即便是理论上的再生制动能量，目前也不能通过所有车辆的动力系统转换为化学能存储在电池中。能量回收的另一个限制因素是在很多车辆中并不是所有车轴都是驱动轴。因为能量回收只能存在于驱动轴上，这是一个非四轮驱动车辆的限制因素。此外，从车辆的制动原理来看，前轴的制动力必须大于后轴，这就可以得出结论：前轮驱动车辆的再生制动潜力比后轮驱动车辆更大。

假设前轴的制动力占整车制动的 60%，电机的效率为 90%，电力电子设备和电池的效率为 80%，则前轴的实际能量回收率仅为理论值的 41%。在电机和电池效率相同的假设下，后轴的能量回收率仅为理论值的 27%。又因为电机的实际效率为 95%，电池的效率为 90%，实际产生的能量回收率会略高一些，因此前轴的能量回收率为 49%，后轴的能量回收率为

32%。对于四轮驱动车辆，在每种工况条件下的制动能量回收率均为前后轴两者之和。

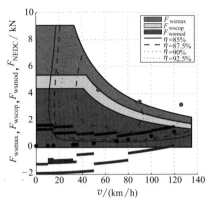

图 7-16 能量回收点

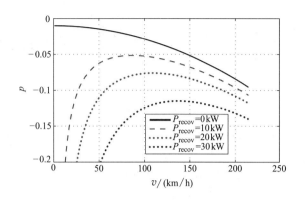

图 7-17 持续回收功率曲线

上述理论能量回收率的限制（与驱动阻力和电机再生力矩有关）、制动力的分布和效率产生的限制表明，车辆中只有一小部分能量可以再生。在比较不同的动力系统时，应当始终考虑到这一点。

7.4 问题与练习

记忆

1. 描述混合动力传动系统的概念。
2. 描述不同类型的混合动力系统。
3. 解释减速和负倾斜度道路的再生制动和充电性能。

应用

思考在坡度 $p = -0.1$ 的倾斜道路上行驶的汽车。计算汽车以 $v = 20\text{m/s}$ 速度行驶时，分别以前轮驱动和后轮驱动模式制动时，前制动力占比 60%、后制动力占比 40% 的制动力分布的最大再生功率。所需参数：$c_d = 0.3$，$A = 2\text{m}^2$，$\rho_a = 1.2\text{kg/m}^3$，$f_r = 0.01$，$m_{tot} = 1500\text{kg}$，$g = 10\text{m/s}^2$。

第8章 自适应巡航控制

第 8 章部分彩色曲线图

本章介绍自适应巡航控制。第 8.1 节考虑了主要组件和控制算法；第 8.2 节专门讨论了距离和相对速度的测量；8.3 节讨论了车辆的接近能力。

8.1 组件和控制算法

ACC 即自适应巡航控制，由巡航控制（CC）发展而来。通过 CC（也被称为速度控制）系统，驾驶人不使用制动器或加速踏板进行干预就可以使车辆以恒定速度行驶。CC 使用不同的系统。在发动机上通常只有一个接合处，即通过控制节气门位置开度大小或控制柴油发动机的燃油喷射量，从而调节发动机转矩，进而保持一定的速度。牵引力控制［TC，也称驱动防滑控制（ASR）］需要快速干预，例如调整点火角度或抑制单个喷射脉冲，而这些在 CC 中不是必需的。

首先，用数学描述包含所有驱动阻力的纵向动力学基本方程式。

在第 3 章中推导出了车辆的运动方程：

$$\frac{M_{a1}}{r_{wst1}}+\frac{M_{a2}}{r_{wst2}}=c_{d}A\frac{\rho_{a}}{2}\dot{x}_{v}^{2}+\left\{m_{b}+J_{c}\left[\frac{i_{d}}{(1-S_{2})r_{wst2}}\right]^{2}+J_{e}\left[\frac{i_{d}i_{g}}{(1-S_{2})r_{wst2}}\right]^{2}\right\}\ddot{x}_{v}+$$

$$\left[m_{a1}+m_{a2}+J_{a1}\frac{(1-S_{1})^{2}}{r_{wst1}^{2}}+J_{a2}\frac{1}{(1-S_{2})^{2}r_{wst2}^{2}}\right]\ddot{x}_{v}+$$

$$G\sin\alpha+f_{a1}F_{z1}+f_{a2}F_{z2} \tag{8-1}$$

不需要研究所有的细节，因此将式（8-1）简化为更简单的形式：

$$\frac{1}{r_{wst1}}M_{a1}+\frac{1}{r_{wst2}}M_{a2}=c_{d}A\frac{\rho_{a}}{2}\dot{x}_{v}^{2}+F_{i}+F_{g}+f_{a1}F_{z1}+f_{a2}F_{z2} \tag{8-2}$$

通过控制转矩可以保持一定的速度。由于所有车辆中都存在发动机控制单元，且 CC 仅仅需要简单的方式对发动机进行干预，因此其很容易实现。如果使用现有的车身电子稳定（ESP）系统和附加的用于测量距离的传感器进行制动干预，可对 CC 进行扩展。因此，CC 可以以最简单的形式应用于所有车辆。

ACC 是对 CC 的进一步重要扩展。初始状态下驾驶人保持在自由道路上正常行驶所设定的速度。如果行驶轨迹上出现其他行驶速度更慢的车辆，则需要通过时间间隔或距离控制器控制车辆保持与前方车辆的预定距离（该距离取决于速度快慢）。ACC 的控制器结构如图 8-1 所示，从控制结构中可知车辆模型和发动机模型两者均为倒置的，此外可以看出 ACC 连接到了其他系统，特别是 ESP、发动机和变速器控制系统。

式（8-2）描述的纵向动力学车辆模型可以通过以下两种方式应用：

第一种也是直接的方式是计算给定车轮转矩下的最大爬坡能力或最大加速度。

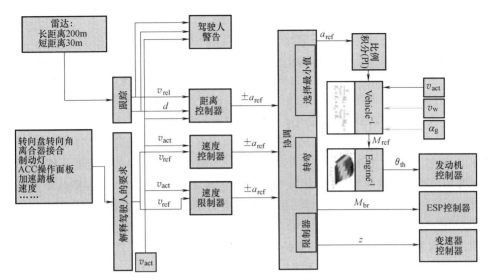

图 8-1 ACC 的控制器结构（改编自 Winner 等人 2012 年的著作）

第二种方式是规定一个或多个阻力，然后计算所需的转矩。

第一种方式通常是用作传统的直接计算，第二种方式被称为纵向动力学的逆模型，这就是图 8-1 中表示 " Vehicle^{-1}" 的原因。

ACC 的功能可以归纳为以下几步：

1）解释驾驶人的要求：驾驶人要求且通过 ACC 操作面板或操纵杆设定的参考速度 v_{ref}，被传输到调速装置（以及加速度限制器和驾驶人警告装置，警告通常使用视觉信号）。下列几种情况可能会导致信息传输的中断，即驾驶人要求的加速度高于 ACC 指定的加速度（降档）、驾驶人制动时、离合器分离时等。

2）下一级控制由三个单元组成（警告装置除外，它没有电子控制装置，但具有人工控制功能，例如能够激励驾驶人减速）：

① 速度控制器设置为达到参考速度 v_{ref} 所需的加速度。为此将参考速度 v_{ref} 与实际速度 v_{act} 进行比较，v_{ref} 和 v_{act} 差值的函数可计算所需的加速度 a_{ref}。如果 $v_{ref}-v_{act}<0$，则 $a_{ref}<0$；如果 $v_{ref}-v_{act}>0$，则 $a_{ref}>0$。速度控制器设定 a_{ref} 时应考虑驾驶人的乘坐舒适度（例如加速度太大会使驾驶人感到不安，太小会使驾驶人感到烦躁）。速度控制器还可以完成另一项任务，根据计算出的加速度 a_{ref} 生成发动机所需的转矩，可以在较经济的状态下运行发动机。

② 速度限制器，它需要参考法律要求或 ISO 标准。图 8-2 显示了 ISO 22179 中关于加速度限制和冲击度（加速度的导数）限制的标准。在第一个选项中，根据 ISO 15622 的基本 ACC 控制策略，ACC 在 $v_{low,max}=5m/s$ 以下时关闭。最小设定速度为 $v_{set,min}=7m/s$。加速度的最大或最小值由速度决

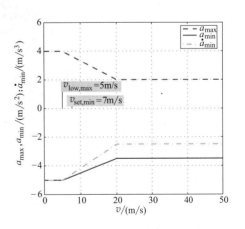

图 8-2 ACC 的加速限制：ISO 15622 和 ISO 22179

定。ISO 22179（FSRA 即全速范围自适应巡航控制，该系统设计用于从静止到最大速度）规定了许多不同的限制，但也有调节到静止状态的可能性。

③ 此级控制的最后一个控制单元是距离控制器（或时间间隔控制器）。距离控制器的输入值是来自雷达传感器的信号（前方行驶车辆的相对速度以及与该车辆的距离）和实际速度 v_{act}。这些数据用于推导出所需的控制加速度。速度控制器的参考加速度 a_{ref} 一般为正，如果距离太小或在后续控制中交替变化，则距离控制器的参考加速度 a_{ref} 为负。

3）加速度的参考值 a_{ref} 在下一单元中进行适当调整，考虑了转向等特殊情况。如果所需的负加速度 a_{ref}（按其绝对值计算）大于发动机所能从阻力转矩传递的加速度，则必须将来自 ESP 的附加制动转矩施加到车轮上。如果 ACC 在整个速度范围内运行，则需要自动变速器在速度变化时进行换档。从速度控制到距离控制的转换是自动进行的，驾驶人无须干预。

4）最后一个单元由一个比例积分（PI）控制器组成，如下所述。

为确定达到参考加速度 a_{ref} 所必需的参考车轮转矩 M_{ref}，设置了三个变量：参考加速度 a_{ref}、实际速度 v_{act} 和传动比 i_z。令风速为零，可以确定加速阻力 F_i 和空气阻力 F_a。由于道路的坡度不宜测量（可以通过纵向加速度传感器估算道路坡度，而纵向加速度传感器必须通过车辆加速度进行校正，这个加速度是估算发动机转矩的结果），并且当前的轮胎组和轮胎充气压力未知，滚动阻力和坡度阻力无法确定，只能估算。加速度和空气阻力的总和可估计所需的车轮转矩 $M_{w\,ref}$，并在发动机上产生所需的转矩 M_{ref}：

$$M_{ref} = \frac{1}{i_d i_z} M_{w\,ref} \tag{8-3}$$

式中，z 是接合的档位；i_d 为差速器的传动比；i_z 即变速器的传动比。

使用所需的转矩 M_{ref} 和发动机的实际转速 $n_{act} = i_d i_z n_w$（n_w 是车轮的转速），可以确定传递所需的发动机转矩所必需的节气门角度 θ_e。此处使用了图 8-3 所示的发动机特性图。查看发动机特性图，$M_e = M_e(n_e, \theta_e)$，作为两个变量转速 n_e 和节气门角度 θ_e 的函数，可以看出节气门角度 θ_e 的确定与 M_e 相反。这也解释了一些公开资料和图 8-1 中提到 $\theta_e = M_e^{-1}(M_{ref}, n_{act})$ 或 "Engine^{-1}" 的原因。

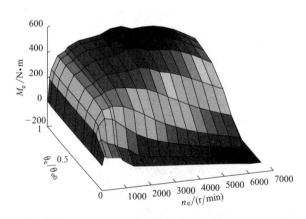

图 8-3　发动机特性图（转矩 M_e 取决于转速 n_e 和相对节气门位置 θ_e / θ_{e0}）

出于安全问题考虑，必须规定两辆车之间的安全距离，安全距离取决于速度大小。安全距离的下限通常由最小时间间隔 $\tau_{min} = 1s$ 的情况确定，这是 ACC 车辆行驶到前方车辆的距

离所花费的时间。最小距离 $d_{\min}$ 为：

$$d_{\min} = \tau_{\min} v \tag{8-4}$$

在 ISO 15622 标准下，时间间隔建议在 $1.5 \sim 2.2\mathrm{s}$ 之间。

8.2 距离和相对速度的测量

ACC 的难点在于，除了要求确定车距之外，还要确定前方车辆的相对速度，同时需要区分在同一车道行驶的相关车辆和在其他车道行驶的非相关车辆。

通常使用测距雷达完成确定距离和速度的任务。使用雷达确定距离有多种方法。一种测量原理是发射的雷达波从金属物体反射，反射的电磁波信号由接收器处理，从而指示距离和相对速度。相对距离基于信号返回到接收器所需的时间延迟来确定，而相对速度可以由频率的多普勒频移确定。

由于使用电磁波的时间延迟直接确定距离和通过多普勒效应直接确定速度相对昂贵（需要较高的采样频率才能检测时间延迟和多普勒频移）[注]，因此 ACC 经常使用测距雷达，通过 FMCW（调频连续波）间接确定。在这种方法中，正弦信号的频率以负斜率和正斜率线性变化（频率斜波）。接收信号的频移首先基于由相对速度引起的多普勒效应，其次基于接收的信号是在发送不同频率的时间发送的，这与记录时发送的频率不同（后一种是时间延迟的结果）。

假设频率 f_s 是根据以下公式线性变化的发射信号的频率：

$$f_s(t) = f_0 + m_1 t \tag{8-5}$$

式中，$f_0 = 76.5\mathrm{GHz}$ 或者 $f_0 = 24\mathrm{GHz}$。

得到接收信号的频率：

$$f_e(t) = f_0 + m_1\left(t - \frac{2d}{c}\right) - 2\left[f_0 + m_1\left(t - \frac{2d}{c}\right)\right]\frac{v_{\mathrm{rel}}}{c} \tag{8-6}$$

式中，第二项是由于时间延迟引起的频移；第三项表示由多普勒效应引起的频移。

频率为 f_e 的接收信号和频率为 f_s 的发射信号相加得到混合信号。因为频率差较小，因此产生了一个包含相对较低频率（频率差的一半）的节拍。混合信号的第二频率分量（频率的平均值）很大。经过低通滤波和快速傅里叶变换处理后，通过测量得到频率差 Δf。根据这两个关于时间 t 的信号 f_e 和 f_s 计算得到频率差 Δf：

$$\Delta f(t) = \frac{1}{2}\left|f_e - f_s\right|$$

$$= \left|-\frac{dm_1}{c} - \left[f_0 + m_1\left(t - \frac{2d}{c}\right)\right]\frac{v_{\mathrm{rel}}}{c}\right| \tag{8-7}$$

如果 Δf_1 是测得的拍频，将式（8-7）代替得到：

$$\Delta f_1 = -\frac{dm_1}{c} - \Big[f_0 + \underbrace{m_1\left(t - \frac{2d}{c}\right)}_{= \Delta f \ll f_0}\Big]\frac{v_{\mathrm{rel}}}{c} \tag{8-8}$$

⊖ 如果车辆之间的距离需要 5m 的分辨率，延时差为 $10\mathrm{m}/(3 \times 10^8 \mathrm{m/s}) = 1/3 \times 10^{-7}\mathrm{s}$，对于 $1\mathrm{m/s}$ 的速度分辨率，相对频移的大小约为 $\Delta v_{\mathrm{rel}}/c = 1/3 \times 10^{-8}\mathrm{s}$。

式（8-8）是非线性函数，包含两个未知变量，即距离 d 和相对速度 v_{rel}。这意味着距离 d 和相对速度 v_{rel} 无法由 Δf_1 在一次测量中得出，至少需要再进行一次测量。为了获得良好的测量结果（相对于测量误差），有必要针对频率变化使用不同的斜率 m_2 进行二次测量。如果将斜率更改为 m_2，再次测量拍频为 Δf_2，得到关于 d 和 v_{rel} 的第二个方程：

$$\Delta f_2 = -\frac{dm_2}{c} - \left[f_0 + m_2\left(t - \frac{2d}{c}\right)\right]\frac{v_{rel}}{c} \tag{8-9}$$

考虑到式（8-8）和式（8-9）在图中的交点，其中必须在时间 t 上选择测量时间，获得所需的距离 d 和所需的相对速度 v_{rel} 数据。假设频率变化 $\Delta f_i (i=1,2)$ 相对于基频 f_0 很小，可以忽略式（8-8）和式（8-9）中的非线性项，从而将 d 和 v_{rel} 的值简化为两个方程的线性系统的简单解。

图 8-4 显示了如何改变雷达传感器的频率斜率。从图中观察到两个以上符号和大小都不同的斜率，可以用来更准确地确定相对速度和距离。

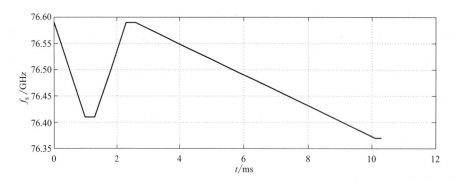

图 8-4 频率随不同的斜率变化，以改善相对速度测量的确定性

如图 8-4 所示，考虑具有不同斜率 $m_i (i=1,\cdots,4)$ 的各种频率斜坡。在此图中添加一个缓慢上升的频率斜坡。如果测量的拍频 Δf 误差为 1%，则可能的距离 d 和相对速度 v_{rel} 满足：

$$(1 \pm 1\%)\Delta f = -\frac{dm_i}{c} - \left[f_0 + m_i\left(t - \frac{2d}{c}\right)\right]\frac{v_{rel}}{c} \tag{8-10}$$

极限状态下如图 8-5 所示。图中部分参数：距离 $d = 120m$，相对速度 $v_{rel} = 10m/s$，理想情况下，曲线将在 $(d, v_{rel}) = (120m, 10m/s)$ 点处相交。可以看出仅使用两个较快频率斜坡的方法的不准确性高于使用两个缓慢频率斜坡的方法的不准确性。因此为了进一步提高精度可以使用第三个缓慢增加的函数。

另外还使用多种天线和接收器来进一步预测反射波返回的方向。图 8-6~图 8-9 说明了三个不同发射器中每个发射器的检测范围。其他许多设备也可以与四个发送和接收单元一起使用。

图 8-6~图 8-9 说明了需要由 ACC 识别的示例。示例包括一辆车离开原车道而另一辆车进入检测区域的情况。如图 8-6 所示，在这种情况下，慢速行驶的车辆 1 在 ACC 的检测范围内的两个时间点之间短暂显示，然后又从右侧离开。较快的车辆 2 从左侧进入检测范围。ACC 必须区分这两种车辆，由于位置和速度不同，此情况下区分并不复杂。

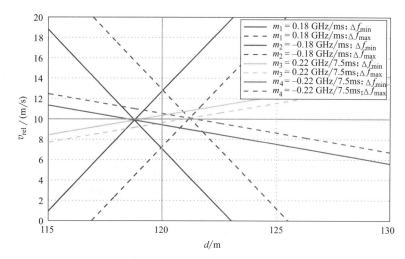

图 8-5　确定不同频率变化的频率，误差<±1%

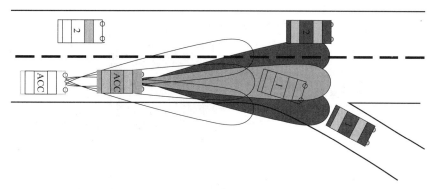

图 8-6　慢速车辆 1 当前在 ACC 的检测范围内并再次离开，车辆 2 进入覆盖范围内

图 8-7 说明由于车辆 1 驶入安全距离而 ACC 从速度控制切换到距离控制的情况。这种情况下 ACC 将降低车辆的行驶速度。如果车辆 1 非常慢，则 ACC 车辆会紧急制动。图 8-8 说明了与图 8-6 相似的情况。与图 8-6 相比，ACC 必须在图 8-8 中采取干预措施，因为速度更快的车辆 2 位于中间检测区域，与 ACC 车辆位于同一车道。基于慢速车辆 1 先前位于该区域中的事实，ACC 信号必须从侧面检测部分和所测得的车辆速度区分出这两辆车。出于这个原因，ACC 系统使用跟踪算法来计算这些车辆的轨迹路线。

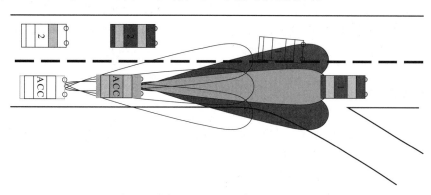

图 8-7　车辆 1 进入 ACC 车辆的检测范围

比较图 8-8 和图 8-9 的情况可知，两者所涉及车辆的位置相同、方向不同。在图 8-9 所示的情况下，ACC 可能不会干涉当前状况。由于 ACC 系统在一定程度上能在低速范围内运行，情况表明车辆对 ACC 的需求在增加。

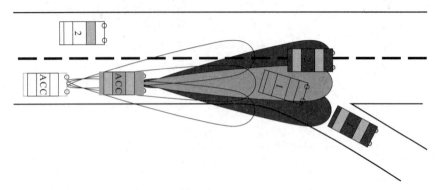

图 8-8　车辆 1 离开该范围，车辆 2 进入 ACC 车辆的检测范围

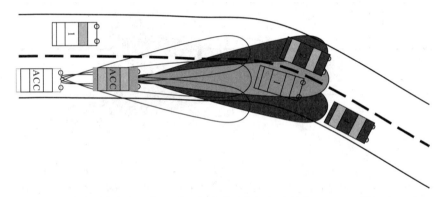

图 8-9　因为要求控制距离，另一条车道的车辆行驶较快，ACC 可能不会更改

由于 ACC 连接到 ESP、自动变速器和发动机控制单元，因此这些控制设备的所有信号均可用。通过 ESP 的侧向加速度传感器，ACC 也能够识别转向。对于需要检测弯道和在前面弯道上行驶的车辆的情况，可以使用这些传感器信号。当然，也存在如图 8-9 所示的情况，区分显然是不可能的。因此，在 ACC 设备中应用跟踪算法，以在系统预期轨道上跟踪车辆驾驶轨迹。

如果 ACC 所连接的控制设备之一（发动机控制单元、变速器控制或 ESP）发生故障，则 ACC 的功能将受到限制或完全丧失。但这是可以接受的，因为与通过单独的一组传感器和执行器组成 ACC 系统的方案相比，依靠这三个系统现有的执行器和传感器更加经济。

8.3　接近能力

如果缓慢行驶的车辆在 ACC 车辆前方，则 ACC 车辆不得不降低其速度。所谓的接近能力就是可以由 ACC 控制的最大速度差 Δv_0。

这里假设的最大加速度 a_{max}（图 8-10）是由值 0 开始线性获得的。斜率为 γ_{max}（出于舒适原因应加以限制，参见图 8-2），达到最大加速度所需的时间为 τ_{up}。因此加速度为：

$$a(t) = \begin{cases} \gamma_{\max} t, & t \leqslant \tau_{\mathrm{up}} \\ a_{\max}, & t > \tau_{\mathrm{up}} \end{cases} \tag{8-11}$$

因此，达到最大加速度所需的时间 τ_{up} 应符合以下条件：

$$\tau_{\mathrm{up}} = \frac{a_{\max}}{\gamma_{\max}} \tag{8-12}$$

通过对加速度积分，得到相对速度 $\Delta v(t)$。相对速度 $\Delta v(t)$ 从初始速度差 Δv_0 开始，然后先是抛物线式地降低，再线性地在时间 τ_e 处达到值 0。假设 τ_e 出现在达到最大加速度之后，即 $\tau_e > \tau_{\mathrm{up}}$。通过式 (8-13) 可得出相对速度曲线。

$$\Delta v(t) = \Delta v_0 + \frac{1}{2} \gamma_{\max} \tau_{\mathrm{up}}^2 + a_{\max}(t - \tau_{\mathrm{up}})$$

$$= \Delta v_0 - \frac{a_{\max}^2}{2\gamma_{\max}} + a_{\max} t \tag{8-13}$$

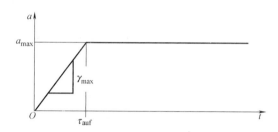

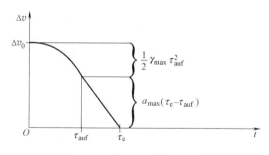

图 8-10 接近能力的确认

速度差消失的条件是 $\Delta v(\tau_e) = 0$。对速度曲线进行积分，得到距离的曲线 $\Delta s(t)$。车辆相遇时两车间的距离为 d_0，且该距离随时间而减小。

该距离不得低于某个最小距离 $d_{\min}$。代入 τ_e 到相差距离 Δs 的公式中，得到 $\Delta s(\tau_e) = d_{\min}$。通过变换得到了最小距离 $d_{\min}$ 和相对速度之间的关系。

8.4 问题与练习

记忆

1. 讲出 ACC 通常基于的两种控制模式。

2. 给出 ACC 的加速限制的数量级。

3. ACC 依赖于哪些机电系统部件？如果其中一个系统组件发生故障会怎样？

理解

1. 解释说明 ACC 的功能。

2. 解释纵向动力学、发动机特性图和 ACC 控制算法之间的关系。

3. 说明如何使用 FMCW 确定前方行驶车辆的距离和速度。

4. 传感器应如何配备 ACC 系统，以检测完整的纵向动态？

5. 描述需要使用车辆跟踪系统的驾驶情况。

6. 在纵向车辆动力学的背景下，有哪些因素会产生 ACC 系统上的扰动变量？

应用

1. 计算在 $t=0\mathrm{s}$ 时，传输信号由多普勒效应产生的拍频和信号波传播的时间（车辆之间的距离为 150m）。

传输信号的频率为 $f_s=f_0+mt(f_0=74\mathrm{GHz})$，其中 t 为时间，$m=100\mathrm{MHz/s}$。

车辆的相对速度为 $v_{rel}=3\mathrm{m/s}$。电磁波速度请使用 $c=3\times10^8\mathrm{m/s}$。频移可以近似为：$\Delta f=2v_{rel}f_s/c$。

提示：发射频率 f_s 和接收频率 f_r 的拍频为 $\Delta f=|(f_s-f_r)/2|$。

1）计算两种方式的传播时间 T_p（信号从 ACC 车辆到前方车辆，再反射回 ACC 车辆）。为此，忽略了波传播过程中车辆之间距离的变化。

2）根据从 $t=T_p$ 时刻的发射信号和接收信号之间的波传播时间计算拍频。

3）根据发射信号和接收信号之间的多普勒效应计算拍频。

第9章 行驶平顺性

行驶平顺性是车辆舒适性十分重要的一个方面，也是决定顾客是否购买车辆的评价指标之一。行驶平顺性不能仅通过客观值来评价，而且也依赖于顾客的主观感受和体验，因此，影响顾客对舒适性评价的因素有很多，包括：年龄、性别、习惯，甚至是顾客的身体条件。除了这些不受汽车制造商影响的内在因素，还有很多外在因素，包括噪声、振动、热量和气流。后面所说的这些因素都是可控的。在本章中，主要关注振动方面，关注振动源以及如何减少或改变这些振动源。

第9章部分
彩色曲线图

因为行驶平顺性是顾客是否会购买车辆的重要因素，所以对于汽车主机厂（OEM）来说，这也是一个重要方面。尽管行驶平顺性是主观感受，但也有很多测量或评价平顺性的方法，以便获得一种客观的评估。

如今，现代汽车设计的第一步在完全虚拟的条件下完成，即整辆汽车只以 CAD 模型、评价车身刚度的模型、汽车行驶动力学模型、评价乘客安全性的碰撞模型、动力系统的振动模型，以及根据虚拟开发过程中的汽车主机厂策略，可能还有其他类型的模型而存在。这表明行驶平顺性作为舒适性的一方面，在这些模型的帮助下，也可以在汽车开发的早期阶段进行评价。

这些虚拟方法之间的主要不同在于评价行驶平顺性时是否有人或是否存在有知觉的人体模型。

在包含驾乘人员的方法中，需要一个驾驶模拟器，这个模拟器通过多体系统动力学（MBS）来描述汽车的动态特性。在不包含驾乘人员的方法中，需要一个模型来计算仿真出人的生理感受。

在本章中，集中讨论噪声与振动源以及影响乘坐环境中噪声与振动的基本方式，也就是座椅、转向盘以及脚的放置区域（如踏板）的振动和耳朵接收到的噪声。

振动与噪声的激励可以被粗略地分为内部源与外部源。为了减小传递给乘客的噪声与振动，除了激励源外，从激励源到乘客的传递路径也十分重要。

外部源（图 9-1）是不平路面（粗糙路面或单个障碍，例如减速带）、逆风以及其他车辆产生的噪声导致的。不平路面以及其他车辆产生的噪声无法改变，它们由外部环境决定。由天气产生的风向也是如此，但是由于车身隆起部分产生的噪声是可以由汽车制造商改变的。避免车身上这种隆起或引起湍流的结构是车辆空气动力学优化设计的主要问题，在此处的考虑中不涉及车辆开发的这一领域。

图 9-1　内部源与外部源

内部源主要来自于发动机和整个传动系统（变速器、万向轴、差速器、传动轴和车轮）的旋转部件。在设计一辆新车时，往往会考虑这些部件。内部源由发动机点火脉冲（在使用内燃机的情况下）、活塞的往复运动以及所有旋转部件的非平衡质量引起。

除了振动源，传递路径在评价与优化振动过程中也起着重要的作用。图 9-2 展现了一些可能的传递路径（不是全部）。传递路径可以被分为属于外部源还是内部源。

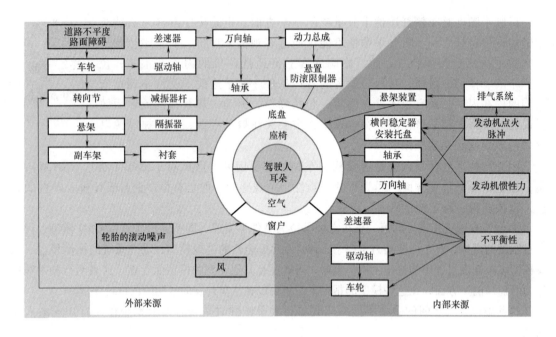

图 9-2　振动的传递路径

振动源（比如内燃机、传动轴的非平衡质量）和底盘的连接部分是一个重要因素，比如万向联轴器的中心轴承、动力装置的悬置（发动机和变速器）、悬架与底盘或车架与底盘之间的衬套以及排气系统的悬吊。

人们为将动力装置的振动与底盘相隔离付出了诸多努力，尤其是在动力总成悬置的设计方面。一般来说，动力总成被固定在汽车底盘（车身）上的两个悬置（有时候也被称为发动机与变速器座）和一个额外的防滚限制器（用来限制最后一个方向的自由度，图 9-3），动力装置上的悬置可以被设计为橡胶衬套，这种衬套拥有衰减特定频率振动的特性。

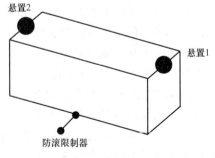

图 9-3　动力系统悬置

振动与噪声有不同的传播路径。比如，风噪通过车窗和底盘进入汽车，而振动通过这些结构在汽车内部造成声腔的振动，最终也产生能够传入驾驶人或乘客耳朵中的噪声。

在接下来两节中，详细考虑如何减小动力系统的扭转振动与不平路面造成的振动。

9.1　由不平路面造成的振动

本节考虑由道路不平度引起的汽车振动。考虑的频率范围在 $0\sim25\mathrm{Hz}$ 之间。计算出相应振动来解释一系列问题。

舒适性： 一辆汽车必须满足的要求是能使驾驶人长时间开车，而不损害驾驶人的健康，或使驾驶人感觉不舒服。此外，座椅、转向盘和踏板不能发生太剧烈的振动，因为这种振动也会降低舒适性。整个汽车内部的振动必须保持在较低的水平用来减小乘客听觉上的负担。

驾驶安全性： 汽车的振动也会导致轮胎载荷的波动。如果轮胎载荷波动与静态轮胎载荷一样大，这会导致车轮脱离路面，也就意味着不能有效传递侧向力与切向力。

路面应变： 轮胎载荷的波动在静态载荷的基础上给路面额外增加了应变。

结构强度： 由于载荷的振动，零部件的强度降低，结果会导致车辆零部件寿命降低。

运动空间： 汽车不允许会导致零部件之间相互碰撞的振动，因为首先这会产生噪声干扰，其次会导致零部件产生大应变或损坏。为了实现这个要求，必须在振动载荷下对机构的运动空间进行有效计算。

9.1.1　阻尼谐波振动模型

本小节通过图9-4所示的阻尼谐波振动模型来介绍并回顾振动学的基本原理。

无质量的车轮在不平路面上行驶，质量 m 表示四分之一整车质量。在质量 m 与车轮之间的是减振器（阻尼系数为 b）和弹簧（弹簧刚度为 k）。单质量振动模型以恒定速度 v 移动。需要求解的参数包括质量 m 的运动位移 $z(t)$ 以及轮胎动载荷 F_{zdyn}。

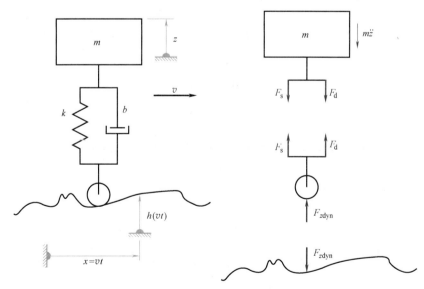

图9-4　阻尼谐波振动模型

通过受力分析图，可以得到：

$$m\ddot{z}+F_{\mathrm{d}}+F_{\mathrm{s}}=0 \tag{9-1}$$

假设弹簧与减振器的力分别随位移与速度线性变化。由此，可以得到：

$$F_{\mathrm{d}} = b\left(\dot{z} - \dot{h}\right) \tag{9-2}$$

$$F_{\mathrm{s}} = k\left(z - h\right) \tag{9-3}$$

从而得到质量 m 的运动方程：

$$m\ddot{z} + b\dot{z} + kz = b\dot{h} + kh \tag{9-4}$$

以及轮胎动载荷方程：

$$F_{z\,\mathrm{dyn}} = -F_{\mathrm{s}} - F_{\mathrm{d}} \tag{9-5}$$

首先，考虑系统的固有振动。这可以通过求解齐次微分方程得到：

$$m\ddot{z} + b\dot{z} + kz = 0 \tag{9-6}$$

在缩略式 $\sigma = \dfrac{b}{2m}$ 和 $\nu^2 = \dfrac{k}{m}$ 的帮助下，得到以 $\mathrm{e}^{\lambda t}$ 表示的 $z_{\mathrm{hom}} = \hat{z}\mathrm{e}^{\lambda t}$ 的特征多项式：

$$\lambda^2 + 2\sigma\lambda + \nu^2 = 0 \tag{9-7}$$

通过式（9-7），得到两个特征值：

$$\lambda_{1,2} = -\sigma \pm \sqrt{\sigma^2 - \nu^2} \tag{9-8}$$

由此得到齐次微分方程的解：

$$z_{\mathrm{hom}} = \hat{z}_1 \mathrm{e}^{-\sigma t}\mathrm{e}^{\mathrm{j}\sqrt{\nu^2-\sigma^2}\,t} + \hat{z}_2 \mathrm{e}^{-\sigma t}\mathrm{e}^{-\mathrm{j}\sqrt{\nu^2-\sigma^2}\,t} \tag{9-9}$$

式中，$\hat{z}_1$ 与 $\hat{z}_2$ 为共轭复数；如果系统的阻尼不是太强（$\nu^2 > \sigma^2$ 的情况），σ 为衰减常数，$\sqrt{\nu^2 - \sigma^2}$ 为系统的固有频率。

以路面不平度 h 为一个余弦函数的特殊情况来确定运动方程的特解。为了简化计算，设 $h(x)$ 为复数：

$$h(x) = \hat{h}\mathrm{e}^{\mathrm{j}\kappa x} \tag{9-10}$$

需要用到解的实部大小。将它代入运动学方程，通过 $x = vt$ 得到：

$$m\ddot{z}_{\mathrm{part}} + b\dot{z}_{\mathrm{part}} + kz_{\mathrm{part}} = b\hat{h}\mathrm{j}\kappa v\mathrm{e}^{\mathrm{j}\kappa vt} + k\hat{h}\mathrm{e}^{\mathrm{j}\kappa vt} \tag{9-11}$$

式中，自由参数 κ 不是上文中的特征值，而是角波长：

$$\kappa = \frac{2\pi}{L} \tag{9-12}$$

式中，L 为谐波路面不平度的波长。将式（9-13）表达的特解 z_{part}：

$$z_{\mathrm{part}} = \hat{z}_{\mathrm{part}}\mathrm{e}^{\mathrm{j}\kappa vt} \tag{9-13}$$

代入运动方程得到：

$$\hat{z}_{\mathrm{part}} = \hat{h}\,\frac{\mathrm{j}b\kappa v + k}{-m(\kappa v)^2 + \mathrm{j}b\kappa v + k} \tag{9-14}$$

系统受激励的圆频率表达式为：

$$\kappa v = \omega \tag{9-15}$$

传递函数表达式为：

$$\frac{\hat{z}_{\mathrm{part}}}{\hat{h}} = \frac{b\mathrm{j}\omega + k}{-m\omega^2 + b\mathrm{j}\omega + k} \tag{9-16}$$

如果引入激励频率与无阻尼系统的固有频率的频率比 $\eta = \omega / \sqrt{k/m}$，以及阻尼比 $D = b/$

$\left(2m\sqrt{k/m}\right)$，放大函数或传递函数表达式（9-16）可以被写成：

$$\frac{\hat{z}_{\text{part}}}{\hat{h}}=\frac{1+j2D\eta}{(1-\eta^2)+j2D\eta}\qquad(9\text{-}17)$$

因此，传递函数只与阻尼比 D 以及频率比 η 有关。通常只对传递函数的量级感兴趣，而相位在其中只是从属部分。

很多情况下，只对加速度感兴趣。图 9-5 所示为加速度与质量 m 的关系图。幅值比是通过对复杂的传递函数取绝对值得到的：

$$\left|\frac{\ddot{\hat{z}}}{\hat{h}}\right|=\nu^2\eta^2\sqrt{\frac{1+4D^2\eta^2}{(1-\eta^2)^2+4D^2\eta^2}}\qquad(9\text{-}18)$$

式中，$\nu=\sqrt{\dfrac{k}{m}}$ 是无阻尼系统的固有圆频率。图 9-5 和图 9-6 展示了对固有频率为 1Hz $\left(\text{即}\,\nu=2\pi\,\dfrac{1}{s}\right)$，阻尼比 $D=0.1$、$D=0.2$ 以及 $D=0.3$ 时的传递函数。图 9-6 展示了质量 $m=300\text{kg}$ 的轮胎动载荷。如果假设激励的振幅为 $\hat{h}=0.1\text{m}$，可以看到当阻尼比在 $D=0.1$ 到 $D=0.2$ 之间时，轮胎载荷在 $\eta\approx1$ 处变为零。在图 9-6 中，对力有放大功能的简单力学系统可以通过将函数乘以图 9-5 中的质量 $m=300\text{kg}$ 推得。

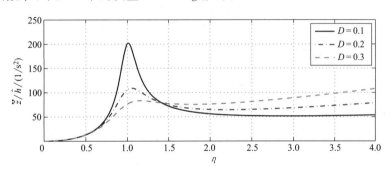

图 9-5　加速度的幅值比

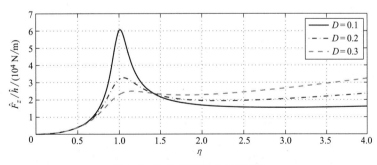

图 9-6　轮胎载荷波动的幅值比

如果路面不平度是周期性的，这种不平度可以通过傅里叶级数表示。这样，系统的振动响应就是简单地由多个个体响应叠加而成。

可以将 h 写成：

$$h(t) = \sum_{i=-n}^{n} \hat{h}_i e^{ji\omega t} \tag{9-19}$$

式中，如果要求 $\hat{h}_i = \bar{\hat{h}}_{-i}$，则 $h(t)$ 为一个实变量；因此，如果第 i 个复系数等于共轭的第 $-i$ 个复系数，系统的响应就可以被写成：

$$z_{\text{part}} = \sum_{i=-n}^{n} \hat{h}_i \frac{bji\omega + k}{-m(i\omega)^2 + bji\omega + k} e^{ji\omega t} \tag{9-20}$$

如果不平度是随机分布的，这些傅里叶级数可以扩展为傅里叶积分。路面不平度就可以写成：

$$h(t) = \int_{-\infty}^{\infty} \hat{h}(\omega) e^{j\omega t} d\omega \tag{9-21}$$

得到如上所示的系统响应：

$$z_{\text{part}} = \int_{-\infty}^{\infty} \left(\frac{\hat{z}_{\text{part}}}{\hat{h}} \right)(\omega) \hat{h}(\omega) e^{j\omega t} d\omega \tag{9-22}$$

函数 $(\hat{z}_{\text{part}}/\hat{h})(\omega)$ 是系统的传递函数（或放大函数）。统计参数常常被用来描述随机振动。一般而言，平均数是最显而易见的选择：

$$\bar{z}_{\text{part}} = \frac{1}{T} \int_0^T z_{\text{part}}(t) dt \tag{9-23}$$

式中，所选择的 T 值必须足够大。另一个重要的值是标准差：

$$\sigma_z = \sqrt{\frac{1}{T} \int_0^T \left[z_{\text{part}}(t) - \bar{z}_{\text{part}} \right]^2 dt} \tag{9-24}$$

轮胎动载荷与加速度的标准差当然也能被确定。

通过以下的例子可以展现标准差的重要性。取轮胎载荷的平均值 $\bar{F} = 3000\text{N}$，标准差 $\sigma_F = 300\text{N}$。轮胎载荷大于 $\bar{F} + \sigma_F = 3300\text{N}$ 或小于 $\bar{F} - \sigma_F = 2700\text{N}$ 的概率为 31.7%。轮胎载荷大于 $\bar{F} + 2\sigma_F = 3600\text{N}$ 或小于 $\bar{F} - 2\sigma_F = 2400\text{N}$ 的概率为 4.6%。轮胎载荷大于 $\bar{F} + 3\sigma_F = 3900\text{N}$ 或小于 $\bar{F} - 3\sigma_F = 2100\text{N}$ 的概率为 0.3%。

9.1.2 评价指标

本小节解释振动的评价指标。

1. 回弹间隙

回弹间隙是指车身与车轮之间的距离。为了避免车轮与轮罩的碰撞，它不能超过一定值。

为了确定最大的回弹间隙，首先以空载汽车为对象，弹簧的静挠度为：

$$z_{\text{stat unlad}} = \frac{m_{\text{unlad}} g}{k} \tag{9-25}$$

式中，m_{unlad} 为空载汽车质量；g 为重力加速度；k 为弹簧总刚度。弹簧挠度由于路面不平度而波动。设标准差为 $\sigma_{z\text{unlad}}$（图9-7）。下式适用于满载汽车：

$$z_{\text{stat lad}} = \frac{m_{\text{lad}}g}{k} \tag{9-26}$$

式中，m_{lad} 为满载汽车质量，$m_{\text{lad}} = m_{\text{unlad}} + \Delta m$。因此，弹簧的静挠度变化为：

$$\Delta z_{\text{stat}} = \frac{m_{\text{lad}}g}{k} - \frac{m_{\text{unlad}}g}{k}$$

$$= \frac{\Delta m}{m_{\text{unlad}}} \frac{g}{\nu_{\text{unlad}}^2} \tag{9-27}$$

式中，$\nu_{\text{unlad}} = \sqrt{k/m_{\text{unlad}}}$ 为空载汽车的固有频率。

在表述最大行程时，通常不使用最大范围，因为这种情况相对来说不太可能发生。因此，通常使用三倍标准差而不是最大值。除了弹簧静挠度，图 9-7 还显示了由不平度所产生的波动。虚线分别表示了 $3\sigma_{z\,\text{unlad}}$ 和 $3\sigma_{z\,\text{lad}}$ 的偏差。它们的差值为弹簧最大挠度：

$$z_{\text{max}} = \frac{\Delta m}{m_{\text{unlad}}} \frac{g}{\nu_{\text{unlad}}^2} + 3(\sigma_{z\,\text{lad}} + \sigma_{z\,\text{unlad}}) \tag{9-28}$$

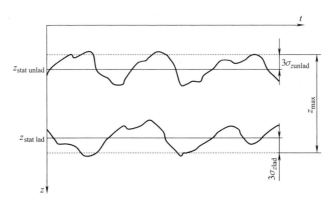

图 9-7 弹簧挠度

例 9-1 假设汽车空载质量 $m_{\text{unlad}} = 1200\text{kg}$，载荷为五位乘客（每人 80kg）以及 60kg 行李，那么 $\Delta m = 460\text{kg}$。如果固有频率 $f_{\text{unlad}} = 1\text{Hz}$，由式（9-27）得到的弹簧静挠度变化为：

$$\Delta z_{\text{stat}} = \frac{460\text{kg}}{1200\text{kg}} \frac{9.81\text{m/s}^2}{\left(2\pi\,\frac{1}{\text{s}}\right)^2} = 95\text{mm} \tag{9-29}$$

2. 轮胎载荷影响因子

为了评价车轮和车轮轴承，通常引入所谓的轮胎载荷影响因子 n。它是最大轮胎载荷与静态轮胎载荷的比值：

$$n = \frac{F_{z\,\text{max}}}{F_{z\,\text{stat}}} = 1 + \frac{F_{z\,\text{dynmax}}}{F_{z\,\text{stat}}} \tag{9-30}$$

$F_{z\,\text{dynmax}}$ 经常被三倍的标准差代替：

$$n = 1 + \frac{3\sigma_F}{F_{z\,\text{stat}}} \tag{9-31}$$

9.1.3 随机不平度

如果通过傅里叶积分来表示路面的随机不平度，汽车作为一个系统在时域的随机响应也可以通过傅里叶积分表示。但是，一般感兴趣的不是准确的轮胎载荷或加速度，而是统计参数，例如均方根。因此，在描述路面随机不平度以及随机响应时，不具体说明相关变量的傅里叶变换，而是具体说明所谓的功率谱密度。

如果汽车变量的功率谱密度中有作为路面功率谱密度函数的关系，那么这些值可以很容易地相互转换。使 $q(t)$ 为汽车的任意变量（如加速度）。随时间变化的响应函数最开始可以表示为：

$$q(t) = \int_{-\infty}^{\infty} \left(\frac{\hat{q}}{\hat{h}} \right)(\omega) \hat{h}(\omega) \mathrm{e}^{j\omega t} \mathrm{d}\omega \tag{9-32}$$

式中，$\dfrac{\hat{q}}{\hat{h}}$ 表示汽车作为一个系统对于随机路面激励的响应特性。

被积分函数（除了指数函数部分）：

$$\hat{q}(\omega) = \left(\frac{\hat{q}}{\hat{h}} \right)(\omega) \hat{h}(\omega) \tag{9-33}$$

可以被称为傅里叶变换的相关响应（如加速度）。如果考虑随机函数的方法，它们一般不会对深刻理解系统的特性与路面不平度有帮助。轮胎载荷的均值就是静态载荷，且路面不平度的均值为 0。

均方根（也被称为有效值）提供了更多有用的信息，其表达式为：

$$\tilde{q}(T) = \sqrt{\frac{1}{T} \int_0^T q^2(t) \mathrm{d}t} \tag{9-34}$$

如果随机不平度是通过正态分布（高斯分布）表示的，可以在均方根的帮助下做一些推导。考虑均方根值的极限 $\lim\limits_{T \to \infty}$ 并通过傅里叶变换替换随时间变化的函数，这样得到：

$$\tilde{q} = \sqrt{\int_0^\infty \left(\frac{\hat{q}}{\hat{h}} \right)^2(\omega) \underbrace{\lim_{T \to \infty} \frac{4\pi}{T} [\hat{h}(\omega)]^2}_{\Phi_{\mathrm{h}}(\omega)} \mathrm{d}\omega} \tag{9-35}$$

可以看到，表达式 $\Phi_{\mathrm{h}}(\omega)$ 乘以汽车的响应特性得到 $\tilde{q}$ 的均方根。对响应函数乘以函数 $\Phi_{\mathrm{h}}(\omega)$ 的二次方的积分可以得到这个结果。这个函数叫作功率谱密度，这种情况下为路面不平度的功率谱密度。在响应函数与功率谱密度的帮助下，可以通过构造积分来确定任意汽车变量的均方根值。

对实际路面不平度的计算根本上可以通过三个参数来描述。此处用功率谱密度是可行的，尽管它一般不是针对时域而是针对频域范围的：

$$\Phi_{\mathrm{h}}(\Omega) = v\Phi_{\mathrm{h}}(\omega) \tag{9-36}$$

式中，v 表示车速。计算后，路面不平度可以表示为：

$$\Phi_{\mathrm{h}}(\Omega) = \Phi_{\mathrm{h}}(\Omega_0) \left(\frac{\Omega}{\Omega_0} \right)^{-w} \tag{9-37}$$

图 9-8 给出了很多路面的功率谱密度。在对数坐标中，可以看到功率谱密度是线性的。这也通过指数函数直接反映在功率谱密度上。

因子 $\Phi_\mathrm{h}(\Omega_0)$ 也被叫作不规则常数、路面不平度系数或粗糙度系数，w 为波度值。表 9-1 提供了不同种类路面的平均不平度系数和波度值（此表的参考波数 $\Omega_0 = \dfrac{2\pi}{L_0} = 1\mathrm{rad/m}$）。

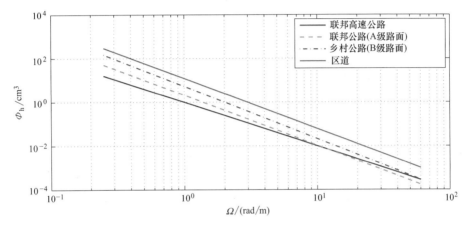

图 9-8 路面不平度功率谱密度示例

表 9-1 不平路面参数的典型值

路面种类	$\Phi_\mathrm{h}(\Omega_0)/\mathrm{cm}^3$	w
联邦高速公路	1	2.0
联邦公路（A 级路面）	2.1	2.3
乡村公路（B 级路面）	5.3	2.4
区道	12.2	2.3

注：$\Omega_0 = 1\mathrm{rad/m}$。

在路面不平度功率谱密度与汽车频率响应函数的帮助下，可以确定任意汽车变量的功率谱密度。这是研究舒适性与安全性的起点，此内容在下一小节中进行说明。此处对舒适性的评价是通过加权加速度值给出的，而安全性则是通过轮胎载荷给出的。

9.1.4 安全性与舒适性的权衡

汽车振动通过座椅、转向盘和底盘传递给驾驶人。根据这些振动的频率与振幅以及发生的位置，驾驶人或多或少会有所感觉。

座椅的振动是评价舒适性的主要标准。为了尽可能客观地评价这些振动，测试对象都处在垂直振动条件下。这些对象按照感知的振动强度被分为不可感知、轻微可感知、强烈可感知以及非常强烈可感知。这些试验展现了按照座椅振动幅度与频率分类的情况。图 9-9 展示出了一种感知曲线的样例图（根据 VDI 指导书 2057）。

这些曲线说明人体对座椅振动的频率在 4~8Hz 之间反应比较敏感，因为在这个范围内，加速度的均方根最小。这些所谓的 CZ 值可以通过将加速度的均方根（单位为 m/s²）乘以曲线的最小值再乘以 20 得到。

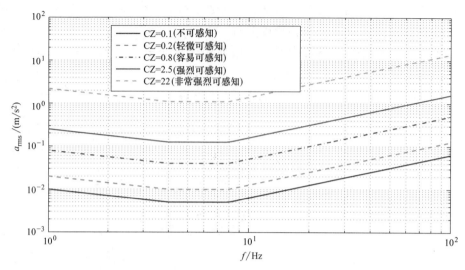

图 9-9　对振动强度的评价

CZ 这个术语来自于舒适性以及在 z 轴方向的影响。因为对手和脚也有 C 值，接下来用缩写 C_{seat}、C_{hand} 和 C_{foot} 来分别表示。

研究发现，人体对转向盘在 8~16Hz 之间的振动比较敏感。

一般不用舒适性的值来评估，而是用评价函数 E：

$$E_{seat} = \frac{K_{seat}}{\ddot{z}_{seat,eff}} \tag{9-38}$$

图 9-10 展示了座椅的评价函数。

为了评价汽车的舒适性，只评价车身上的一个点是不够的，而是必须同时考虑多个点。在这方面，首先分别评价手、脚和座椅的点，然后通过合适的加权方式结合并给出一个总体的舒适性评价被证明是可行的。

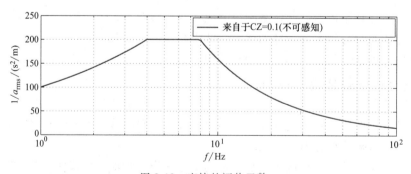

图 9-10　座椅的评价函数

图 9-14 展示了另外三个在座椅、脚和手的 z 轴方向谐波激励的评价函数，这些都被用于接下来对舒适性的评价上。这些对谐波激励的评价函数 E_i 可以通过缩放而转化为对随机激励的评价函数：

$$E_{stoch\,i} = G_{stoch\,i} E_i \tag{9-39}$$

评价函数 E_i 和 $E_{stoch\,i}$ 取决于固有圆频率 ω。此处，角标 i 代表振动输入点和传输方向。

对 z 轴方向不同输入点的加权因子为:

$$G_{\text{stoch} z \text{ seat}} = G_{\text{stoch} z \text{ foot}} = G_{\text{stoch} z \text{ hand}} = 1.26 \qquad (9\text{-}40)$$

舒适度的值 $C_{\text{stoch} z \text{ seat}}$,比如在 z 轴方向座椅的随机振动,可以通过下式得到:

$$C^2_{\text{stoch} z \text{ seat}} = \int_0^\infty E^2_{\text{stoch} z \text{ seat}}(\omega)\Phi_{\ddot{z}\text{seat}}(\omega)\,d\omega \qquad (9\text{-}41)$$

式中,$\Phi_{\ddot{z}\text{ seat}}$ 为座椅在 z 轴方向的功率谱密度。其他关于转向盘(手)和车底盘(脚)的振动的相关舒适性评价指标也可以通过类似的方法得到。如果人体与几个输入点同时受到激励,那么这些随机的舒适性的值加权后相加,得到总的舒适性值 C_{tot}:

$$C^2_{\text{tot}} = 1.1^2 C^2_{\text{stoch} z \text{ seat}} + 0.75^2 C^2_{\text{stoch} z \text{ hand}} + 1.3^2 C^2_{\text{stoch} z \text{ foot}} \qquad (9\text{-}42)$$

脚和手的 C 值通过对评价函数乘以相关点的加速度功率谱密度的积分得到。这种方法可以得到对振动舒适性的总体评价,但需要注意的是,汽车与路面的特性都是分别由各自的功率谱密度得到的。

接下来展示一个简单的三质量模型,以此来确定整体舒适性因素。驾驶安全性也使用这个模型并通过计算轮胎动载荷的标准差进行评估。在这部分内容中,可以清楚地看到驾驶安全性与舒适性之间的矛盾。问题的切入点从图 9-11 中的三质量振动模型开始。

质量 m_1 等于车轮质量加上悬架部分可移动的质量(轮毂、控制臂等),质量 m_2 代表四分之一车身质量加上驾驶人的手臂和腿的质量,质量 m_3 表示余下的驾驶人质量(不包括腿和手臂)。在这个计算过程中,只考虑一半的驾驶人质量。如果假设一个质量为 74kg 的驾驶人,他的手臂和腿的质量和为 18kg,可以得到驾驶人的剩余质量 $m_3 = 28\text{kg}$(56/2 = 28)。接下来汇总包括在研究中的模型参数:

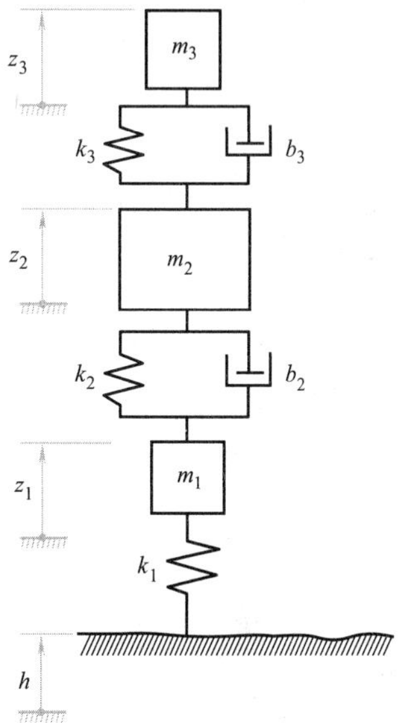

图 9-11 包括驾驶人的
四分之一车辆模型

$$m_1 = 31\text{kg}, m_2 = 229\text{kg}, m_3 = 28\text{kg}$$
$$k_1 = 128\text{kN/m}, k_2 = 20.2\text{kN/m}, k_3 = 9.9\text{kN/m}$$
$$b_2 = 1.14\text{kN} \cdot \text{s/m}, b_3 = 9.9\text{kN} \cdot \text{s/m}$$

通过忽略小的刚度值,将系统的固有频率通过下式进行估值,

$$\left.\begin{array}{l}
\dfrac{\nu_1}{2\pi} \approx \dfrac{1}{2\pi}\sqrt{\dfrac{k_1}{m_1}} \approx 10\text{Hz} \\[3mm]
\dfrac{\nu_2}{2\pi} \approx \dfrac{1}{2\pi}\sqrt{\dfrac{k_2}{m_2}} \approx 1.5\text{Hz} \\[3mm]
\dfrac{\nu_3}{2\pi} \approx \dfrac{1}{2\pi}\sqrt{\dfrac{k_3}{m_3}} \approx 3\text{Hz}
\end{array}\right\} \qquad (9\text{-}43)$$

系统的运动方程为:

$$m_3\ddot{z}_3 + b_2(\dot{z}_3 - \dot{z}_2) + k_3(z_3 - z_2) = 0 \qquad (9\text{-}44)$$

$$m_2\ddot{z}_2 + b_3(\dot{z}_3 - \dot{z}_2) + b_2(\dot{z}_2 - \dot{z}_1) + k_3(z_2 - z_3) + k_2(z_2 - z_1) = 0 \qquad (9\text{-}45)$$

$$m_1 \ddot{z}_1 + b_2 (\dot{z}_1 - \dot{z}_2) + k_2 (z_1 - z_2) + k_1 z_1 = k_1 h \tag{9-46}$$

对于路面高程 h，在式（9-46）中代入一个谐波激励，得到 z_1、z_2 和 z_3 的响应函数。类似地，这些响应函数也可以用来获得相应的加速度响应函数。如果 $\Phi_h(\omega)$ 为路面的功率谱密度与车速之和，那么就可以得到手、脚和座椅的加速度功率谱密度，分别称为 $\Phi_{\ddot{z}\,\text{hand}}$、$\Phi_{\ddot{z}\,\text{foot}}$ 和 $\Phi_{\ddot{z}\,\text{seat}}$。它们各自的舒适性评价指标的功率谱密度以及轮胎载荷的功率谱密度可以通过以下公式求出：

$$\Phi_{C_{\text{seat}}}(\omega) = 1.26^2 E_{\text{seat}}^2(\omega) \underbrace{\left(\frac{\hat{\ddot{z}}_3}{\hat{h}}\right)^2(\omega)\Phi_h(\omega)}_{\Phi_{\ddot{z}\,\text{seat}}(\omega)} \tag{9-47}$$

$$\Phi_{C_{\text{hand}}}(\omega) = 1.26^2 E_{\text{hand}}^2(\omega) \underbrace{\left(\frac{\hat{\ddot{z}}_2}{\hat{h}}\right)^2(\omega)\Phi_h(\omega)}_{\Phi_{\ddot{z}\,\text{hand}}(\omega)} \tag{9-48}$$

$$\Phi_{C_{\text{foot}}}(\omega) = 1.26^2 E_{\text{foot}}^2(\omega) \underbrace{\left(\frac{\hat{\ddot{z}}_2}{\hat{h}}\right)^2(\omega)\Phi_h(\omega)}_{\Phi_{\ddot{z}\,\text{foot}}(\omega)} \tag{9-49}$$

$$\Phi_F(\omega) = \left(\frac{\hat{F}_z}{\hat{h}}\right)^2(\omega)\Phi_h(\omega) \tag{9-50}$$

式中，有以下关系：

$$\frac{\hat{F}_z}{\hat{h}}(\omega) = \omega^2\left(m_1\frac{\hat{z}_1}{\hat{h}} + m_2\frac{\hat{z}_2}{\hat{h}} + m_3\frac{\hat{z}_3}{\hat{h}}\right) \tag{9-51}$$

$$\left(\frac{\sigma_F}{F_{z\,\text{stat}}}\right)^2 = \frac{1}{F_{z\,\text{stat}}^2}\int_0^\infty \Phi_F(\omega)\,\mathrm{d}\omega \tag{9-52}$$

将在上文描述的参考汽车与另一辆换了减振器的汽车（以下用车 2 表示，而参考车型用车 1 表示）进行比较。车 2 的减振器阻尼系数 $b_2 = 1.54\text{kN} \cdot \text{s/m}$。两车的路面激励完全相同。路面的功率谱密度（也就是波数的函数）和车速与路面的功率谱密度（也就是激励频率的函数）在图 9-12 和图 9-13 中展示。

可以发现，路面不平度与激励（路面与车速）的功率谱密度十分相似。此处，为车 1 与车 2 选择了相同的路面激励参数：$\Phi(\Omega_0) = 4 \times 10^{-6}\text{m}^3$，$\Omega_0 = 1\text{rad/m}$，$w = 2$。

两车车速都是 20m/s。从路面功率谱密度的图表中，通过将横坐标乘以 v，将纵坐标除以 v，得到路面加上车速的功率谱密度。

下面这个例子展示了如何从图 9-12 中估算梯度。假设两个固有空间圆频率分别为 $\Omega_1 = 2\pi \times 0.1\,\frac{1}{\text{m}}$ 和 $\Omega_2 = 2\pi \times 0.3\,\frac{1}{\text{m}}$。可以从图表中得到 $\Phi(\Omega_1) \approx 10^{-5}\text{m}^3$ 和 $\Phi(\Omega_2) \approx 10^{-6}\text{m}^3$。结果为：

$$\frac{\Phi(\Omega_2)}{\Phi(\Omega_1)} = 0.1 = \left(\frac{2\pi \times 0.1}{2\pi \times 0.3}\right)^w \tag{9-53}$$

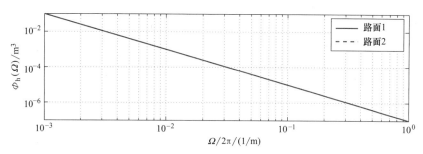

图 9-12 路面的功率谱密度

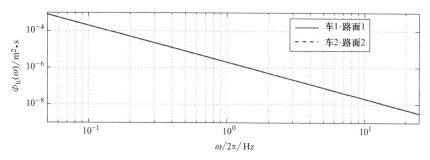

图 9-13 车速与路面的功率谱密度

使用对数坐标并重新排列,得到:

$$w = \frac{\log 0.1}{\log(0.1/0.3)} \approx 2.095 \tag{9-54}$$

在图 9-14 中,如果考虑垂直评价函数,可以发现座椅垂直加速度的评价函数约为脚与手的加速度评价函数的三倍。很明显,座椅的加速度对整体舒适性影响更大。因此,接下来只考虑图表中与座椅相关的函数。但是,在本章最后,评价整体舒适性等级时,所有舒适性评价指标都会被考虑。

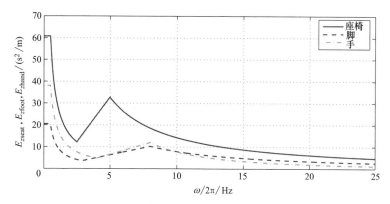

图 9-14 Cucuz 在 1993 年提出的评价函数

在图 9-15 中,可以发现两种汽车座椅 $m_{a\,seat}$ 振动的传递函数。考虑车 1 时,可以清楚地看到两个最小的固有频率约为 1.5Hz 与 3Hz。两个固有频率都可以通过共振峰被分辨出来。如果将车 1 的传递函数与车 2 的传递函数比较,可以发现车身的固有振动(频率约为 1.5Hz)不再明显,这种情况可以通过车身阻尼 b_2 相对更大来解释。但是,车 2 中第二个约为 3Hz（座椅的固有频率）的固有频率变得明显更大。

但是，如果将传递函数与图 9-16 中座椅的相关功率谱密度进行比较，可以发现传递函数由于路面的功率谱密度以及行驶车速失真十分严重，以至于车身加速度比座椅加速度影响更大。这是因为在考虑路面不平度的情况时，具有较大振幅的较小激励频率会作为较大频率出现。但是，根据座椅加速度的功率谱密度对两车进行比较，较大的座椅加速度在座椅的固有频率上仍然明显。

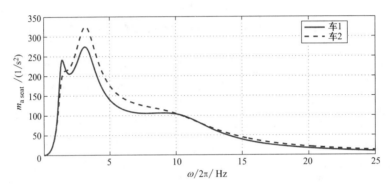

图 9-15　座椅加速度的传递函数

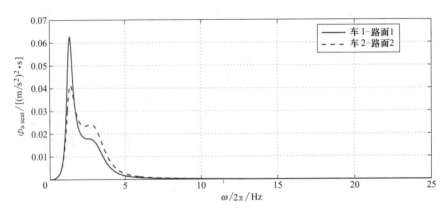

图 9-16　座椅振动的功率谱密度

在评价座椅振动的舒适性时，评价函数与座椅垂直振动的功率谱密度一样重要。因为评价函数在 5Hz 处出现最大值，座椅的固有频率比车身的固有振动更突出。这在图 9-17 中变得更加明显。比较图 9-17 中座椅舒适性的两个功率谱密度，可以发现车 2 的座椅固有频率比车 1 的更明显，且座椅固有频率的共振上升幅度比座椅加速度的功率谱密度更大。

舒适性评价指标是通过对座椅加速度功率谱密度与相关评价函数（图 9-17）乘积的积分得到的。通过比较图 9-17 中两辆车，车 1 的函数值中，车身振动值较大，而在车 2 的情况中，座椅的振动值较大。只能在对函数积分后才能确定这对于整体舒适性有什么影响。在本小节最后，会仔细考察弹性阻尼系数的影响。基于此处的比较，不能明确地说舒适性随着阻尼系数的增加是上升还是减小。

图 9-18 展示了轮胎载荷的功率谱密度。通过对两辆车的比较，可以发现，在具有较大弹性阻尼系数的车 2 中，车身固有频率处的共振与车轮固有频率处的共振（约 11Hz）比车 1 小。因为在标准差 σ_{F_z} 的计算中涉及了轮胎载荷的功率谱密度，可以预料到车 2 中的轮胎

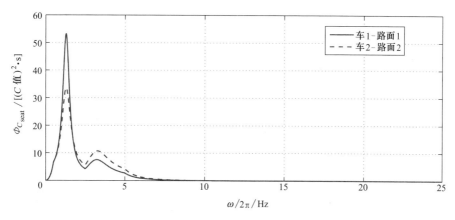

图 9-17　舒适性评价函数

载荷波动比车 1 中的小。但是，最终的结果在对传递函数与路面激励（根据轮胎载荷的传递函数的平方与路面的功率谱密度与车速之和的乘积所得的轮胎载荷的功率谱密度）的乘积进行积分后才能确定。

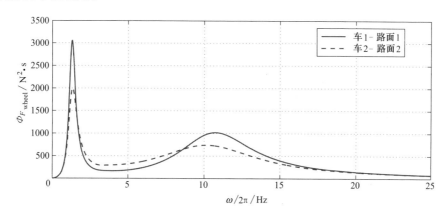

图 9-18　轮胎载荷振动功率谱密度

　　轮胎载荷的传递函数在图 9-19 中表示。此处，可以看到弹性阻尼对车身的固有频率影响很小，对车轮的固有频率影响很大。比较轮胎载荷的传递函数与轮胎载荷的功率谱密度，可以看到，座椅振动情况正如前文所述，低频比高频的影响更大。这可以通过将传递函数在共振点的振幅比率转换为功率谱密度看出。最终，通过仔细分析，可以得到结论：在车 2 中的轮胎载荷波动更小。

　　接下来将更加详细地说明轮胎载荷对轮胎载荷波动或标准差的影响。

　　在图 9-20 和图 9-21 中，总体舒适性评价指标（即座椅、手和脚的加速度）通过与轮胎载荷相关的标准差（表示静态轮胎载荷的标准差）的函数表示。图 9-20 展示了车身弹簧刚度取五个不同的值时，C_{tot} 与 $\sigma_F/F_{z\,stat}$ 之间的函数关系。每条曲线中的阻尼都是变化的。基本上曲线都是随着弹性阻尼的增加，轮胎载荷的标准差由大变小。但是，在弹性阻尼十分大的情况下，关于车辆载荷的标准差有一个最小值，然后这个值和整体舒适性 C_{tot} 都会再次增大（总体舒适性降低）。

　　图 9-21 展示了五种不同弹性阻尼的相关区间。此处车身刚度在曲线内变化。舒适度指

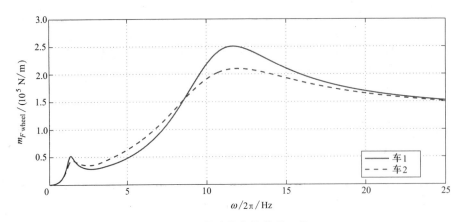

图 9-19　轮胎载荷的传递函数

标随弹簧刚度增加而上升。因为整体舒适性指标 C_{tot} 的值大表示舒适性低，那么可以推出舒适性随弹簧刚度增加而降低。

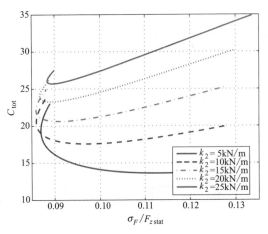

图 9-20　矛盾：安全性与舒适性；
（b_2 从右上增加到左侧部分末端）

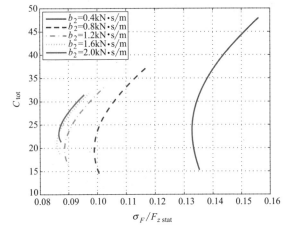

图 9-21　矛盾：舒适性-安全性

关于弹性阻尼对舒适性的影响不能很容易地通过图 9-20 解读。但是可以看出轮胎载荷的标准差主要随阻尼的增大而减小。在阻尼很大时，标准差又会增加。

图 9-22 展示了具有固定弹簧刚度和变弹性阻尼的曲线（这些曲线本质上与图 9-20 中的曲线没什么不同）。但是，这些曲线不表示弹簧刚度，而是通过估算方式表示车身的固有频率。可以看出，在每种情况下，都有一部分范围是轮胎载荷的标准差减小但整体舒适性指标却上升的。这些范围的边界都通过两个点标记出来。此处，在曲线的水平

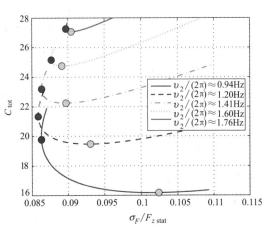

图 9-22　帕累托前沿：舒适性-安全性

方向上的点表示此车身固有频率下的最大舒适度，而垂直方向的点表示最大的安全性（轮胎载荷的标准差最小）。在这两点之间，提升舒适性或安全性都会导致另一项性能的恶化。在具有这种关系的地方，也考虑使用帕累托最优来解决。可以明显看出，对于汽车设计，需要通过帕累托最优方法在两个性能间做出折中。

9.2　传动系统的振动

大部分车辆是通过内燃机驱动的。由于燃烧过程和几何学的非线性关系（平移运动转化为旋转运动），自然而然地会产生转矩与角速度的偏差。这些振动会影响车辆的舒适性，所以传动系统中增加了一些装置用来减少这些振动。

为了了解这些装置，必须要理解传动系统的扭转振动。本节的第一小节解释了类似于双质量飞轮的扭转减振器，第二小节介绍了离心摆式减振器（CPVAs），第三小节列举了一些例子。

9.2.1　扭转减振器

从图 9-23a 所示的简单扭转减振器入手。

减振器由一个旋转质量（转动惯量为 J_1）和一根由扭杆弹簧（弹簧刚度为 c_{T1}）简化而成的连杆组成。为了更精准地考虑，连杆必须通过至少一个偏微分方程来描述。

运动方程为：

$$J_1 \ddot{\varphi}_1 + c_{T1} \varphi_1 = 0 \tag{9-55}$$

式中，φ_1 为扭转角度。

现在可以考虑系统的自由振动，它可以通过固有频率（或特征值）来表述：

$$\omega_1 = \sqrt{\frac{c_{T1}}{J_1}} \tag{9-56}$$

在受迫振动系统中，为了限制共振振幅，需要引入阻尼 b_{T1}（图 9-23b）。这样运动方程可以写成：

$$J_1 \ddot{\varphi}_1 + b_{T1} \dot{\varphi}_1 + c_{T1} \varphi_1 = M_1 \tag{9-57}$$

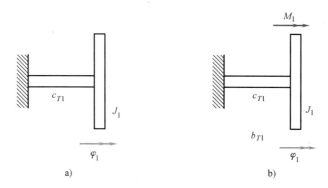

图 9-23　单自由度扭转振动模型

为了计算在谐波激励下这个运动方程的解，使用复振幅被证明是一种简单直接的方式。

$$M_1 = \hat{M}_1 e^{j\omega t} \tag{9-58}$$

式中，$\hat{M}_1$ 为复振幅的激励转矩；j 为虚数单位（即 $j^2 = -1$）；ω 为激励的圆频率；t 为时间。解 q_1 为齐次方程通解与一个特解的和：

$$q_1(t) = \left(A e^{j\sqrt{\frac{c_{T1}}{J_1} - \frac{b_{T1}^2}{4J_1^2}}t} + \bar{A} e^{-j\sqrt{\frac{c_{T1}}{J_1} - \frac{b_{T1}^2}{4J_1^2}}t} \right) e^{-\frac{b_{T1}}{2J_1}t} + \frac{\hat{M}_1}{-\omega^2 J_1 + j\omega b_{T1} + c_{T1}} e^{j\omega t} \tag{9-59}$$

对于一个谐波激励：

$$M_0 \sin(\omega t) = \frac{M_0}{2j} (e^{j\omega t} - e^{-j\omega t}) \tag{9-60}$$

$$M_0 \cos(\omega t) = \frac{M_0}{2} (e^{j\omega t} + e^{-j\omega t}) \tag{9-61}$$

两个复数特解必须结合起来看。

为了减小扭转振动，安装了减振器。图 9-24 描述了一个简单的两自由度扭转减振器模型。其运动方程为：

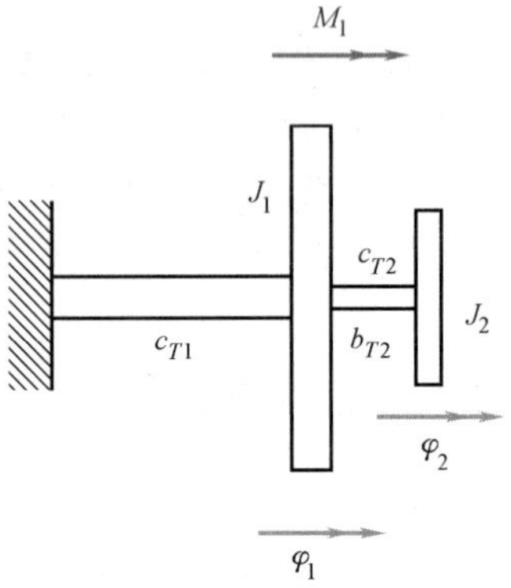

$$J_1 \ddot{\varphi}_1 + b_{T2}(\dot{\varphi}_1 - \dot{\varphi}_2) + c_{T2}(\varphi_1 - \varphi_2) + c_{T1}\varphi_1 = M_1 \tag{9-62}$$

$$J_2 \ddot{\varphi}_2 + b_{T2}(\dot{\varphi}_2 - \dot{\varphi}_1) + c_{T2}(\varphi_2 - \varphi_1) = 0 \tag{9-63}$$

图 9-24 两自由度扭转
减振器模型

假设谐波激励（用复数形式表示）：

$$M_1 = \hat{M}_1 e^{j\omega t} \tag{9-64}$$

可以将式（9-62）~式（9-64）写成矩阵形式：

$$\underbrace{\begin{pmatrix} -J_1\omega^2 + j\omega b_{T2} + c_{T1} + c_{T2} & -j\omega b_{T2} - c_{T2} \\ -j\omega b_{T2} - c_{T2} & -J_2\omega^2 + j\omega b_{T2} + c_{T2} \end{pmatrix}}_{\underline{\underline{A}}} \begin{pmatrix} \hat{\varphi}_1 \\ \hat{\varphi}_1 \end{pmatrix} e^{j\omega t} = \begin{pmatrix} \hat{M}_1 \\ 0 \end{pmatrix} e^{j\omega t} \tag{9-65}$$

$\underline{\underline{A}}$ 的行列式为：

$$\det(\underline{\underline{A}}) = (-J_1\omega^2 + j\omega b_{T2} + c_{T1} + c_{T2})(-J_2\omega^2 + j\omega b_{T2} + c_{T2}) - (j\omega b_{T2} + c_{T2})^2$$
$$= (-J_1\omega^2 + c_{T1})(-J_2\omega^2 + c_{T2}) - J_2 c_{T2}\omega^2 + j\omega b_{T2}(-J_1\omega^2 - J_2\omega^2 + c_{T1}) \tag{9-66}$$

$\underline{\underline{A}}$ 的逆为：

$$\underline{\underline{A}}^{-1} = \frac{1}{\det(\underline{\underline{A}})} \begin{pmatrix} -J_2\omega^2 + j\omega b_{T2} + c_{T2} & j\omega b_{T2} + c_{T2} \\ j\omega b_{T2} + c_{T2} & -J_1\omega^2 + j\omega b_{T2} + c_{T1} + c_{T2} \end{pmatrix} \tag{9-67}$$

得到质量 J_1 的复振幅：

$$\hat{\varphi}_1 = \hat{M}_1 \frac{-J_2\omega^2 + j\omega b_{T2} + c_{T2}}{\det(\underline{\underline{A}})} \tag{9-68}$$

从而，通过对其取绝对值得到振幅：

$$|\hat{\varphi}_1| = |\hat{M}_1| \frac{\sqrt{(-J_2\omega^2 + c_{T2})^2 + \omega^2 b_{T2}^2}}{|\det(\underline{\underline{A}})|} \tag{9-69}$$

对于一个未安装减振器的系统（即阻尼 $b_{T2} = 0N \cdot m/s^{\ominus}$ 且附加的转动惯量 J_2 的共振频率：$\omega_r^2 = c_{T2}/J_2$）主要转动惯量 J_1 的振幅为零：$\hat{\varphi}_1 = 0$（图 9-25）。在这种情况下，对于 $\hat{\varphi}_1$ 会发生两个无穷大的共振：一个低于 ω_r，一个高于 ω_r。图 9-25 展示了对于不同阻尼系数，转动惯量 J_1 的振幅。参数为：$J_1 = 0.215kg \cdot m^2$，$c_{T1} = 1600N \cdot m$，$J_2 = 0.00215kg \cdot m^2$，$|M_1| = 1N \cdot m$，且

$$c_{T2} = \frac{J_2 c_{T1}}{(1 + J_2/J_1)^2 J_1} \tag{9-70}$$

为了在所有曲线的两个交点处获得同样的振幅，需要选择扭转刚度 c_{T2}（参见 Dresig 和 Holzweissig 2010 年的著作）。

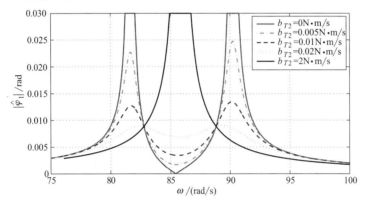

图 9-25 减振器振幅

比如选择 $b_{T2} = 0N \cdot m/s$ 的一个无阻尼减振器是不明智的，因为有两处会发生共振，且激励的固有频率不是常数。因此必须使用一个有阻尼的减振器，且为了避免转动惯量的高振幅，阻尼系数不应过大。

9.2.2 离心摆式减振器

一个在固有频率范围内具有良好阻尼特性的减振器适用于拥有固有频率的激励，如发动机怠速下的频率。

在内燃机中，激励的频率取决于发动机自身的角速度。于是，具有与发动机角速度成正比的减振频率的减振设备就显得尤为重要。一个具有这种特性的设备被称为离心摆。

很多学者已描述过这种形式的减振器，如 Salomon、Sarazin 和 Chilton。

图 9-26 描述了一些摆式减振器可能的形式。

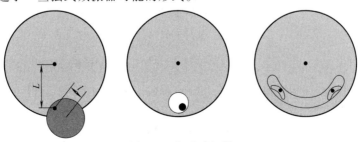

图 9-26 摆式减振器

$\ominus$ 译者更正，原书为 N · m · s。

为了获得运动方程，考虑图 9-27，图中 J_1 通过力矩 M_e 驱动。

在推导这个两自由度系统的运动方程时，需要用到拉格朗日方程：$L_L = T - V$。

$$\frac{\mathrm{d}}{\mathrm{d}t}\frac{\partial L_L}{\partial \dot{\varphi}_1} - \frac{\partial L_L}{\partial \varphi_1} = M_e \qquad (9\text{-}71)$$

$$\frac{\mathrm{d}}{\mathrm{d}t}\frac{\partial L_L}{\partial \dot{\varphi}_2} - \frac{\partial L_L}{\partial \varphi_2} = 0 \qquad (9\text{-}72)$$

忽视重力，即 $V = 0$。

摆的质心 S_{cm} 的 x 轴与 y 轴坐标为：

$$x = L\cos\varphi_1 + l\cos(\varphi_1 + \varphi_2) \qquad (9\text{-}73)$$

$$y = L\sin\varphi_1 + l\sin(\varphi_1 + \varphi_2) \qquad (9\text{-}74)$$

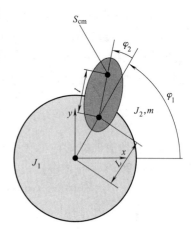

图 9-27　离心摆式减振器

对时间求导，得：

$$\dot{x} = -L\dot{\varphi}_1\sin\varphi_1 - l(\dot{\varphi}_1 + \dot{\varphi}_2)\sin(\varphi_1 + \varphi_2) \qquad (9\text{-}75)$$

$$\dot{y} = L\dot{\varphi}_1\cos\varphi_1 + l(\dot{\varphi}_1 + \dot{\varphi}_2)\cos(\varphi_1 + \varphi_2) \qquad (9\text{-}76)$$

通过这些公式可以得到速度：

$$
\begin{aligned}
\dot{x}^2 + \dot{y}^2 = &\ L^2\dot{\varphi}_1^2\sin^2\varphi_1 + l^2(\dot{\varphi}_1 + \dot{\varphi}_2)^2\sin^2(\varphi_1 + \varphi_2) + \\
& 2Ll\dot{\varphi}_1(\dot{\varphi}_1 + \dot{\varphi}_2)\sin\varphi_1\sin(\varphi_1 + \varphi_2) + \\
& L^2\dot{\varphi}_1^2\cos^2\varphi_1 + l^2(\dot{\varphi}_1 + \dot{\varphi}_2)^2\cos^2(\varphi_1 + \varphi_2) + \\
& 2Ll\dot{\varphi}_1(\dot{\varphi}_1 + \dot{\varphi}_2)\cos\varphi_1\cos(\varphi_1 + \varphi_2)
\end{aligned}
\qquad (9\text{-}77)
$$

通过 $\sin^2\alpha + \cos^2\alpha = 1$ 和 $\cos\alpha\cos\beta + \sin\alpha\sin\beta = \cos(\alpha - \beta)$，可以将式（9-77）简化为：

$$\dot{x}^2 + \dot{y}^2 = L^2\dot{\varphi}_1^2 + l^2(\dot{\varphi}_1 + \dot{\varphi}_2)^2 + 2Ll\dot{\varphi}_1(\dot{\varphi}_1 + \dot{\varphi}_2)\cos\varphi_2 \qquad (9\text{-}78)$$

整个系统的动能为：

$$T = \frac{1}{2}J_1\dot{\varphi}_1^2 + \frac{1}{2}m(\dot{x}^2 + \dot{y}^2) + \frac{1}{2}J_2(\dot{\varphi}_1 + \dot{\varphi}_2)^2 \qquad (9\text{-}79)$$

运用拉格朗日方程得到：

$$
\begin{aligned}
\frac{\mathrm{d}}{\mathrm{d}t}\frac{\partial T}{\partial \dot{\varphi}_1} = &\ \frac{\mathrm{d}}{\mathrm{d}t}\big[J_1\dot{\varphi}_1 + mL^2\dot{\varphi}_1 + ml^2(\dot{\varphi}_1 + \dot{\varphi}_2) + \\
& mLl(2\dot{\varphi}_1 + \dot{\varphi}_2)\cos\dot{\varphi}_2 + J_2(\dot{\varphi}_1 + \dot{\varphi}_2)\big] \\
= &\ \ddot{\varphi}_1(J_1 + mL^2 + ml^2 + J_2) + (ml^2 + J_2)\ddot{\varphi}_2 + \\
& mLl\big[(2\ddot{\varphi}_1 + \ddot{\varphi}_2)\cos\varphi_2 - (2\dot{\varphi}_1 + \dot{\varphi}_2)\dot{\varphi}_2\sin\varphi_2\big]
\end{aligned}
\qquad (9\text{-}80)
$$

$$
\begin{aligned}
\frac{\mathrm{d}}{\mathrm{d}t}\frac{\partial T}{\partial \dot{\varphi}_2} = &\ \frac{\mathrm{d}}{\mathrm{d}t}\big[ml^2(\dot{\varphi}_1 + \dot{\varphi}_2) + mLl\cos\varphi_1\cos\varphi_2 + J_2(\dot{\varphi}_1 + \dot{\varphi}_2)\big] \\
= &\ \ddot{\varphi}_1(ml^2 + mLl\cos\varphi_2 + J_2) + \ddot{\varphi}_2(ml^2 + J_2) - mLl\ddot{\varphi}_1\ddot{\varphi}_2\sin\varphi_2 -
\end{aligned}
\qquad (9\text{-}81)
$$

$$\frac{\partial T}{\partial \varphi_2} = mLl\dot{\varphi}_1(\dot{\varphi}_1 + \dot{\varphi}_2)\sin\varphi_2 \qquad (9\text{-}82)$$

$$\frac{\mathrm{d}}{\mathrm{d}t}\frac{\partial T}{\partial \dot{\varphi}_2}-\frac{\partial T}{\partial \varphi_2}=\ddot{\varphi}_1(ml^2+mLl\cos\varphi_2+J_2)+\ddot{\varphi}_2(ml^2+J_2)+mLl\,\dot{\varphi}_1^2\sin\varphi_2 \qquad (9\text{-}83)$$

简化三角函数（假设 $\varphi_2\ll 1$，$\cos\varphi_2\approx 1$，$\sin\varphi_2\approx\varphi_2$）得到（额外引入外力矩 M_e）：

$$\ddot{\varphi}_1[J_1+J_2+m(L+l)^2]+\ddot{\varphi}_2(ml^2+J_2+mLl)-mLl(2\dot{\varphi}_1+\dot{\varphi}_2)\dot{\varphi}_2\varphi_2=M_e \qquad (9\text{-}84)$$

$$\ddot{\varphi}_2[J_2+m(L+l)^2]+\ddot{\varphi}_1(ml^2+J_2+mLl)+mLl\dot{\varphi}_1^2\varphi_2=0 \qquad (9\text{-}85)$$

假设摆动小角度 φ_2，静态运动 $\varphi_1=\omega_0 t$ 的小振动 $\hat{\varphi}_1\mathrm{e}^{j\omega t}$，可以将那些非线性公式线性化：

$$\varphi_1=\omega_0 t+\hat{\varphi}_1\mathrm{e}^{j\omega t} \qquad (9\text{-}86)$$

$$\varphi_2=\hat{\varphi}_2\mathrm{e}^{j\omega t} \qquad (9\text{-}87)$$

$$M_e=\hat{M}_e\mathrm{e}^{j\omega t} \qquad (9\text{-}88)$$

$$\hat{M}_e=-\omega^2\varphi_1[J_1+J_2+m(L+l)^2]-\omega^2\hat{\varphi}_2(ml^2+J_2+mLl^2) \qquad (9\text{-}89)$$

$$0=-\omega^2\hat{\varphi}_2(J_2+ml^2)-\omega^2\hat{\varphi}_1(ml^2+J_2+mLl)+mLl\omega_0^2\hat{\varphi}_2 \qquad (9\text{-}90)$$

引入

$$J_{11}=J_1+J_2+m(L+l)^2 \qquad (9\text{-}91)$$

$$J_{22}=J_2+ml^2 \qquad (9\text{-}92)$$

$$J_{12}=J_{21}=ml^2+J_2+mLl \qquad (9\text{-}93)$$

可将上面的方程写成以下形式：

$$\begin{pmatrix}-\omega^2 J_{11} & -\omega^2 J_{12}\\ -\omega^2 J_{21} & -\omega^2 J_{22}+mLl\omega_0^2\end{pmatrix}\begin{pmatrix}\hat{\varphi}_1\\ \hat{\varphi}_2\end{pmatrix}=\begin{pmatrix}\hat{M}_e\\ 0\end{pmatrix} \qquad (9\text{-}94)$$

当摆的共振激励频率：

$$\omega=\omega_0\sqrt{\frac{mLl}{J_{22}}} \qquad (9\text{-}95)$$

解为：

$$\hat{\varphi}_1=0 \qquad (9\text{-}96)$$

$$\hat{\varphi}_2=-\hat{M}_e\frac{J_{22}}{\omega_0^2 J_{12}mLl} \qquad (9\text{-}97)$$

因此，可以调整摆的参数来使主要惯量 J_1 消失。

一个显著的特征是式（9-95）中的共振频率 ω 与激励频率 ω_0 成正比。因为往复运动时内燃机的一个激励频率与曲轴的角速度成正比，摆式减振器是一种理想的减振器，它吸收的频率与角速度成正比。

接下来考虑特殊参数的选择。为了简便，忽略惯量，使 $J_2=0$，并考虑数学意义上的摆。然后，对于共振（或吸收）频率，有：

$$\omega=\omega_0\sqrt{\frac{L}{l}} \qquad (9\text{-}98)$$

如果目标是为了减少第 n 个曲轴的振动，即：

$$\omega=n\omega_0 \qquad (9\text{-}99)$$

那么就有：

$$n^2 = \frac{L}{l} \tag{9-100}$$

长度 L 取决于惯量 J_1 即飞轮的直径，这意味着 $L < R_{flywheel}$。如果，比如要吸收四阶振动且飞轮半径 $R_{flywheel} = 0.12\text{m}$，那么 $l = 0.12\text{m}/16 \approx 7.5\text{mm}$，这是十分小的。

线性化运动方程对于小角度摆动有效。这意味着频率取决于摆动幅度。为了避免这种从属关系，需要修改摆的参数，使惯量 J_2 和质量 m 的运动曲线不是圆。在 Denman 1992 年的著作或 Nester 2004 年的著作中研究了所谓的外摆线和等时曲线。

9.2.3 样例

在本小节中，将仔细研究用来减小扭转振动的装置。

第一个是经典的固定在曲轴自由端的弹簧阻尼减振器（参见图 9-28）。例如，环形板或环以及一个橡胶弹簧被固定在曲轴上。因为橡胶刚度很大，橡胶质量必须较大，这不利于将减振器整合在曲轴箱内。还有一个更严重的问题是橡胶刚度会随温度变化。另一种方案是将橡胶块整合到曲柄臂中（参见图 9-28），这样它就成为内部曲轴减振器。

为了减小空间，弥补非平衡质量，减振器不做成环状而是做成马蹄形。

弹簧是钢制螺旋弹簧，阻尼通过旋转质量与内室上的塑料轴承之间的摩擦产生。这意味着阻尼是通过无润滑、与速度无关的库仑摩擦产生的。

图 9-28　内部曲轴减振器
（由舍弗勒公司授权引用）

由于库仑摩擦取决于法向力，曲轴的角速度与速度的波动通过离心力间接产生阻尼力。

阻尼力矩随曲轴的角速度增加而增加。为了避免系统中的间隙，对弹簧进行预加载。预加载是法向力，因此曲轴不旋转也存在一个恒定的摩擦力。在减振器中，离心力与预加载之间的相互作用以及它们对于摩擦力的影响对阻尼特性产生有利的影响。

在 17.1 节中展示了更多例子，比如图 17-8 中带离心摆减振器的双质量飞轮或图 17-6 中的安装了扭转减振器和离心摆减振器的离合器盘。

9.3　问题与练习

记忆

1. 振动在什么问题中起作用？

2. 什么是放大函数或传递函数？

3. 人体对座椅的振动在什么频率范围内比较敏感？人体对转向盘的振动在什么频率范围内比较敏感？

4. 哪些参数对舒适性影响最大？

5. 哪些参数对驾驶安全性影响最大?

6. 给出一个不平路面的典型的波度值 w。

7. 对于座椅、手和脚的加速度的评价函数,根据 Cucuz 的相关著作,最大值位于什么范围?

8. 一般来说,座椅、手和脚中,哪个的加速度对于整体舒适性评价指标影响最大?

理解

1. 什么是已评估的振动强度?

2. 固有频率对传递函数有什么影响?

3. 如何确定振动系统对随机激励的响应?

4. 清楚地解释路面不平度的功率谱密度和路面不平度加上车速的功率谱密度。

5. 质量 m_1、m_2、m_3 的增加分别对传递函数有什么影响?

6. 不同的波度值 w 对座椅加速度和轮胎载荷的功率谱密度有什么影响?

7. 解释安全性与舒适性之间的矛盾。

8. 为什么对于内燃机而言,频率随角速度变化的减振器十分重要?

9. 解释一般的减振器和离心摆式减振器的不同。

第 10 章　车辆振动模型

10.1 节介绍了一个十分简单的模型，即在第 9 章提到过的四分之一车辆模型。这个模型为双质量振动系统模型。根据这个模型，可以对汽车车身在垂直方向振动的第一固有频率以及车轮振动的第二固有频率进行分析。10.2 节描述了一辆受单侧激励的双轴车辆（在单侧模型中，左侧和右侧车轮用完全相同的激励代替），借助这个五自由度模型，可以研究俯仰振动。10.3 节研究了弹簧与减振器的非线性特性曲线的影响。

第 10 章部分彩色曲线图

10.1　双质量振动模型

在第 9 章中研究的单质量系统模型过于简单，对于弹簧与减振器的性能设计，基本难以起到作用。

四分之一车辆模型（双质量振动模型，见图 10-1）是能展现汽车垂直方向动力学基本特性的最简单的振动模型。这个振动模型由 m_b（四分之一车身质量）和 m_w（车轮质量）两个质量块组成。弹簧与减振器安装在这两个质量块之间（弹簧刚度为 k_b，阻尼系数为 b_b）。在车轮质量 m_w 与不平路面之间，也有一个弹簧减振系统。将车轮分解为车轮质量 m_w、车轮刚度 k_w 和车轮阻尼系数 b_w，可以很好地体现车轮特性。

对于一个双质量振动模型，它有四个特征值，成对且互为共轭复数。这表示它有两个固有频率。接下来，首先确定系统的运动方程，然后考虑特征值和传递函数。

对于图 10-1 中展示的由质量块、弹簧减振器或阻尼元件组成的系统，可以通过拉格朗日变换推导得到运动方程。将拉格朗日变换应用于无阻尼系统，拉格朗日方程 L 是动能 T 与势能 V 的差：

$$
\begin{aligned}
L &= T - V \\
&= \frac{1}{2} m_b \dot{z}_b^2 + \frac{1}{2} m_w \dot{z}_w^2 - \frac{1}{2} k_b (z_b - z_w)^2 - \frac{1}{2} k_w (z_w - h)^2
\end{aligned}
$$
$$(10\text{-}1)$$

如果设 $q_1 = z_b$，$q_2 = z_w$，拉格朗日方程变为：

$$
\frac{\mathrm{d}}{\mathrm{d}t}\left(\frac{\partial L}{\partial \dot{q}_j}\right) - \frac{\partial L}{\partial q_j} = 0, j = 1, 2 \tag{10-2}
$$

通过微分，得到了两个运动方程：

$$
m_b \ddot{z}_b + k_b z_b - k_b z_w = 0 \tag{10-3}
$$

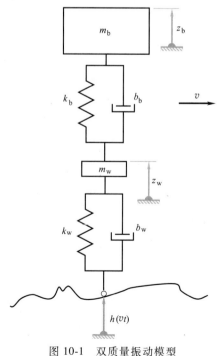

图 10-1　双质量振动模型

$$m_w \ddot{z}_w + (k_b + k_w) z_w - k_b z_b = k_w h \tag{10-4}$$

阻尼系统可以通过类似于刚度的方法直接应用于式（10-3）与式（10-4）中：

$$m_b \ddot{z}_b + b_b \dot{z}_b - k_b z_b - b_b \dot{z}_w - k_b z_w = 0 \tag{10-5}$$

$$m_w \ddot{z}_w + (b_b + b_w) \dot{z}_w - (k_b + k_w) z_w - b_b \dot{z}_b - k_b z_b = b_w \dot{h} + k_w h \tag{10-6}$$

首先，考虑无阻尼系统的固有频率。在 $e^{\lambda t}$ 的帮助下，得到特征方程：

$$\begin{pmatrix} z_b \\ z_w \end{pmatrix} = \begin{pmatrix} \hat{z}_b \\ \hat{z}_w \end{pmatrix} e^{\lambda t} \tag{10-7}$$

如果将（10-7）代入式（10-5）与式（10-6）中并除以 $e^{\lambda t}$（对于所有复数值 λ 和 t，都符合 $e^{\lambda t} \neq 0$），得到：

$$\begin{pmatrix} \lambda^2 m_b + k_b & -k_b \\ -k_b & \lambda^2 m_w + k_b + k_w \end{pmatrix} \begin{pmatrix} \hat{z}_b \\ \hat{z}_w \end{pmatrix} = \begin{pmatrix} 0 \\ 0 \end{pmatrix} \tag{10-8}$$

$b_w \dot{h}$ 和 $k_w h$ 表示外部激励，所以对固有频率没有影响。将式（10-8）中 2×2 矩阵的行列式乘开，获得了特征方程：

$$\lambda^4 + \lambda^2 \frac{m_w k_b + m_b (k_b + k_w)}{m_b m_w} + \frac{k_b k_w}{m_b m_w} = 0 \tag{10-9}$$

式中，λ^2 的解为：

$$\lambda_{1,2}^2 = -\frac{m_w k_b + m_b (k_b + k_w)}{2 m_b m_w} \pm \sqrt{\left[\frac{m_w k_b + m_b (k_b + k_w)}{2 m_b m_w} \right]^2 - \frac{k_b k_w}{m_b m_w}} \tag{10-10}$$

$\lambda_{1,2}^2$ 均为负实数，这表示式（10-9）的四个解 $\lambda_1, \cdots, \lambda_4$ 为纯虚数。由 $\lambda_1, \cdots, \lambda_4$ 得到的固有频率中每对解相同，所以最终得到两个固有频率 f_1 与 f_2。

例 10-1 假设四分之一车辆模型的参数为：$m_b = 300 \text{kg}$，$m_w = 30 \text{kg}$，$k_w = 120000 \text{N/m}$ 并将固有频率看作关于弹簧刚度 k_b 的函数。图 10-2 展示了四分之一车辆模型中，弹簧刚度 k_b 从 12000N/m 变化到 44000N/m 时，固有频率 f_1 和 f_2 的变化。

第一固有频率在 1~1.7Hz 之间；第二固有频率在 10~12Hz 之间，对于现代车辆，可到 16Hz。车身固有频率（第一固有频率）

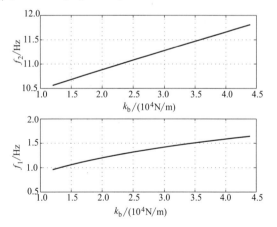

图 10-2 作为弹簧刚度函数的第一固有频率与第二固有频率

远低于人体对振动的敏感频率范围 4~8Hz，而第二固有频率高于这个范围。

10.2 双轴车辆，单侧激励

本节展示的车辆模型由四个质量块组成。如果做一些约束假设，它能很好地模拟车辆的实际振动。

1）左右车轮轨迹的不规则性完全相同，称这种激励为单侧激励。假设在 $\vec{e}_{vx}$-$\vec{e}_{vz}$ 平面内汽车的惯性特性是对称的，这样就不会发生侧倾或侧滑运动。因为车辆直线行驶，所以也没有侧偏运动。

2）后轮与前轮运动轨迹一致。这说明后轮上的激励和前轮上的激励完全相同，尽管发生了相移（激励时间有一个相位差）。

图 10-3 展示的车辆模型由四个质量块组成。用刚度 k_{w1} 和 k_{w2} 简化两个车轮质量 m_{w1} 和 m_{w2} 对地面的作用。两对弹簧减振器（k_{b1}、b_{b1} 和 k_{b2}、b_{b2}）作用在车身质量（质量 m_b 与转动惯量 J_b）与车轮质量之间，人与座椅系统作用在车身上。驾驶人质量 m_d 通过座椅的弹簧减振器（k_s，b_s）作用在车身上。车轮的变形量为 z_{w1} 和 z_{w2}，车身与人-座椅系统的变形量分别为 z_b 与 z_d。车身有一个额外的旋转自由度（俯仰运动）。相对于质心 S_{cm} 的俯仰角度为 φ_b。

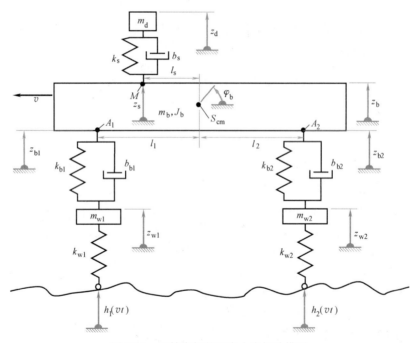

图 10-3　双轴车辆的四自由度振动模型

只考虑静平衡位置处的小振动。这意味着关于倾斜角度 φ_b 的三角函数可以线性化。人-座椅振动系统的基座随着倾斜角度 φ_b 与变形量 z_b 运动。下面的式子适用于 z_s 方向上的基座 M：

$$z_s = z_b - l_s \varphi_b \tag{10-11}$$

在这个公式中，正弦函数 $\sin\varphi_b$ 被线性化。除了已知变量 z_d，A_1 点与 A_2 点在 z 轴方向的辅助变量 z_{b1} 与 z_{b2} 对建立运动方程也有很大帮助：

$$z_{b1} = z_b - l_1 \varphi_b \tag{10-12}$$

$$z_{b2} = z_b - l_2 \varphi_b \tag{10-13}$$

无阻尼系统的拉格朗日方程可以通过变量 z_b、φ_b、z_{w1}、z_{w2}、z_d 以及辅助变量 z_{b1} 与 z_{b2}

建立。

$$L = T - V$$

$$= \frac{1}{2}m_d\dot{z}_d^2 + \frac{1}{2}m_b\dot{z}_b^2 + \frac{1}{2}J_b\dot{\varphi}_b^2 + \frac{1}{2}m_{w1}\dot{z}_{w1}^2 + \frac{1}{2}m_{w2}\dot{z}_{w2}^2 -$$

$$\left\{ \frac{1}{2}k_s[z_d - (z_b - l_s\varphi_b)]^2 + \frac{1}{2}k_{b1}[z_{w1} - (z_b - l_1\varphi_b)]^2 + \right.$$

$$\left. \frac{1}{2}k_{b2}[z_{w2} - (z_b + l_2\varphi_b)]^2 + \frac{1}{2}k_{w1}(z_{w1} - h_1)^2 + \frac{1}{2}k_{w2}(z_{w2} - h_2)^2 \right\} \tag{10-14}$$

如果为变量做出如下转换：$q_1 = z_d$，$q_2 = z_b$，$q_3 = \varphi_b$，$q_4 = z_{w1}$，$q_5 = z_{w2}$，无阻尼系统的运动方程变为：

$$\frac{d}{dt}\left(\frac{\partial L}{\partial \dot{q}_j}\right) - \frac{\partial L}{\partial q_j} = 0, j = 1, \cdots, 5 \tag{10-15}$$

得到：

$$m_d\ddot{z}_d + k_s[z_d - (z_b - l_s\varphi_b)] = 0 \tag{10-16}$$

$$m_b\ddot{z}_b + k_s(z_b - l_s\varphi_b - z_d) + k_{b1}(z_b - l_1\varphi_b - z_{w1}) + k_{b2}(z_b + l_2\varphi_b + z_{w2}) = 0 \tag{10-17}$$

$$J_b\ddot{\varphi}_b + k_s l_s(l_s\varphi_s - z_b + z_d) + k_{b1}l_1(l_1\varphi_b - z_b + z_{w1}) + k_{b2}l_2(l_2\varphi_b + z_b - z_{w2}) = 0$$

$$m_{w1}\ddot{z}_{w1} + k_{b1}[z_{w1} - (z_b - l_1\varphi_b)] + k_{w1}z_{w1} = k_{w1}h_1 \tag{10-18}$$

$$m_{w2}\ddot{z}_{w2} + k_{b2}[z_{w2} - (z_b + l_2\varphi_b)] + k_{w2}z_{w2} = k_{w2}h_2$$

阻尼系统可以通过类似双质量振动模型的方法列出运动方程。接下来，考虑一种对称的特殊情况。这种情况下，$l_s = 0$，$l_1 = l_2$，$k_{b1} = k_{b2}$，$k_{w1} = k_{w2}$，$m_{w1} = m_{w2}$，$b_{b1} = b_{b2}$。

特征值问题可以通过 $e^{\lambda t}$ 以矩阵形式表示。

$$(z_d, z_b, \varphi_b, z_{w1}, z_{w2})^T = (\hat{z}_d, \hat{z}_b, \hat{\varphi}_b, \hat{z}_{w1}, \hat{z}_{w2})^T e^{\lambda t} \tag{10-19}$$

$$\underline{\underline{M}}(\hat{z}_d, \hat{z}_b, \hat{\varphi}_b, \hat{z}_{w1}, \hat{z}_{w2})^T = (0, 0, 0, k_{w1}h_1, k_{w2}h_2)^T \tag{10-20}$$

矩阵 $\underline{\underline{M}}$ 为以下形式：

$$\underline{\underline{M}} = \begin{pmatrix} m_d\lambda^2 + k_s & -k_s & 0 & 0 & 0 \\ -k_s & m_b\lambda^2 + k_s + 2k_{b1} & 0 & -k_{b1} & -k_{b1} \\ 0 & 0 & J_b\lambda^2 + 2k_{b1}l_1^2 & k_{b1}l_1 & -k_{b1}l_1 \\ 0 & -k_{b1} & k_{b1}l_1 & m_{w1}\lambda^2 + k_{b1} + k_{w1} & 0 \\ 0 & -k_{b1} & -k_{b1}l_1 & 0 & m_{w1}\lambda^2 + k_{b1} + k_{w1} \end{pmatrix}$$

$$\tag{10-21}$$

如果将第三行乘以

$$(m_{w1}\lambda^2 + k_{b1} + k_{w1}) / (k_{b1}l_1) \tag{10-22}$$

然后用第三行减去第四行再加上第五行，这样第三行除了第三列那项其余项都消去了。该项为：

$$\frac{J_b m_{w1}\lambda^4 + \lambda^2[J_b(k_{b1} + k_{w1}) + 2k_{b1}l_1^2 m_{w1}]}{k_{b1}l_1} + 2k_{w1}l_1 \tag{10-23}$$

将该项消去，可以得到 10 个特征值中的 4 个。接下来的公式适用于从式（10-23）中得到的特征值的二次方：

$$\lambda_{1,2}^2 = -\frac{J_b(k_{b1}+k_{w1})+2k_{b1}l_1^2 m_{w1}}{2J_b m_{w1}} \pm$$

$$\sqrt{\left[\frac{J_b(k_{b1}+k_{w1})+2k_{b1}l_1^2 m_{w1}}{2J_b m_{w1}}\right]^2 - \frac{2k_{w1}l_1^2 k_{b1}}{J_b m_{w1}}} \qquad (10\text{-}24)$$

将式（10-24）代入 $m_{w1}\lambda^2 + k_{b1} + k_{w1}$，得到：

$$m_{w1}\lambda^2 + k_{b1} + k_{w1} = \frac{k_{b1}+k_{w1}}{2} - \frac{k_{b1}l_1^2 m_{w1}}{2} \pm$$

$$\frac{1}{2J_b}\sqrt{\left[J_b(k_{b1}+k_{w1})+2k_{b1}l_1^2 m_{w1}\right]^2 - 8J_b m_{w1}k_{w1}k_{b1}l_1^2} \qquad (10\text{-}25)$$

如果对式（10-25）右侧的两个分数与平方根表达式分别求二次方，可以发现两个分数的值比式（10-26）平方根表达式的值小：

$$k_{b1}\sqrt{\frac{l_1^2 m_{w1}}{J_b}} \qquad (10\text{-}26)$$

所以表达式（10-27）对应的式（10-25）的平方根前面为正号时表达式大于零，为负号时小于零。

$$m_{w1}\lambda^2 + k_{b1} + k_{w1} \qquad (10\text{-}27)$$

结果，对应的两个特征矢量为：

$$\underline{e}_1 = \left(0,0,1,-\frac{k_{b1}l_1}{m_{w1}\lambda_1^2+k_{b1}+k_{w1}},\frac{k_{b1}l_1}{m_{w1}\lambda_1^2+k_{b1}+k_{w1}}\right)^T \qquad (10\text{-}28)$$

$$\underline{e}_2 = \left(0,0,1,-\frac{k_{b1}l_1}{m_{w1}\lambda_2^2+k_{b1}+k_{w1}},\frac{k_{b1}l_1}{m_{w1}\lambda_2^2+k_{b1}+k_{w1}}\right)^T \qquad (10\text{-}29)$$

符号如下：

$$\underline{e}_1:(0,0,+,-,+) \qquad (10\text{-}30)$$

$$\underline{e}_2:(0,0,+,+,-) \qquad (10\text{-}31)$$

所以一阶主振型为车身底部与车轮质量以相同相位振动。在二阶主振型中，车身底部与车轮质量反向振动。剩余六种固有振动模式与沿 z 轴方向的平移运动有关。

在车辆工程学中，为原本只有平移运动的模型定义一个新的代替模型是很常见的事。这个简化系统如图 10-4 所示。简化系统中的车身质量用三个质量 m_{b1}、m_{b2}，m_c（耦合质量）代替。它们通过一个刚性无质量的梁连接。这三个质量被看作质点质量（没有转动惯量）。为了确保三个质量的惯性特性与车身质量一致，需要满足三个条件：

$$m_{b1} + m_{b2} + m_c = m_b \qquad (10\text{-}32)$$

$$l_1 m_{b1} - l_2 m_{b2} = 0 \qquad (10\text{-}33)$$

$$l_1^2 m_{b1} + l_2^2 m_{b2} = J_b \qquad (10\text{-}34)$$

上面的公式保证总质量［见式（10-32）］、质心位置［见式（10-33）］和转动惯量［见式（10-34）］相等。以方程组的形式表示，这些条件有如下形式：

$$\begin{pmatrix} 1 & 1 & 1 \\ l_1 & 0 & -l_2 \\ l_1^2 & 0 & l_2^2 \end{pmatrix} \begin{pmatrix} m_{b1} \\ m_c \\ m_{b2} \end{pmatrix} = \begin{pmatrix} m_b \\ 0 \\ J_b \end{pmatrix} \tag{10-35}$$

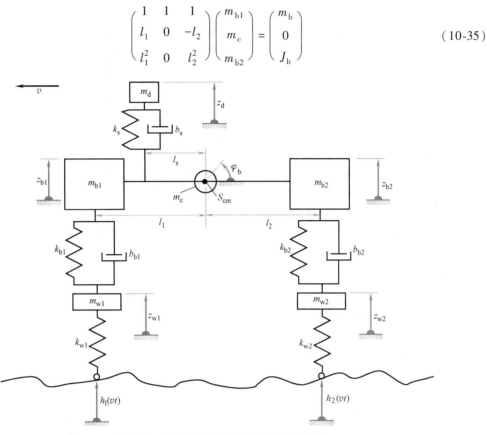

图 10-4 有耦合质量的双轴车辆简化系统

矩阵的行列式为 $l_1 l_2 (l_1 + l_2)$。这表示如果质心与 A_1 或 A_2 不一致，方程组总有解。但是，也可能会出现 $m_c < 0$ 的解；从机械工程学角度看，负质量是无意义的。由于运动方程可以按照与第一个模型相似的方式排列，并且运动方程的解导致的运动与第一个模型相同，因此，不必再考虑第二个模型了。

备注 10.1 路面不平度产生的激励 h_1 和 h_2 体现在最后两个微分方程中。这些方程产生的激励是相互独立的。但是当假设前后车轮在同一轨迹上运动时，后轮上的激励 h_2 与前轮上的激励相同，只是相位发生改变：

$$h_2(vt) = h_1 \left[v \left(t - \frac{l}{v} \right) \right] \tag{10-36}$$

式中，$l = l_1 + l_2$。

如果假设 h_1 可以被写成傅里叶级数：

$$h_1(vt) = \sum_{i=-N}^{N} \hat{h}_i e^{ji\omega t} \tag{10-37}$$

那么：

$$h_2(vt) = \sum_{i=-N}^{N} e^{-ji\omega \frac{l}{v}} \hat{h}_i e^{ji\omega t} \tag{10-38}$$

激励的圆频率 ω 与路面不平度的波数 κ_w 有关：

$$h(x) = \sum_{i=-N}^{N} \hat{h}_i e^{ji\kappa_w x} \tag{10-39}$$

满足：

$$\kappa_w v = \omega \tag{10-40}$$

由此，后轮的激励产生的结果为：

$$h_2(vt) = \sum_{i=-N}^{N} e^{-ji\kappa_w l} \hat{h}_i e^{ji\omega t} \tag{10-41}$$

与车速 v 无关的固定相位移 $i\kappa_w l$ 有如下结论：

1）与车速无关的路面不平度的一个谐波分量，以一定比例对俯仰与垂直振动产生激励。

2）可能存在只对俯仰或垂直振动产生激励的路面不平度的谐波分量。

相位转移的大小取决于汽车的轴距 l 以及波数 κ_w。这导致当两种不同的汽车开过一个特定测试路线时，对于一辆车只能激励垂直振动而对于另一辆车只能激励俯仰振动。所以在计划对测试路线进行比较时，需要确保特定的波长分布。

10.3　非线性特性曲线

本节来研究弹簧与减振器的非线性特性曲线。举一个简单的例子，考虑一个具有非线性弹性特性曲线的弹簧所构成的单质量振动系统：

$$\ddot{x} + 2D\dot{x} + f(x) = p_0 \cos(\eta t) \tag{10-42}$$

此处不考虑量纲。在傅里叶级数的帮助下，得到了这个微分方程的周期解。但是，接下来，只考虑这个级数的左侧。通过近似解，可以得到它的基本特性。

$$x = Q\cos(\eta t - \alpha) \tag{10-43}$$

设非线性为：

$$f(x) = x + 0.05x^3 \tag{10-44}$$

这是杜芬（Duffing）振子的非线性刚度。

图 10-5 展示了无阻尼系统的解（因此 $D = 0$）。

可以看出振幅 Q 与独立系统频率 η^2 之间的关系（因此没有外部激励 $p_0 = 0$）。与线性单质量减振器不同，此系统没有固定的固有频率，系统的振动频率反而是取决于振幅 Q。可以发现系统振动的频率与线性单质量减振器小振幅 Q 振动的固有圆频率 $\eta = 1$ 十分接近。描述 $p_0 = 0$ 的线叫作脊线。

从图 10-5 中也可以看到受迫振动的振幅。已知激励振幅 p_0，可以确定振动的三个可能振幅。

接下来研究它们对于阻尼系统的意义。图 10-6 展示了有阻尼系统的振幅与频率：

$$\ddot{x} + 0.1\dot{x} + x + 0.05x^3 = p_0 \cos(\eta t) \tag{10-45}$$

此处，也可以看到脊线。但是，因为存在阻尼，振动的振幅并没有以自由系统衰减振动的形式表示。但是，与无阻尼系统不同，对于 $p_0 \neq 0$ 的阻尼系统，曲线是封闭的。在有阻尼的情况下，脊线在幅频特性曲线中只起到分隔线的作用。

对于 $p_0 = 2$ 的曲线，从零开始提高频率。如果频率达到转折点 A，振幅落到曲线的负梯度部分（图 10-6）。

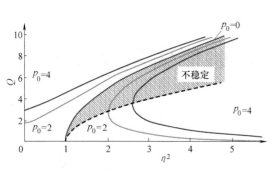

图 10-5 幅频特性（无阻尼杜芬减振器）　　　　图 10-6 幅频特性（有阻尼杜芬减振器）

如果频率由高频减小到转折点 B，$p_0 = 2$ 时，振幅会突然变高。中间部分的解不稳定，所以没有实际意义。

从一条曲线跳到另一条曲线的情况一般发生在有垂直切线的点上。

总之，这表示对于非线性系统的受迫振动，可能不止一个解。

图 10-7 描述了弹簧非线性特性（线性与三次方部分）曲线和液力减振器的非线性曲线。如图 10-7b 所示，液力减振器的特点是双线性，压缩行程的梯度小于伸张行程的梯度。

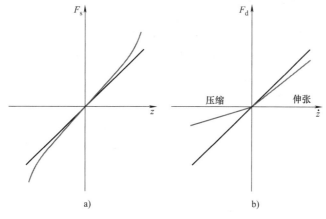

图 10-7 非线性特性曲线

10.4　问题与练习

记忆

1. 一个很简单的车辆简化模型是什么样子的？

2. 车身第一固有频率与第二固有频率的大小顺序是什么？

3. 画出一个研究车辆垂直与俯仰振动的模型。这个模型中有几个固有频率？这个模型中的主频是什么？

理解

1. 什么是耦合质量？

2. 引入耦合质量需要满足什么条件？

第11章 单轨模型、轮胎侧偏角及转向

本章主要介绍车辆侧向动力学的概念、分析模型以及一些内在关系。车辆侧向动力学主要影响汽车的操纵性。11.1节中介绍了侧向动力学的重要模型——车辆单轨模型，以便理解车辆转向原理和推导基本运动方程；11.2节主要阐述了转向中心的概念，例如轮胎的侧偏和轮胎接地面上的侧向力分布；11.3节阐述了车辆操纵性和转向角以及为了理解过度转向（业内多称过多转向）和不足转向所必要的概念；在前三节的基础上，11.4节给出了单轨模型的线性运动方程的推导，这些方程是本章最重要的内容；11.5节讨论了轮胎纵向力和侧向力之间的关系；11.6节讨论了差速器对车辆转向的影响。

第11章部分
彩色曲线图

11.1 车辆单轨模型运动学方程

考虑一辆汽车在平坦的道路上沿着单条轨迹行驶，以研究其转向时轮胎力的变化和对轮胎的影响。图11-1所示为一两轴四轮的车辆单轨模型。假定质心为 S_{cm}，位于汽车行驶的平坦路面上。因此不会有轮胎载荷的传递（无论在转向期间还是在加速或减速期间）。因此这个模型可以被简化成单轨模型（图11-1）。

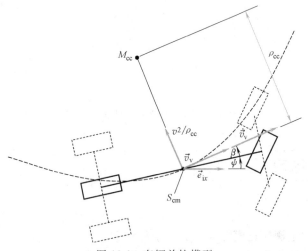

图11-1 车辆单轨模型

1. 单轨模型

单轨模型是研究车辆侧向动力学的关键模型，利用该模型可以得出车辆侧向动力学关键参数之间的关系以及一些结论。单轨模型通常也是建立简单ESP系统的基础。关于单轨模型一个重要的假设是：车辆质心位于地面上，即车辆质心到平坦路面的距离是0，即 $h_{cm}=0$。但这种简化也限制了模型的普适性。

模型的质心沿着轨迹移动，质心的速度 $\vec{v} = \vec{v}_v$，方向总是沿着轨迹的切向（因此在接下来的部分里省略了下标 v，即 $v = v_v$）。$\vec{e}_{ix}$ 轴和汽车纵向 $\vec{e}_{vx}$ 轴之间的夹角即为横摆角 ψ（另见图1-8）。

2. 质心侧偏角

将车辆质心运动方向和纵轴之间的夹角记为质心侧偏角 β，横摆角和质心侧偏角之和即为车辆航向角。

3. 曲率圆

曲率圆是一个纯粹的几何图形，它在某一点局部逼近轨迹。这意味着即使没有车辆沿着轨迹运动，曲率圆也是存在的，它是轨迹的特性。将曲率圆的中心记为 M_{cc}。

曲率圆可以通过求极限的过程计算得到，如图11-2所示。图中被×标记的两个点都朝着 P 点逼近，由这三个点正好可以确定一个圆。在这个求极限的过程中产生的圆即为点 P 处的曲率圆。

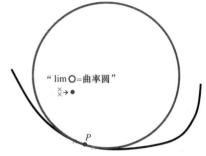

图 11-2　极限法确定曲率圆

如果轨迹是由如下参数函数的方式给出的（ζ 为参数）：

$$\vec{r} = (x_v(\zeta), y_v(\zeta)) \begin{pmatrix} \vec{e}_{ix} \\ \vec{e}_{iy} \end{pmatrix} \tag{11-1}$$

那么曲率半径 ρ_{cc} 可以由式（11-2）计算：

$$\rho_{cc} = \left| \frac{\left[(x_v')^2 + (y_v')^2 \right]^{3/2}}{x_v' y_v'' - x_v'' y_v'} \right| \tag{11-2}$$

对于在直线方向上的运动，曲率半径是趋于无穷的，$\rho_{cc} = \infty$，或者说曲率 κ_{cc} 是 0：

$$\kappa_{cc} = \frac{1}{\rho_{cc}} = 0 \; \frac{1}{m} \tag{11-3}$$

这意味着从直线运动变为圆周运动时，由于曲率半径 ρ_{cc} 的突变导致侧向加速度 a_y 不连续的变化：

$$a_y = \frac{v^2}{\rho_{cc}} \tag{11-4}$$

为了避免这种不连续性，在道路规划中，直线通常不与圆的部分相连接，而是与特殊曲线相连接，即所谓的回旋曲线（或欧拉螺旋线）。这些特殊的轨道过渡曲线可以用菲涅耳（Fresnel）积分来描述（参见 Abramowitz 1984 年的著作）：

$$\begin{pmatrix} x_v(\zeta) \\ y_v(\zeta) \end{pmatrix} = A_c \sqrt{\pi} \int_0^\zeta \begin{pmatrix} \cos\left(\dfrac{\pi \xi^2}{2}\right) \\ \sin\left(\dfrac{\pi \xi^2}{2}\right) \end{pmatrix} d\xi \tag{11-5}$$

该积分无法得到解析解，但是存在级数展开和近似数值函数。将这些积分代入（11-2）可以得到：

$$\rho_{cc} = \frac{A_c}{\zeta \sqrt{\pi}} \tag{11-6}$$

因此，侧向加速度（以及离心力）与 ζ 成线性关系：

$$a_c = \frac{v^2}{\rho_{cc}} \tag{11-7}$$

$$a_c = \frac{v^2 \sqrt{\pi}}{A_c} \zeta \tag{11-8}$$

这就是回旋曲线适合作为从直线运动转变成圆周运动的过渡曲线的原因。回旋曲线的长度为：

$$L = A\sqrt{\pi}\,\zeta \tag{11-9}$$

这意味着回旋曲线的曲率 $\kappa_{cc} = \dfrac{1}{\rho_{cc}}$ 随着长度增加而线性增加。回旋曲线可以用于两个直线运动的过渡或者从直线运动过渡到圆周运动，反之亦然。

向心加速度（或径向加速度）$a_c = \dfrac{v^2}{\rho_{cc}}$ 指向轨迹的曲率中心，即 M_{cc}；切向加速度指向轨迹的切线方向（同时也是曲率圆的切向方向）。如图 11-3 所示，其中，切向力 $F_t = m\dot{v}$，离心力 $F_c = \dfrac{mv^2}{\rho_{cc}}$，此外图中还画出了空气阻力 F_{ax} 和 F_{ay} 以及前后轮在接触面处受到的力。δ_1 为前轮转向角。

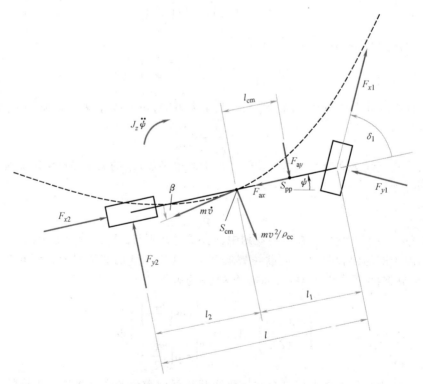

图 11-3 车辆单轨模型受力分析图

从图 11-3 所示的受力图中得到了三个运动学方程（这些构成了进一步研究的基础）：

1）车辆纵向力平衡方程：

$$m\frac{v^2}{\rho_{cc}}\sin\beta - m\dot{v}\cos\beta + F_{x2} - F_{ax} + F_{x1}\cos\delta_1 - F_{y1}\sin\delta_1 = 0 \qquad (11\text{-}10)$$

2）垂直于车辆纵向截面的力平衡方程：

$$m\frac{v^2}{\rho_{cc}}\cos\beta + m\dot{v}\sin\beta - F_{y2} + F_{ay} - F_{x1}\sin\delta_1 - F_{y1}\cos\delta_1 = 0 \qquad (11\text{-}11)$$

3）关于质心 S_{cm} 的力矩平衡方程：

$$J_z\ddot{\psi} - (F_{y1}\cos\delta_1 + F_{x1}\sin\delta_1)\,l_1 + F_{y2}l_2 + F_{ay}l_{cm} = 0 \qquad (11\text{-}12)$$

车轴的载荷为：

$$F_{z1} = G\frac{l_2}{l} - F_{az1} \qquad (11\text{-}13)$$

$$F_{z2} = G\frac{l_1}{l} - F_{az2} \qquad (11\text{-}14)$$

式中，F_{az1} 和 F_{az2} 是前、后轴受到的空气升力。忽略滚动阻力和旋转部分（特别是带有侧向旋转轴的发动机）惯性力对轴荷的影响。因为假设车辆质心处于道路上，所以来自道路坡度的静态部分和来自加速或制动的动态部分不会对车轴产生力矩。

单轨模型运动的非线性方程式（11-10）~式（11-12）在后面会被线性化处理，以便得到单轨模型线性运动方程。首先根据轨迹曲率中心 M_{cc}（即曲率圆的圆心）、车辆的质心 S_{cm} 和瞬时转动中心 M_{cr} 来讨论车辆的运动。轨迹的曲率中心 M_{cc} 只有单纯的几何意义，即作为质心加速度被分解成径向和切向的参考。瞬时转动中心 M_{cr} 也可以用于车辆侧偏运动的计算。

接下来，由质心 S_{cm} 推导出瞬时转动中心 M_{cr} 和曲率中心 M_{cc} 之间的关系。为了推导出与瞬时转动中心的关系，从图 11-4 开始。

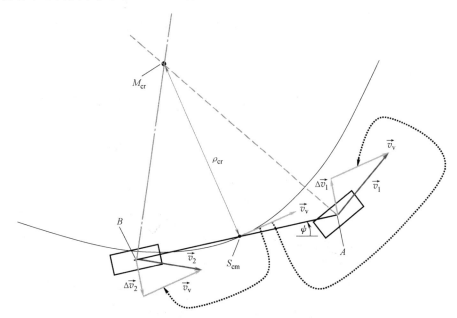

图 11-4　车辆运动时的瞬时转动中心

4. 瞬时转动中心

瞬时转动中心是一个假想点。在某一瞬时认为车辆绕这一点转动，如果想象一个与车辆相固连的且与路面平行的无限大的一个刚性平面，瞬时转动中心就是这个平面上的不动点，即这一点的速度就为零。瞬时转动中心 M_{cr} 是车辆上任意不同两点速度矢量法线的交点。

图 11-4 给出了 A、B 两点的例子，速度矢量 $\vec{v}_1$ 是 A 点的 $\Delta\vec{v}_1$（横摆运动速度）和质心 S_{cm} 的速度 $\vec{v}_v$ 的矢量和，速度矢量 $\Delta\vec{v}_1$ 由式（11-15）推导出来：

$$\Delta\vec{v}_1 = \dot{\vec{\psi}}\times(\vec{r}_A - \vec{r}_{cm}) \tag{11-15}$$

式中，$\vec{r}_A$ 是 A 点相对于 M_{cr} 的矢量；$\vec{r}_{cm}$ 是质心 S_{cm} 相对于 M_{cr} 的矢量；$\dot{\vec{\psi}}$ 是横摆角速度矢量。因此，有：

$$\vec{v}_1 = \vec{v}_v + \Delta\vec{v}_1 \tag{11-16}$$

$$\vec{v}_2 = \vec{v}_v + \Delta\vec{v}_2 \tag{11-17}$$

$$\Delta\vec{v}_2 = \dot{\vec{\psi}}\times(\vec{r}_B - \vec{r}_{cm}) \tag{11-18}$$

图 11-4 中的虚线和点画线为速度 $\vec{v}_1$ 和 $\vec{v}_2$ 的垂线，A 和 B 是线上不同的两点，它们可以用下面两个正交方程来表示：

$$(\vec{r} - \vec{r}_A)\cdot\vec{v}_1 = 0 \tag{11-19}$$

$$(\vec{r} - \vec{r}_B)\cdot\vec{v}_2 = 0 \tag{11-20}$$

式中，·代表的是点积；$\vec{r}$ 是到点画线或虚线上每一点的矢量。由式（11-19）和式（11-20）可以得到瞬时转动中心的位置，也就是两条直线的交点。

通常情况下，只关注瞬时转动中心 M_{cr} 到质心 S_{cm} 之间的距离 ρ_{cr}，这通过对图 11-5 进行简单观察就能得到。为了不失一般性，选择经过质心 S_{cm} 的速度矢量 $\vec{v}_v$ 所在方向直线上任意一点 C，有了 C 点可以确定速度 $\vec{v}_3$（图 11-5）。$\vec{v}_v$ 和一个垂直于 $\vec{v}_v$ 方向长度为 $|l\dot{\psi}|$ 的

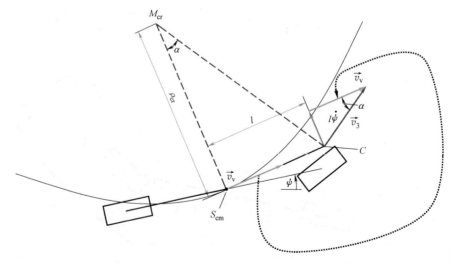

图 11-5　瞬时转动中心到质心的距离

矢量合成得到 $\vec{v}_3$，在速度三角形中角度 α 可以由式（11-21）得到：

$$\tan\alpha = \frac{l\dot{\psi}}{v_\mathrm{v}} \tag{11-21}$$

式中，$v_\mathrm{v} = |\vec{v}_v|$。

虚线画的三角形与速度矢量三角形相似（数学意义上的相似）；因此，在 M_cr 点的顶角度与速度三角形中 $\vec{v}_\mathrm{v}$ 和 $\vec{v}_3$ 的夹角相等，从虚线三角形中可以得到：

$$\tan\alpha = \frac{l}{\rho_\mathrm{cr}} \tag{11-22}$$

由式（11-21）和式（11-22）可得：

$$\rho_\mathrm{cr} = \frac{v_\mathrm{v}}{\dot{\psi}} \tag{11-23}$$

曲率圆的半径 ρ_cc 与质心速度和航向角速度 $\dot{\beta}+\dot{\psi}$ 有关。借助图 11-6 可以清楚地发现它们之间的关系。

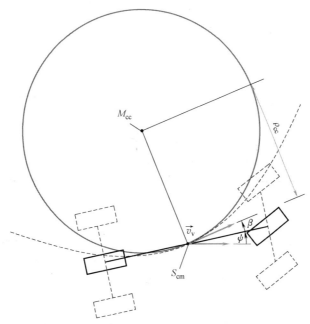

图 11-6　曲率圆的半径

曲率圆与轨迹相切于一点。速度 $\vec{v}_\mathrm{v}$ 与轨迹和曲率圆都相切，因此曲率圆可以作为运动轨迹在这一瞬时的近似，在这个圆上的 S_cm 点的速度和在轨迹上的动点的速度相等。$\vec{v}_\mathrm{v}$ 的方向随着前轮航向角速度 $\dot{\beta}+\dot{\psi}$ 而改变，因此可以得到：

$$|\vec{v}_\mathrm{v}| = \rho_\mathrm{cc}(\dot{\beta}+\dot{\psi}) \tag{11-24}$$

进而得到：

$$\rho_\mathrm{cc} = \frac{v_\mathrm{v}}{\dot{\beta}+\dot{\psi}} \tag{11-25}$$

式中，$v_v = |\vec{v}_v|$。

似乎令人惊讶的是，由式（11-25）可以看出来，轨迹的瞬时半径 ρ_{cc} 只与 β 和 ψ 有关，而这些角度看似与轨迹没有任何关系。这是因为航向角仅与质心侧偏角和车辆横摆角有关。

11.2　轮胎侧偏角

以下部分专门讨论轮胎侧偏角，图 11-7 展示了轮胎的三视图，图 11-7a 所示为主视图，图 11-7b 所示为俯视图，图 11-7c 所示为侧视图。

1. 轮胎侧偏角

当轮胎的 x_w 轴方向（轮胎坐标系中的纵向方向）与运动方向（图 11-7b 中的 $\vec{v}_w$ 方向）不重合时发生侧向偏离。把 x_w 与 $\vec{v}_w$ 的夹角称为轮胎侧偏角 α。

如果 x_w 和 $\vec{v}_w$ 方向不重合，会导致轮胎的变形（如图 11-7a、b 中虚线所示），同时轮胎接地处在 y_w 方向上产生一侧向力 F_y。

2. 轮胎主销拖距

由于轮胎变形，F_y 的作用点不在轮胎的对称平面上，而是在 x_w 轴方向上产生了位移 n_{tc}，称 n_{tc} 为轮胎拖距，如图 11-7b 所示。

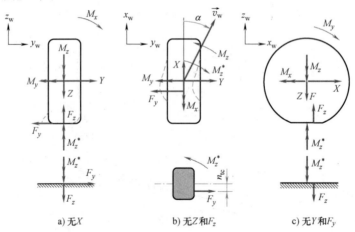

a) 无 X　　　　b) 无 Z 和 F_z　　　　c) 无 Y 和 F_y

图 11-7　侧偏时的轮胎上的力

图 11-7 列出了车轮侧偏时各个分力，在图 11-7b 中，由于轮胎拖距 n_{tc} 的影响，当存在一个力矩 $M_z = n_{tc} F_y$ 时才能满足平衡条件（这里令力矩 $M_z^* = 0$）。这里引出力矩 M_z^* 只是出于完备性考虑，该力矩可由车轮绕 z_w 轴的角速度而产生，例如在停车操作过程中可能会发生这种情况。这种情况下产生的力矩相对于滚动中的轮胎来说通常很小。由于这里考虑了稳态侧偏，因此令 $M_z^* = 0$。

M_z（回正力矩）[⊖]阻碍了轮胎侧偏角的增大。对于轮胎拖距的解释可以参照图 11-8，其中 σ_y 为侧向力。图 11-8a 给出了路面附着系数 μ 与轮胎滑移率的关系。接下来说明车轮接地时的附着区（在接地面的前部）和滑移区（在接地面的后部）的概念。从附着区转到滑

⊖　如果来自制动力或牵引力的纵向力不在接触面中心起作用，就可能会产生一个力矩。

移区过程中，侧向力会迅速减小，μ 会从 μ_a 迅速降到 μ_s。图 11-8b 显示了纵向对称平面上的法向力 σ_z 和 x_w 的函数关系，这里忽略了由于滚动引起的非对称分布压力。图 11-8 的 c~e 显示了三种不同的侧偏工况下侧向力 σ_y 在 y_w 轴方向上的分布，其中图 11-8c 中的侧偏角最小，图 11-8e 中的侧偏角最大。

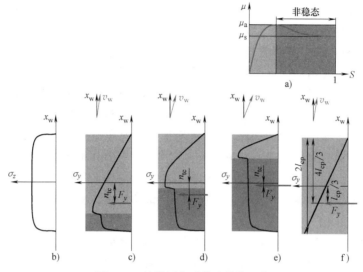

图 11-8 轮胎侧偏时接地处的压力

图 11-9 描述了当一个轮胎发生侧偏时的情况。图 11-9 分别展示了车轮运动时的四个连续时刻 t_1、t_2、t_3、t_4，车轮从左下方运动到右上方。轮胎和接地面在图中显示为未变形。现在研究轮胎接地的一小部分条带（红色部分）。在 $t=t_1$ 时刻，轮胎刚刚接触地面，左边的小图显示了 x_w-z_w 平面的情况，红色条带即为研究对象；在 $t=t_2$ 时刻，轮胎朝 $\vec{v}_w$ 方向运动了一些，但红色部分还是基本附着在路面上无法改变位置，因此轮胎发生变形，变形的轮胎用虚线表示。

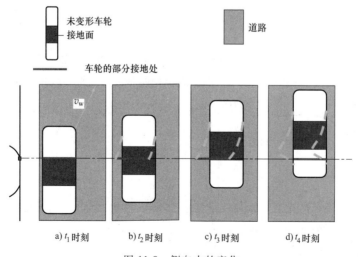

图 11-9 侧向力的变化

随着轮胎继续朝 $\vec{v}_w$ 方向运动（$t=t_3$ 时刻），轮胎的变形量继续增加，因此产生更大的变形力或侧向力，当作用在道路和红色条带部分之间的侧向力增加到路面附着极限时，条带部分开始滑动（$t=t_4$ 时刻）。这发生在接地面的后面部分。因此轮胎与地面接触部分可以分为前部的附着区和后部的滑移区。另外需要注意的是，当车辆转向时，接地面将不再是矩形区域。

接下来讨论图 11-8 中接地处的压力分布问题。图 11-8c 展示了在小侧偏角下的侧向力 σ_y。压力大致成线性地增加直到超过路面附着系数开始滑动（浅灰色区域）。在附着区，如上文及图 11-9 所示，其位置没有改变。不过从图 11-8a 中可看出，即使是在所谓的附着区，还是会有一小部分的滑动发生，主要在从附着区向滑动区的转变区。虽然法向力 σ_z 几乎不变，但侧向力 σ_y 骤降，因此附着系数在这一点从 μ_a 迅速下降到 μ_s，进而侧向力 σ_y 在附着区域会增加，而且和在滑动区的法向力大致成比例地变化。

由于侧向力的不对称分布，合力 F_y 并不在接地面的中心，而是在轮胎拖距 n_{tc} 的影响下从附着区移动到了滑移区。侧偏角增加（11-8d）一段时间后还会使红色条带产生侧向位移，如图 11-9 所示。因此，随着侧向力快速增加，车辆接地面向滑移区的转变也会提前，这就会导致附着区越来越小而滑动区越来越大。当侧向力的分布将趋近于形状对称，轮胎拖距 n_{tc} 将会变小，如图 11-8e 所示。这种现象在侧偏角很大时会更明显，这里的轮胎拖距已经减小到接近于零。当侧偏角增大到一定程度时，滑移区将会扩展到整个轮胎接地面，此时侧向力与法向力成比例分布。

如果认为法向力的不对称分布是由于轮胎的滚动，其中包括在接地面前面部分的法向力的增加，因此理论上会出现负的轮胎拖距。负的轮胎拖距意味着车轮变得不稳定。然而在实际的车辆行驶过程中，这种极端的侧偏角没有意义。

下面给出侧偏刚度的定义。在一个小侧偏角下（小于 4°），侧向力 F_y 可以大致地由以下的线性公式给出：

$$F_y = c_\alpha \alpha \qquad (11\text{-}26)$$

系数 c_α 即为侧偏刚度系数或侧偏刚度。对于小侧偏情况下，可以认为仅存在附着区，并且附着区侧向力从零线性增加到最大值，于是可以通过确定侧向力三角形的中心得到轮胎拖距（图 11-8f）：

$$n_{tc} = \frac{1}{3} l_{cp} \qquad (11\text{-}27)$$

需要注意的是，式（11-27）为一近似公式，并且只适用于上述侧偏角很小的工况。

图 11-10 中给出了侧向力 F_y、回正力矩 M_z、轮胎拖距 n_{tc} 和侧偏角 α 的函数关系。侧向

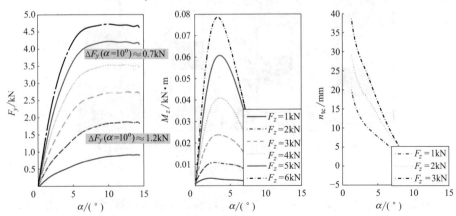

图 11-10 侧向力、回正力矩、轮胎拖距和侧偏角

力 F_y 和轮胎拖距 n_{tc} 取决于垂直力 F_z（一般来说，对于乘用车：$n_{tc} \approx 0.02 \sim 0.06\text{m}$，$c_\alpha \approx 40 \sim 110\text{kN/rad}$）。侧偏角较小时，可由下面的多项式近似得到

$$c_\alpha = (\hat{c}_\alpha - \tilde{c}_\alpha F_z) F_z \tag{11-28}$$

$$n_{tc} = n_{tc0} \frac{F_z}{F_{znom}} \tag{11-29}$$

式中，F_{znom} 是标称垂直载荷。式（11-28）在接下来的讨论中非常重要。

11.3 转向特性

本节主要推导前轮转向角 δ_1 和转向盘的转角 δ_s 之间的关系。图 11-11 描述了两者之间的关系。转向盘的旋转运动通过齿条和齿轮转换成转向横拉杆的直线运动。转向横拉杆连在转向节臂上，转向节臂的旋转带动车轮绕主销轴线旋转。

转向机构的传动比 $i_s = l_{sa}\delta_s/u_r^*$（一般情况下，$i_s \approx 16 \sim 22$；其中，$l_{sa}$ 是转向节臂的长度，在转角较小时，u_r^*/l_{sa} 可以近似为车轮转向角）。倘若车辆装有助力转向机构（转向助力机构），转向力矩 M_s 会在助力力矩的作用下增加，在齿条和转向拉杆之间引入转向刚度 k_s，这个转向刚度 k_s 集合了所有柔性体的刚度，包括转向柱、转向齿轮、转向横拉杆和转向节臂。车轮绕着主销旋转，一般来说，主销轴线不是垂直的而是倾斜的。它的位置由两个倾角来描述：主销内倾角 σ 和主销后倾角 τ。由于主销后倾角 τ 的存在，在车辆坐标系 x_v-z_v 平面内，主销轴线与地面相交的点距离车轮接地中心存在一段距离，称为后倾拖距 n_{kc}（一般情况下，$n_{kc} \approx 1 \sim 30\text{mm}$）。

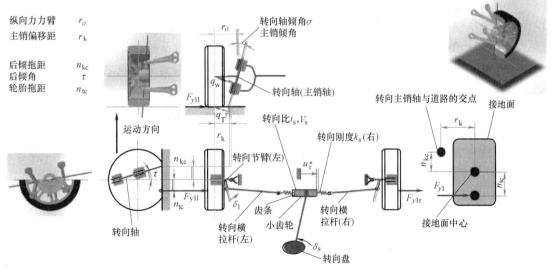

图 11-11 齿轮齿条式转向系统示意图

车轮处的转向力矩可以由下式计算：

$$M_s^* = (F_{y1l} + F_{y1r})(n_{kc} + n_{tc})\cos\tau \tag{11-30}$$

在主销后倾角 τ 较小时，只需知道主销后倾拖距和轮胎拖距之和，并认定后倾角余弦值为 1 即可运用上述公式。进而可以得到转向盘的转矩为：

$$M_s = \frac{M_s^*}{i_s V_s} \tag{11-31}$$

轮胎上的转向力矩取决于横拉杆位移$^{\ominus}$ $u_{tr} = l_{sa}\delta_1$和齿条位移u_r^*之差，如下式所示：

$$M_s^* = 2k_s(u_r^* - l_{sa}\delta_1) \tag{11-32}$$

式中，l_{sa}为转向节臂的长度。

齿条的位移与转向盘转角以及转向机构传动比有关，如下式：

$$u_r^* = l_{sa}\frac{\delta_s}{i_s} \tag{11-33}$$

联立上述公式并消去M_s^*得：

$$(F_{y1l} + F_{y1r})(n_{kc} + n_{tc}) = 2k_s(u_r^* - l_{sa}\delta_1) \tag{11-34}$$

以旋转刚度$\tilde{k}_s = 2l_{sa}k_s$代替转向刚度k_s，进而得到：

$$\delta_1 = \frac{\delta_s}{i_s} - \frac{(F_{y1l} + F_{y1r})(n_{kc} + n_{tc})}{\tilde{k}_s} \tag{11-35}$$

除了齿轮齿条转向系统外，其他转向系统也可通过上述公式推导出相似的结果，例如杠杆臂式转向系$^{\ominus}$。需要注意的是在上述推导过程中忽略了三角函数的非线性特性。

在行驶、制动以及在转向行驶中越过障碍物时，轮胎接地点处的纵向力都会对转向盘转矩产生影响。通常情况下转向节臂为非平行布置，这使得在转向的过程中，纵向力作用在轨迹曲线的内部或是外部会引起不同方向的力矩。用i_i表示作用于内侧车轮而产生的影响，用i_o表示作用于外侧车轮而产生的影响，在多数情况下，$i_i > i_o$。

在制动的过程中，制动力矩一方面通过纵向制动力F_b作用在接地处，另一方面通过相应的切向力作用在制动盘上。通过这种方式，制动力在悬架和车身之间传递，如图11-12所示。因此，制动过程中传递到转向系统的力矩和制动力大小以及相应的主销偏移距密切相关。主销偏移距r_k指的是从车轮对称轴与道路交点到转向轴与道路交点之间的距离。总力矩可以通过下式计算得到$^{\ominus}$：

$$M_s \approx \underbrace{(F_{bo}i_o - F_{bi}i_i)\, r_k\cos\sigma}_{q_T} \tag{11-36}$$

由于转向节臂不平行，通常$i_i > i_o$，但在内、外侧车轮的制动力大小是相同的（$F_{bo} = F_{bi}$），作用于转向系统的力矩与主销偏移距r_k成正比。因此，主销偏移距应当设置得非常小甚至为0，而为了减小主销偏移距，转向轴与车轮中心的距离以及转向轴倾角要有合理的

$\ominus$　为方便起见，忽略转向臂与汽车纵向x_v之间的角度以及拉杆与汽车横向y_v之间的角度，此外等式$u_{tr} = l_{sa}\delta_1$仅适用于小角度δ_1。

$\ominus$　齿轮齿条转向系统方程中的刚度$\tilde{k}_s$必须由杠杆臂转向系统的k_s代替。齿轮齿条转向系统中常数k_s的单位是力的单位，杠杆臂转向系统中常数k_s的单位是力矩单位。在$u_r^* = l_{sa}\delta_s/i_s$中引入了力臂$l_{sa}$以获得相同的齿轮齿条和杠杆臂转向系统方程。当然，这个力臂l_{sa}不是齿轮齿条转向系统的一部分，但它是两个转向系统的转向臂的长度。

$\ominus$　为了分别计算外侧和内侧的制动力F_{bo}和F_{bi}产生的力矩，应引入力臂，即主销轴与接触面中心之间的距离。在一些文献和ISO 8855：2011中，使用符号q_T表示；这里更侧向于引入r_k，它们之间的关系为$q_T = r_k\cos\sigma$。

选择，甚至有时会出现负的主销偏移距。在 ABS 制动时，可能会由于制动力过高导致转向力矩过高。此时主销偏移距为负值或 0 对性能提高会有很大帮助。

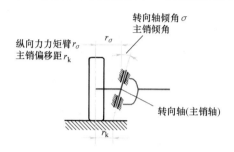

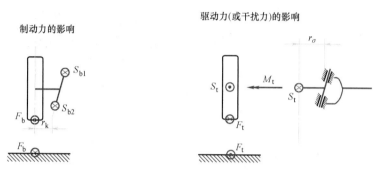

图 11-12 纵向力在轮胎接地区的影响

当考虑驱动轮时，假定驱动轴与车辆的横轴（y_v 轴）是平行的，一般来说，驱动轴采用万向联轴器和伸缩花键连接，可以在一定范围内改变长度，并且驱动轴一般不在一条直线上，在这种情况下，还需要考虑结构的几何非线性。为了方便推导，规定下面讨论驱动轴为直线的情况，牵引力作用在接地点上。由于作用在车轮上的驱动转矩不能通过车轮轮毂和车身来提供，相应的接地点处的牵引力 F_t 就需要与作用在车轮中心处的分力 S_t 相等。可以根据图 11-12 右侧受力图得出方程 $F_t = S_t$。由驱动力作用在内、外侧车轮产生的力矩不与主销偏移距成正比，而与纵向力臂或外部干扰力力臂半径 r_σ 成正比。驱动轴在牵引力 F_{xi} 和 F_{xo} 作用下产生的力矩[一]为：

$$M_s \approx (F_{xi}i_i - F_{xo}i_o)\underbrace{r_\sigma \cos\sigma}_{q_w} \tag{11-37}$$

这种转向力矩与干扰力的力臂成正比，在悬架和轮毂轴承普遍使用的今天，干扰力的力臂可减小的程度相当有限。冲击力和驱动力作用效果类似，当驶过障碍物时，尽管这些外部干扰力作用方向相反，但它们与牵引力产生的影响是相似的：它们都产生与干扰力臂成正比的转向力矩，正因为如此它才被称为干扰力臂。主销偏移距 r_k 可以通过优化设计变成零甚至是负值，这在乘用车中是可以实现的，尤其是浮动钳盘式制动器甚至只需要很小的封装尺寸，这意味着转向轴所在平面非常靠近车轮中心平面。

负的主销偏移距对于对角分布的制动系统是有利的，在此类系统中，对角的车轮分别组合在两个制动回路中。如果一个回路在制动过程中出现故障停止工作，制动力矩分布不均则

〇 在与力臂有关的文献和 ISO 8855：2011 中，另外引入了变量 $q_w = r_\sigma \cos\sigma$ 以计算力矩。

127

会产生横摆力矩。制动时轴荷从后桥转移到前桥，因此前桥上制动力更大。负的主销偏移距以及前轮的单侧制动力会对制动力产生的横摆力矩进行一定的转向补偿，如图 11-13a 所示。

类似地，负的主销偏移距对于在对开路面上制动也能发挥出很大作用。由于制动力分布不均产生的横摆力矩可以部分地被由转向力矩（由负的主销偏移距以及作用在前轮处的不同制动力产生，如图 11-13b 所示）引起的转向进行补偿。在制动和转向过程中也会产生类似的补偿，如图 11-13c 所示，在这种情况下车辆会开始转向轨迹内部，即趋向于过度转向。

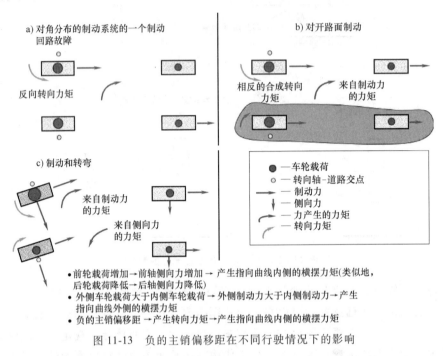

图 11-13　负的主销偏移距在不同行驶情况下的影响

11.4　单轨模型的线性化运动方程

本节将对 11.1 节中建立的单轨模型运动方程做线性化处理，当 $v = |\vec{v}_v|$ 时，可以得到：

$$v = \rho_{cc}(\dot{\beta} + \dot{\psi}) \tag{11-38}$$

将式（11-38）两边同时乘 v/ρ_{cc}，得到向心加速度：

$$\frac{v^2}{\rho_{cc}} = v(\dot{\beta} + \dot{\psi}) \tag{11-39}$$

图 11-14 中可以得到前、后轮侧偏角与车辆质心侧偏角 β 之间的关系。速度 v_1、v_2 和 v_v 在车辆纵向（x_v 方向）上的速度分量是相同的，即 $v = |\vec{v}_v|$，$v_1 = |\vec{v}_1|$，$v_2 = |\vec{v}_2|$。

$$v\cos\beta = v_1\cos(\delta_1 - \alpha_1) \tag{11-40}$$

$$v\cos\beta = v_2\cos\alpha_2 \tag{11-41}$$

车辆横向方向（y_v 方向）上的速度分量随横摆角 $l_j\dot{\psi}$（$j = 1, 2$）的不同而不同，可参见图 11-3。

$$v_1\sin(\delta_1 - \alpha_1) = l_1\dot{\psi} + v\sin\beta \tag{11-42}$$

$$v_2 \sin\alpha_2 = l_2 \dot\psi - v\sin\beta \tag{11-43}$$

请注意车轮侧偏角 $\alpha_j(j=1,2)$ 是通过横摆角、转向角和车辆质心侧偏角推导出的。根据上述公式，进一步推导可得：

$$\tan(\delta_1 - \alpha_1) = \frac{l_1\dot\psi + v\sin\beta}{v\cos\beta} \tag{11-44}$$

$$\tan\alpha_2 = \frac{l_2\dot\psi - v\sin\beta}{v\cos\beta} \tag{11-45}$$

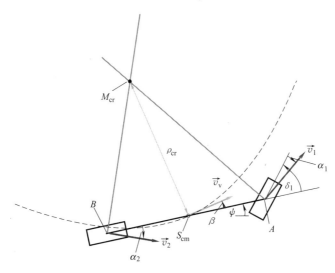

图 11-14 单轨模型的运动

将这些方程做线性化处理，即令 $\tan\alpha_1 \approx \alpha_1$，$\tan\alpha_2 \approx \alpha_2$，$\cos\beta \approx 1$，$\sin\beta \approx \beta$，从而得到：

$$\alpha_1 = -\beta + \delta_1 - l_1\frac{\dot\psi}{v} \tag{11-46}$$

$$\alpha_2 = -\beta + l_2\frac{\dot\psi}{v} \tag{11-47}$$

将线性形式的侧向力方程式（11-26）替换到 11.1 节的运动方程式（11-10）~式（11-12）中，将其线性简化得到：

$$m\dot v = F_{x1} + F_{x2} - F_{ax} \tag{11-48}$$

$$mv(\dot\beta + \dot\psi) + m\dot v\beta = c_{\alpha 1}\left(-\beta + \delta_1 - l_1\frac{\dot\psi}{v}\right) + c_{\alpha 2}\left(-\beta + l_2\frac{\dot\psi}{v}\right) - F_{ay} \tag{11-49}$$

$$J_z\ddot\psi = c_{\alpha 1}l_1\left(-\beta + \delta_1 - l_1\frac{\dot\psi}{v}\right) - c_{\alpha 2}l_2\left(-\beta + l_2\frac{\dot\psi}{v}\right) - F_{ay}l_{cm} \tag{11-50}$$

$F_{x1}\delta_1$ 项在这里也被忽略处理。该方程组由转向角方程完成，如式（11-51）所示〔由式（11-35）得到〕：

$$\delta_1 = \frac{1}{1+\dfrac{c_{\alpha 1} n_c}{\tilde{k}_s}} \left[\frac{\delta_s}{i_s} + \frac{c_{\alpha 1} n_c}{\tilde{k}_s} \left(\beta + l_1 \frac{\dot{\psi}}{v} \right) \right] \tag{11-51}$$

$$\delta_1 = \frac{\delta_s}{i_s} - \frac{(F_{y1l}+F_{y1r})(n_{kc}+n_{tc})}{\tilde{k}_s} \tag{11-52}$$

代入 $F_{y1}=F_{y1l}+F_{y1r}$ 和 $F_{y1}=c_{\alpha 1}\alpha_1$ 并求解 δ_1。注意，该方程中的侧偏刚度 $c_{\alpha 1}$ 是整个车轴的刚度，代入时需要考虑两侧车轮。

此外，总拖距为轮胎拖距和主销后倾拖距之和，$n_c=n_{kc}+n_{tc}$。若将转向系统视为刚性的，即转向刚度 k_s 趋向于无穷大的时候，可以得到 $\delta_1=\delta_s/i_s$。

在接下来的章节中，将针对不同工况具体讨论式（11-48）~式(11-51)。

11.5　接地点处纵向力和侧向力之间的关系

在研究侧向力 F_y（路面接地面处的截面力）时，常假设轮胎上没有纵向力 F_x 作用，在本章中，假设极限附着应力只受侧向力影响，然而，实际轮胎受到垂直于侧向力 F_y 的纵向力 F_x 的影响，因此，极限附着力所考虑的侧向力不再与纵向力相互独立。极限附着力的关键因素取决于 F_x 与 F_y 所构成的力矢量的大小与垂向轮荷之比 $\sqrt{F_x^2+F_y^2}/F_z$。因为侧向力与纵向力是相互垂直的，因此合力的大小为 $F_r=\sqrt{F_x^2+F_y^2}$。F_x-F_y 平面中的极限附着力由下式描述：

$$\sqrt{F_x^2+F_y^2} \le \mu_a F_z \tag{11-53}$$

式中，F_z 是车辆的垂向载荷，图 11-15 用几何形式表现了式（11-53），F_x 和 F_y 之和总是位于图 11-15a 中半径为 $\mu_a F_z$ 的圆内，将这个圆称为卡姆（Kamm）圆。圆的半径同样影响了 F_y-α 曲线的最大值，这在图 11-15b 中可以直观感受到，该图显示了三个不同的纵向力（$F_{x1}<F_{x2}<F_{x3}$）下的侧向力与侧偏角的关系曲线。可以看出，侧向力的最大值随纵向力 F_x 的增加而减小。这是因为在较小的侧偏角 α 作用下纵向力和侧向力的合力作用超过了路面

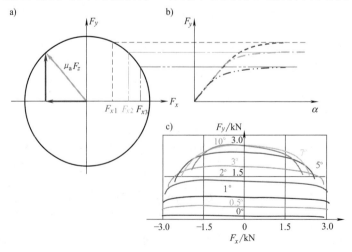

图 11-15　卡姆圆和附着椭圆

附着极限。图 11-15c 显示了在不同侧偏角下，侧向力和纵向力的函数关系（来源：G. Krempel，ATZ 1967）。

通过图 11-15 可以明显地看出侧向力与纵向力是相互关联的，在纵向力很大的情况下，侧向力的极限值将会大大降低。这也就意味着如果车辆加速或是制动的情况下路面能提供的侧向力就十分有限；车辆在转向时，需要较大的侧向力。如果在极限侧向力的情况下制动或者加速，轮胎受到的侧向力将会减小，此时车辆将偏离原先的曲线轨迹。此外，从图 11-15c 中还能看到，加速和制动情况下的附着力有所区别。

11.6 差速器对转向的影响

差速器可以在车辆转向时合理分配内轮和外轮的驱动力矩。差速器将输入的驱动力矩分配到轴的左、右两侧的车轮，这种功能可以用一组转速和转矩的方程组来描述，如果没有外部作用这些方程是不会被改变的。因此，驱动力矩到驱动轮的分配是恒定的。差速器的首要功能是避免转向时由于内、外两侧车轮速度不同而引起的车轴自身的力转，其次才是将力矩分配到左、右两侧车轮。其中锥齿轮差速器的使用最为广泛。差速器除了补偿转向时的速度差外，还可以使车辆在对开路面行驶时重新分配驱动力从而避免打滑。

锥齿轮差速器具有以下特征：

1）左、右车轮上的输入转矩分配相同：

$$M_1 = M_r = M_i/2 \tag{11-54}$$

2）可以补偿转向时或在不同打滑状态下左、右车轮的压力。

左、右车轮附着条件不同的缺点是，附着力较小的车轮决定了最终可传递的驱动力。这可能导致只有一个非常小的驱动力被传到道路上，但可以通过差速锁来改善这种情况。差速锁通过摩擦锁紧或互锁连接左、右驱动装置，其中最简单的形式是爪形离合器，该离合器将两个车轮相互连接，只有在需要的时候才会断开。但也有其缺点，即在转向行驶的过程中车轴上会产生很大的压力。使用现有的 ASR 制动系统，可以在不使用差速锁的情况下在对开路面上实现良好的牵引性能。其原理是牵引性能较差的车轮被单独制动，从而不会减小牵引力良好的车轮上的力。其缺点在于，制动轮处的制动盘会明显发热。因此，单轮制动的 ASR 系统不适合长时间使用。

另一种车轮分配更高转矩的方法牵引性能更好，在必要时限制左、右车轮之间部分速度补偿，从而实现更好的牵引性能，这种系统一般基于速度差或转矩感应传感器，例如四轮驱动车辆中采用后者来分配前后轴之间的力矩。

另外，部分锁紧式差速器在转向时能对车辆负载变化进行响应。如果在稳态回转试验时松开加速踏板，那么来自发动机的阻力就会使车辆减速，载荷由后轮转移到前轮。减小轮胎载荷还会导致后轮的侧偏力减小，而前轮的侧偏力增大，从而车辆将有过度转向趋势。现在，假设有一理想的无摩擦差速器，这样发动机的转矩将在左、右两侧车轮平均分配。然而，部分锁定的差速器使得外侧车轮上的制动转矩大于内轮[○]。内轮和外轮之间的制动力分配变化导致车辆存在横摆力矩，车辆将偏离既定路线，以抵消由于负载变化而引起的过度转向。

○ 可以通过想象车辆围绕内轮上的轮胎接地点转动来说明这一点（在这种无疑不切实际的极端情况下，内轮不再旋转，外轮将提供全部的输入力矩）。

11.7 问题与练习

记忆

1. 定义质心侧偏角。
2. 定义航向角。
3. 如何定义瞬时转动中心？
4. 如何定义轮胎侧偏角？
5. 如何定义主销后倾角、总拖距、主销后倾拖距、轮胎拖距？
6. 与轮胎相关的纵向力和横向力是多少？

理解

1. 单轨模型中有哪些关键假设？又忽略了哪些条件？
2. 单轨模型中存在哪些力和力矩（包括达朗贝尔惯性力以及力矩）？
3. 轨迹的曲率中心是什么？定义曲率中心的目的是什么？
4. 接触面的侧向力遵循什么样的定性规律？它们如何随轮胎侧偏角变化？
5. 从上述过程中得到了什么？
6. 什么是侧偏刚度？
7. 如何定性分析侧向力、回正力矩和轮胎拖距分别和侧偏角的关系？
8. 卡姆圆是什么？
9. 什么是附着椭圆？

应用

1. 根据下面参数公式计算曲率半径 ρ_{cc}：

   $x_v = A\zeta$，$y_v = A\zeta^2$。

2. 根据以下参数公式计算曲率 κ_{cc}：

   $x_v = A\zeta$，$y_v = 2A\zeta$。

3. 路面附着极限 $\mu_a = 1.1$，车辆速度为 $100\mathrm{km/h}$（重力加速度 $g = 9.81\mathrm{m/s^2}$），此时车辆的最小转向半径是多少？

4. 忽略空气阻力，并假设车辆质心位于前后轴中点处，即 $l_1 = l_2 = 2\mathrm{m}$，总的侧偏刚度 $c_\alpha = 50\mathrm{kN/rad}$，车辆以 $30\mathrm{m/s}$ 的速度稳态行驶（$\dot{\beta} = 0$）在半径为 $100\mathrm{m}$ 的路面上，用线性单轨模型计算轮胎侧偏角、质心侧偏角、前轮转向角。

   给出以下步骤提示：

   1）忽略空气阻力时的线性化方程：

$$J_z \ddot{\psi} = c_{\alpha 1} l_1 \left(-\beta + \delta_1 - l_1 \frac{\dot{\psi}}{v} \right) - c_{\alpha 2} l_2 \left(-\beta + l_2 \frac{\dot{\psi}}{v} \right) \tag{11-55}$$

   考虑 $\ddot{\psi} = 0$，$c_{\alpha 1} = c_{\alpha 2}$，$l_1 = l_2$，以及本章中侧偏角的方程，能得到哪些结论？

   2）计算横摆角速度 $\dot{\psi}$。

3）第二个单轨模型线性化方程：

$$mv(\dot{\beta}+\dot{\psi})+m\dot{v}\beta=c_{\alpha 1}\alpha_1+c_{\alpha 2}\alpha_2 \qquad (11-56)$$

考虑稳态行驶，计算出轮胎侧偏角 α_1 和 α_2。

4）用 α_2 计算车辆质心侧偏角 β：

$$\alpha_2=-\beta+l_2\frac{\dot{\psi}}{v}$$

5）用 α_1 计算前轮转向角 δ_1：

$$\alpha_1=-\beta+\delta_1-l_1\frac{\dot{\psi}}{v}$$

第 12 章   稳态圆周行驶

本章主要研究车辆以恒定速度（$v = v_v =$ 常数）行驶在半径为 ρ_{cc} 的圆周上。在接下来的内容中默认省略下标 v，即 $v = v_v$。此外，将稳态直线运动看作曲率半径 $\rho_{cc} = \infty$ 的特殊情况一同研究。

本章主要内容分配如下：12.1 节推导了稳态行驶的代数方程；12.2 节对推导出的方程组进行求解；12.3 节主要描述车辆转向的几何模型；12.4 节主要介绍过度转向和不足转向。

第 12 章部分
彩色曲线图

12.1   车辆稳态行驶方程

本节推导了描述稳态行驶状态的代数方程，稳态行驶意味着 $\dot\psi =$ 常数，$\beta =$ 常数，所以有：

$$\ddot\psi = 0 \tag{12-1}$$

$$\dot\beta = 0 \tag{12-2}$$

此外，车辆瞬时转动中心 M_{cr} 和曲率中心 M_{cc} 重合，通过横摆角速度 $\dot\psi$、车辆的质心侧偏角速度 $\dot\beta$ 以及向心加速度之间的关系：

$$v^2/\rho_{cc} = v(\dot\beta + \dot\psi) \tag{12-3}$$

可以得到：

$$\frac{v}{\rho_{cc}} = \dot\psi \tag{12-4}$$

以及

$$mv(\dot\beta + \dot\psi) = \frac{mv^2}{\rho_{cc}} \tag{12-5}$$

单轨模型的线性运动学方程式（11-48）~式（11-51）在稳态曲线行驶中被进一步简化，首先回顾 δ_1 在式（11-51）中的表达：

$$\delta_1 = \frac{1}{1 + \dfrac{c_{\alpha1} n_c}{k_s}} \left[\frac{\delta_s}{i_s} + \frac{c_{\alpha1} n_c}{\tilde k_s} \left(\beta + l_1 \frac{\dot\psi}{v} \right) \right] \tag{12-6}$$

用 $c_{\alpha1}(-\beta + \delta_1 - l_1\dot\psi/v)$ 代替 δ_1，得：

$$c_{\alpha 1}\left(-\beta+\delta_1-l_1\frac{\dot{\psi}}{v}\right)=\beta c_{\alpha 1}\left(\frac{1}{1+\dfrac{c_{\alpha 1}n_{\mathrm c}}{\tilde{k}_{\mathrm s}}}\frac{c_{\alpha 1}n_{\mathrm c}}{\tilde{k}_{\mathrm s}}-1\right)+$$

$$l_1\frac{\dot{\psi}}{v}c_{\alpha 1}\left(\frac{1}{1+\dfrac{c_{\alpha 1}n_{\mathrm c}}{\tilde{k}_{\mathrm s}}}\frac{c_{\alpha 1}n_{\mathrm c}}{\tilde{k}_{\mathrm s}}-1\right)+\frac{c_{\alpha 1}}{1+\dfrac{c_{\alpha 1}n_{\mathrm c}}{\tilde{k}_{\mathrm s}}}\frac{\delta_{\mathrm s}}{i_{\mathrm s}}$$

$$=c'_{\alpha 1}\left(-\beta-l_1\frac{\dot{\psi}}{v}+\frac{\delta_{\mathrm s}}{i_{\mathrm s}}\right) \tag{12-7}$$

式中,

$$c'_{\alpha 1}=\frac{c_{\alpha 1}}{1+\dfrac{c_{\alpha 1}n_{\mathrm c}}{\tilde{k}_{\mathrm s}}} \tag{12-8}$$

忽略空气阻力,运动方程经化简可以得到:

$$(c'_{\alpha 1}+c_{\alpha 2})\beta+\left[mv^2-(c_{\alpha 2}l_2-c'_{\alpha 1}l_1)\right]\frac{\dot{\psi}}{v}=c'_{\alpha 1}\frac{\delta_{\mathrm s}}{i_{\mathrm s}} \tag{12-9}$$

$$-(c_{\alpha 2}l_2-c'_{\alpha 1}l_1)\beta+(c'_{\alpha 1}l_1^2+c_{\alpha 2}l_2^2)\frac{\dot{\psi}}{v}=c'_{\alpha 1}l_1\frac{\delta_{\mathrm s}}{i_{\mathrm s}} \tag{12-10}$$

式(12-9)和式(12-10)形成了一个关于未知量 β、$\dot{\psi}$ 和 $\delta_{\mathrm s}$ 的非齐次线性方程组。因此只需知道其中一个未知量,便可以解上述方程组得到另外两个未知量。例如,如果已知转向盘的转角 $\delta_{\mathrm s}$,那么车辆的质心侧偏角 β 和横摆角速度 $\dot{\psi}$ 可以通过计算得到,而由 $\dot{\psi}=\dfrac{v}{\rho_{\mathrm{cc}}}$ 可以求出半径 ρ_{cc}。

应用这些方程的另一个例子是,对于给定半径 ρ_{cc} 和速度 v 时(这意味着横摆角速度 $\dot{\psi}$ 可以由 $\dot{\psi}=\dfrac{v}{\rho_{\mathrm{cc}}}$ 计算得到),即可计算出质心侧偏角 β 和转向盘的转角 $\delta_{\mathrm s}$。

12.2 稳态行驶方程的求解

本节主要给出式(12-9)和式(12-10)的解法。

用 $1/\rho_{\mathrm{cc}}$ 来代替 $\dot{\psi}/v$,就可以得到想要的变量比如转向盘转角 $\delta_{\mathrm s}$、前轮转向角 δ_1、质心侧偏角 β 或者转向盘上的力矩作为向心加速度与重力加速度之商的函数关系。将式(12-9)两边乘上 l_1 再减去式(12-10)可以得到质心侧偏角 β:

$$\beta=\frac{l_2}{\rho_{\mathrm{cc}}}-\frac{ml_1}{c_{\alpha 2}l}\frac{v^2}{\rho_{\mathrm{cc}}}$$

$$=\frac{l_2}{\rho_{\mathrm{cc}}}-\alpha_2 \tag{12-11}$$

式中，第二个等号后的关系是由式（11-47）整理得到的。

结合后轴静载 $F_{z2}=mgl_1/l$（忽略坡道影响，即 $p=0$ 或者 $\alpha_g=0$），可以得到：

$$\beta=\beta_0-\frac{F_{z2}}{c_{\alpha2}}\frac{v^2}{\rho_{cc}g} \tag{12-12}$$

式中，$\beta_0=l_2/\rho_{cc}$。如果车辆沿着恒定半径圆周行驶，而速度不断降低的话，质心侧偏角就会逐渐接近 β_0，即：

$$\lim_{v\to0}\beta=\beta_0 \tag{12-13}$$

也就是说，质心侧偏角 β 只有在车辆行驶速度非常小的时候才会接近 β_0。无论汽车是在不足转向还是过度转向的情况下，随着向心加速度的增大，质心侧偏角相对向心加速度线性减小。图 12-1 详细描述了上述变化趋势（图中车辆参数：$m=$ 1350kg，$l_1=2.05$m，$l_2=2.35$m，$n_c=$ 0.051m，$c_{\alpha1}=100$kN/rad，$c_{\alpha2}=90$kN/rad，$\rho_{cc}=100$m，$i_s=19$，$\widetilde{k}_s=10$kN·m/rad）。这里假设 n_c 为一定值，该假设在前轮侧偏角较小且轮胎后倾拖距 n_{tc} 为一个常值的情况下是合理的。

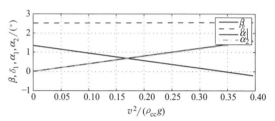
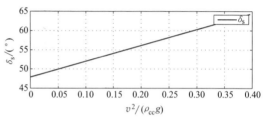

图 12-1 β、δ_1、α_1、α_2、δ_s 与向心加速度的函数关系

例 12-1 在上述车辆参数下，角度 β_0：

$$\beta_0=0.0235\text{rad}\approx1.35° \tag{12-14}$$

在该角度下，汽车的纵轴指向轨迹曲线外侧，当车速逐渐增加时，质心侧偏角逐渐由正变为 0 进而变为负值，此时车速为：

$$v=\sqrt{\frac{l_2lc_{\alpha2}}{l_1m}}\approx18.34\text{m/s} \tag{12-15}$$

对于稳态转向，将式（12-11）代入式（12-9）替换当中的 β，得到转向角 δ_s 表达式如下：

$$\begin{aligned}\delta_s&=\frac{i_sl}{\rho_{cc}}+mi_s\frac{c_{\alpha2}l_2-c'_{\alpha1}l_1}{c'_{\alpha1}c_{\alpha2}l}\frac{v^2}{\rho_{cc}}\\&=\delta_{s0}+\frac{i_sl}{\rho_{cc}}\frac{v^2}{v_{ch}^2}\\&=\frac{i_sl}{\rho_{cc}}\left(1+\frac{v^2}{v_{ch}^2}\right)\end{aligned} \tag{12-16}$$

式中，

$$v_{ch}^2=\frac{c'_{\alpha1}c_{\alpha2}l^2}{m(c_{\alpha2}l_2-c'_{\alpha1}l_1)} \tag{12-17}$$

v_{ch} 也被称为特征车速，且：

$$\delta_{s0} = \lim_{v \to 0} \delta_s = \frac{i_s l}{\rho_{cc}} \tag{12-18}$$

用式（12-11）中的侧偏角简化式（11-49）的第二个线性微分方程（同样忽略空气阻力），可以得到前轮转向角：

$$\delta_1 = \frac{l}{\rho_{cc}} + m \frac{c_{\alpha2} l_2 - c_{\alpha1} l_1}{c_{\alpha1} c_{\alpha2} l} \frac{v^2}{\rho_{cc}} \tag{12-19}$$

转向盘转矩可以通过线性运动方程（即在 y 方向的力平衡方程）得到：

$$m \frac{v^2}{\rho_{cc}} = F_{y1} + c_{\alpha2}\left(-\beta + l_2 \frac{\dot{\psi}}{v}\right) \tag{12-20}$$

式中，车辆质心侧偏角 β 的表达式为：

$$\beta = \frac{l_2}{\rho_{cc}} - \frac{m l_1}{c_{\alpha2} l} \frac{v^2}{\rho_{cc}} \tag{12-21}$$

式中，F_{y1} 的表达式（其中，$\dot{\psi}/v = 1/\rho_{cc}$，$l = l_1 + l_2$）如下：

$$F_{y1} = \frac{m v^2 l_2}{\rho_{cc} l} \tag{12-22}$$

将式（11-22）代入转向盘转矩的表达式 $M_s = F_{y1} n_c / (i_s V_s)$ 中，得到转向盘转矩表达式为：

$$
\begin{aligned}
M_s &= \frac{m n_c l_2}{i_s V_s l} \frac{v^2}{\rho_{cc}} \\
&= \frac{F_{z1} n_c}{i_s V_s} \frac{v^2}{\rho_{cc} g}
\end{aligned}
\tag{12-23}
$$

转向盘转角 δ_s，轮胎侧偏角 α_1、α_2，质心侧偏角 β 和前轮转向角 δ_1，与向心加速度和重力加速度之商的函数关系可查看图 12-1。

12.3　车辆转向几何模型

本节主要介绍一些几何方面的解释和推导。正如描述车辆质心侧偏角和转向盘转角一样，引入前轮转向角：

$$\delta_{10} = \lim_{v \to 0} \delta_1 = \frac{l}{\rho_{cc}} \tag{12-24}$$

角度 δ_{10} 被称为阿克曼转向角或者阿克曼角。

阿克曼角 δ_{10} 和质心侧偏角 β_0 可以用几何的方式来解释，如图 12-2 所示。当汽车驱动速度递减接近于 0 时，前、后轴的侧向力 F_{y1} 和 F_{y2} 都为 0，由于在轮胎侧偏角较小时，这些侧向力与侧偏角或线性关系，即轮胎侧偏角在前、后轴上也为 0，因此前、后轮的轨迹都为圆，而且 $\vec{e}_{wx}$ 方向都与前、后轴各自的轨迹圆相切。在图 12-2 中，内圆是后轮形成的，外圆是前轮形成的，中间圆是质心 S_{cm} 的实际轨迹。用粗线画的三角形中的角度是由它们的几何关系推导出来的，由勾股定理得到高度 h：

$$h = \sqrt{\rho_{cc}^2 - l_2^2} \approx \rho_{cc} \tag{12-25}$$

由于上述角度都很小，因此 $\rho_{cc} \gg l$，从 $\sin\beta_0 = l_2/\rho_{cc}$ 和 $\tan\delta_{10} = l/h \approx l/\rho_{cc}$ 中通过线性化可以得到 $\beta_0 = l_2/\rho_{cc}$ 和 $\delta_{10} = l/\rho_{cc}$；这和上文从线性运动方程推导出的关系相同。

双轨模型的几何关系如图 12-3 所示，在该模型中，内侧车轮的转向角 δ_{10i} 比外侧车轮的转向角 δ_{10o} 大，此时纵轴相切于车轮运动的轨迹圆，这些角度可以通过图 11-11 所示的梯形转向几何结构来实现。如果 $\delta_{10i} < \delta_{10o}$，就叫作反阿克曼转向。反阿克曼转向要考虑到不同的轮胎载荷（外轮曲线高于内轮曲线），因此可传递不同的侧向力。

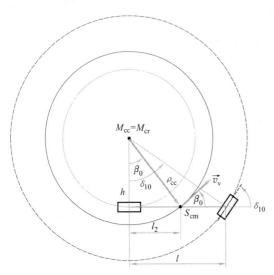

图 12-2　切向速度为 0 时的阿克曼角和质心侧偏角　　　图 12-3　切向速度为 0 时的阿克曼角的几何解释

（单轨模型）　　　　　　　　　　　　　　　　　　（双轨模型）

δ_{10i} 和 δ_{10o} 可以通过图 12-3 推导，从 $\tan\beta_0 = l_2/h$ 的直角三角形中可以求得：

$$\tan\delta_{10i} = \frac{2l\tan\beta_0}{2l_2 - s\tan\beta_0} \tag{12-26}$$

$$\tan\delta_{10o} = \frac{2l\tan\beta_0}{2l_2 + s\tan\beta_0} \tag{12-27}$$

对于稳态转向，曲率中心和瞬时转动中心重合，即：$M_{cr} = M_{cc}$。

图 12-4 显示了前轮转向角 δ_1、轮胎侧偏角 α_1、α_2 和质心侧偏角 β 之间的关系。

对图中大三角形使用正弦定理可以得到：

$$\frac{h}{l} = \frac{\sin\left[180° - 90° - (\delta_1 - \alpha_1)\right]}{\sin\left[\delta_1 - (\alpha_1 - \alpha_2)\right]} \tag{12-28}$$

由于上述角度均属于小角度，可近似处理如下：$h \approx \rho_{cc}$，$\sin\left[90° - (\delta_1 - \alpha_1)\right] \approx 1$，以及 $\sin\left[\delta_1 - (\alpha_1 - \alpha_2)\right] \approx \delta_1 - (\alpha_1 - \alpha_2)$，于是可以得到：

$$\delta_1 = \underbrace{\frac{l}{\rho_{cc}}}_{\delta_{10}} + (\alpha_1 - \alpha_2) \tag{12-29}$$

对图 12-4 中灰色三角形应用正弦定理可以得到：

$$\frac{l_2}{h} = \frac{\sin(\alpha_2 + \beta)}{\sin(90° - \beta)} \tag{12-30}$$

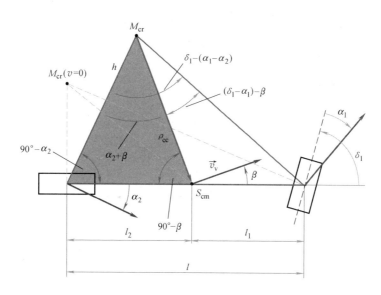

图 12-4 稳态转向时前轮转向角 δ_1、轮胎侧偏角 α_1、α_2 和车辆质心侧偏角 β 之间的关系

进而得到：

$$\beta = \frac{l_2}{\rho_{cc}} - \alpha_2 \tag{12-31}$$

综上，可以得出如下结论：

1）从式（12-29）中得到，前轮转向角 δ_1 取决于轮胎侧偏角的差值 $\alpha_1 - \alpha_2$。

2）从式（12-31）中得到，汽车的质心侧偏角 β 只与后轮的侧偏角 α_2 有关。

12.4 过度转向和不足转向

本节详细讨论几个特征变量，从转向盘转角 δ_s 开始：

$$\delta_s = \frac{i_s l}{\rho_{cc}} + m i_s \frac{c_{\alpha 2} l_2 - c'_{\alpha 1} l_1}{c'_{\alpha 1} c_{\alpha 2} l} \frac{v^2}{\rho_{cc}} \tag{12-32}$$

转向盘转角 δ_s 与行驶速度的函数关系由下列因素所决定：

$$m i_s \frac{c_{\alpha 2} l_2 - c'_{\alpha 1} l_1}{c'_{\alpha 1} c_{\alpha 2} l} = \frac{i_s l}{v_{ch}^2} \tag{12-33}$$

式中，v_{ch}^2 是特征车速的二次方，由于特征车速是人为构造出来的，所以当它很复杂的时候可以不用考虑其含义，但它的绝对值是有含义的（在第 13 章中会详细介绍）。非常重要的一点是 v_{ch}^2 可以是正的也可以是负的（或者是 0）。

1. 不足转向

如果 $v_{ch}^2 > 0$，这意味着车速 v（在半径为 ρ_{cc} 的圆上）的变大需要增大转向盘的转角，把这种情况叫作不足转向。实际上希望车辆具有一定的不足转向特性。

2. 过度转向

如果 $v_{ch}^2 < 0$，这意味着车速 v（在半径为 ρ_{cc} 的圆上）的变大需要减小转向盘的转角，把这种情况叫作过度转向。

对于过度转向，函数 $\delta_s = \delta_s(v^2/\rho_{cc})$ 与在某一速度下 $\delta_s = 0$ 的直线相交；交点处的速度就叫作临界速度 v_{crit}。当 $v > v_{crit}$，转向盘需要向反方向打，即当需要右转时，需要转向盘向左打。

用公式表示不足转向和过度转向。如果：

$$\frac{\partial(\delta_s - \delta_{s0})}{\partial(v^2/\rho_{cc})} > 0 \qquad (12\text{-}34)$$

那么车辆具有不足转向特性。

如果：

$$\frac{\partial(\delta_s - \delta_{s0})}{\partial(v^2/\rho_{cc})} < 0 \qquad (12\text{-}35)$$

那么车辆具有过度转向特性。

3. 自转向系数

自转向系数如下式所示：

$$\frac{1}{i_s l}\frac{\partial(\delta_s - \delta_{s0})}{\partial(v^2/\rho_{cc})} \qquad (12\text{-}36)$$

若不考虑转向系刚度，那么式（12-36）变为：

$$\partial(\delta_1 - \delta_{10})/[\partial(v^2/\rho_{cc})] \qquad (12\text{-}37)$$

对于线性模型，自转向系数[⊖]是 $1/v_{ch}^2$，但线性理论只限于侧向加速度 $v^2/\rho_{cc} < 4\mathrm{m/s}^2$ 的情况。自转向系数可以用于评价车辆的转向特性，目的是使车辆具有不足转向特性。

图 12-1 展示了单轨模型的线性特性，然而这是理想的情况，实际情况会有所不同，如图 12-5 所示，可以明显看到这些点具有非线性特性。保时捷 911 车型从 1970 年到 1990 年都是单纵臂式悬架系统，从 1995 年到 2013 年改为多连杆式悬架系统。

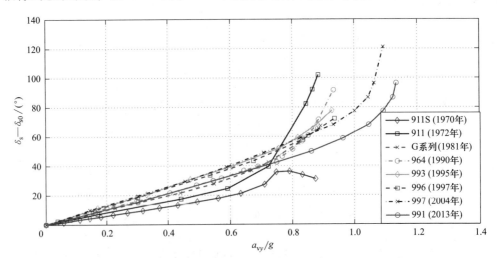

图 12-5　几款保时捷 911 车型转向角 $\delta_s - \delta_{s0}$ 与侧向加速度 $a_{vy} = v^2/\rho_{cc}$ 之间的关系

可以用车辆质心侧偏角作为车辆行驶性能的评价标准：

⊖　自转向系数也称为不足转向系数或过度转向系数。

$$\beta = \frac{l_2}{\rho_{cc}} - \frac{ml_1}{c_{\alpha 2}l} \frac{v^2}{\rho_{cc}} \qquad (12\text{-}38)$$

这表示质心的速度方向与车辆纵轴的方向不同。严格地说，车辆的侧偏角应该以驾驶人的位置作为参考而不是车辆质心，但两者区别不是很大，所以可以用车辆质心侧偏角 β 作为评价标准。质心侧偏角应当很小并且会随向心加速度改变而改变。质心侧偏角梯度定义如下：

$$\frac{\partial \beta}{\partial (v^2/\rho_{cc})} = -\frac{ml_1}{c_{\alpha 2}l} \qquad (12\text{-}39)$$

该值也应该很小，因为一般后轴的侧偏刚度会很大。

图 12-6 展示了保时捷 911 车型的质心侧偏角梯度。可以看到后面几年梯度是在减小的。

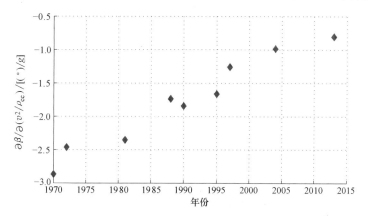

图 12-6 保时捷 911 车型的汽车侧偏角梯度

接下来考虑质心的位置对汽车行驶特性的影响。用定量的方法，测量结果显示了轮胎载荷 F_z 的增加不会使侧偏刚度 c_α 成比例地增加。由于轮胎载荷造成的侧偏刚度的变化可以由下面的方程近似地描述：

$$c_\alpha = \hat{c}_\alpha F_z - \tilde{c}_\alpha F_z^2 \qquad (12\text{-}40)$$

二次修正项显示了在轮胎载荷和侧偏刚度间的非线性关系。然而，静载荷从前轴到后轴的转移会导致质心与后轴之间的距离减小（l_2 减小）而 l_1 增大，但侧偏刚度 $c_{\alpha 1}$ 不会像 l_1 一样增加；类似地，$c_{\alpha 2}$ 和 l_2 也一样。这意味着它们的商［见式（12-41）］随着后轴载荷的增加而减小，甚至会改变其正负。

$$\frac{c_{\alpha 2}l_2 - c_{\alpha 1}l_1}{c_{\alpha 1}c_{\alpha 2}l} \qquad (12\text{-}41)$$

同时，式（12-41）也决定了前轮转向角公式［见式（12-42）］的正负性。

$$\delta_1 = \frac{l}{\rho_{cc}} + \frac{c_{\alpha 2}l_2 - c_{\alpha 1}l_1}{c_{\alpha 1}c_{\alpha 2}l} m \frac{v^2}{\rho_{cc}} \qquad (12\text{-}42)$$

考虑轮胎载荷的简单的公式为：

$$F_{z1} = \frac{G}{l}l_2 \qquad (12\text{-}43)$$

$$F_{z2} = \frac{G}{l}l_1 \qquad (12\text{-}44)$$

使用式（12-40），可以得到：

$$c_{\alpha2}l_2 - c_{\alpha1}l_1 = \tilde{c}_\alpha G^2 \frac{l_1 l_2}{l^2}(l_2 - l_1) \qquad (12\text{-}45)$$

在前轴和后轴轮胎相同的情况下，对于质心偏后的车，$c_{\alpha2}l_2 - c_{\alpha1}l_1 < 0$；而对于质心靠前的车，$c_{\alpha2}l_2 - c_{\alpha1}l_1 > 0$。也就是说前轮转向角随着质心靠后的车的速度增加而减小，对于质心靠前的车反而会增加。但这并不表示质心靠后的车会出现过度转向，因为车辆的特性取决于下式：

$$\frac{c_{\alpha2}l_2 - c'_{\alpha1}l_1}{c'_{\alpha1}c_{\alpha2}l} \qquad (12\text{-}46)$$

式中，修正侧偏刚度 c'_α 影响了上式的值。不过，质心偏后的车辆相较于质心靠前的车辆来说较少出现不足转向特性。车辆载荷的增加会对操纵性产生不利的影响，如从不足转向向过度转向的改变。通常会认为：如果 $\alpha_1 - \alpha_2 > 0$，则存在不足转向特性；如果 $\alpha_1 - \alpha_2 < 0$，则存在过度转向。这是基于式（12-29）关于前轮转向角公式所得到的：

$$\delta_1 = \frac{l}{\rho} + (\alpha_1 - \alpha_2) \qquad (12\text{-}47)$$

当驾驶人转动转向盘时，前轮只是间接地受到影响，因此这个定义不是特别重要。但是在近年来的一些相关书籍中仍然可以看到该定义。本书的此版本相较于旧版本有所区别，还考虑到了转向系统的刚度 $\tilde{k}_s$ 和总拖距 n_c。

12.5 问题与练习

记忆

1. 定义阿克曼转向角。

2. 从几何角度解释车速递减到极限情况下时的阿克曼转向角和质心侧偏角。

3. 车辆质心侧偏角、转向盘转角、前轮转向角以及转向盘转矩与转向时的向心加速度有什么关系？

4. 车辆在什么时候会出现不足转向，在什么时候会出现过度转向？

5. 哪个因素会影响前轮转向角与向心加速度的关系式的正负号？

理解

1. 假设车辆正在以恒定速度行驶在弯道上，弯道半径突然变小了，应该如何改变转向盘角度？据此可以得出什么结论？

2. 定义自转向系数。

3. 过度转向和不足转向的自转向系数有哪些特征？

4. 当车辆载荷增加时，车辆的自转向性能会受到什么样的影响？

5. 空载情况下和有乘客的情况下，车辆的自转向性能有何差别？

6. 车辆前轴或是后轴的空气升力为负值时，对车辆的自转向性能以及质心侧偏角梯度有何影响？

应用

给出以下参数：$c_{\alpha 1} = 60 \text{kN/rad}$，$c_{\alpha 2} = 50 \text{kN/rad}$，$l_1 = 2.1 \text{m}$，$l_2 = 2.2 \text{m}$，$\rho_{cc} = 100 \text{m}$，$i_s = 19$，$\tilde{k}_s = 10 \text{kN} \cdot \text{m/rad}$（齿轮齿条转向系统），$m = 1350 \text{kg}$。

1）为了确定单轨模型的自转向系数 $\partial \delta_s / \partial (v^2 / \rho_{cc})$，还需要哪个参数？

2）为了使车辆具有中性转向特性（或者说自转向系数为零），1）中的参数取值应为多少？

分析

1. 对于齿轮齿条式的转向系统来说，假设车辆具有中性转向特性，有以下公式成立：

$$n_c = \tilde{k}_s \frac{l_1 c_{\alpha 1} - l_2 c_{\alpha 2}}{l_2 c_{\alpha 1} c_{\alpha 2}} \tag{12-48}$$

那么请思考是否可以通过改变 n_c 的值，使车辆具有不足转向特性或是过度转向特性？

2. 车辆制动时，轴荷计算公式可以简化为：

$$F_{z1} = \frac{G}{l}(l_2 + \mathscr{Z} h) \tag{12-49}$$

$$F_{z2} = \frac{G}{l}(l_1 - \mathscr{Z} h) \tag{12-50}$$

假设前、后轮胎相同，将式（12-49）和式（12-50）代入式（12-40），可以得到：

$$c_{\alpha 2} l_2 - c_{\alpha 1} l_1 = -\mathscr{Z} h G \left(\hat{c}_\alpha - \frac{4 G l_1 l_2}{l^2} \right) + \tilde{c}_\alpha \frac{G^2 (l_2 - l_1)}{l^2} (l_1 l_2 - \mathscr{Z}^2 h^2) \tag{12-51}$$

假设某车辆 $l_1 = l_2$，那么未制动时，$c_{\alpha 1} = c_{\alpha 2}$，所以：

$$c_{\alpha 2} l_2 - c'_{\alpha 1} l_1 > 0 \tag{12-52}$$

这是否意味着，任意车辆制动时，只要满足 $l_1 = l_2$，无论 $\mathscr{Z}$ 和 $\tilde{k}_s$ 取何值，式（12-52）均成立？

第 13 章 动 态 特 性

在本章中，将考虑车辆的动态特性。在 13.1 节中，将继续介绍车辆在稳态行驶条件下的稳定性。在 13.2 节中，会考虑在车辆转向角发生一定变化时车辆的响应。之后，空气动力学方面的侧向力作用将在 13.3 节中讨论[⊖]。

13.1 稳态行驶条件下的稳定性

稳态行驶条件指的是稳态转向（$\dot{v}_v=0$，$\ddot{\beta}=0$，$\ddot{\psi}=0$，$\dot{\delta}_s=0$）和稳态直线行驶（其中 $\dot{\beta}=0$，$\dot{\psi}=0$ 另外成立）。在接下来的公式中，略去下角标 v 可得 $v=v_v$。稳态转向与稳态直线行驶这两种运动的不同在于，稳态转向的转向半径 ρ_{cc} 是有限的，而稳态直线行驶的转向半径 ρ_{cc} 是无穷大的，在这种考虑下两者的差异是无关紧要的。

为了评估这些稳态行驶条件下的稳定性，基于式（11-49）和式（11-50）这两个线性运动方程，考虑在没有风的作用力这一假设条件下，建立了如下方程：

$$m v \dot{\beta}+(c'_{\alpha 1}+c_{\alpha 2})\beta+[mv^2-(c_{\alpha 2}l_2-c'_{\alpha 1}l_1)]\frac{\dot{\psi}}{v}=c'_{\alpha 1}\frac{\delta_s}{i_s} \tag{13-1}$$

$$J_z \ddot{\psi}+(c'_{\alpha 1}l_1^2+c_{\alpha 2}l_2^2)\frac{\dot{\psi}}{v}-(c_{\alpha 2}l_2-c'_{\alpha 1}l_1)\beta=c'_{\alpha 1}l_1\frac{\delta_s}{i_s} \tag{13-2}$$

为了评估稳态解的稳定性，用以下含 $e^{\lambda_e t}$ 的公式来简化式（13-1）和式（13-2）中的 β 与 $\dot{\psi}$：

$$\beta=\beta_{stat}+\hat{\beta}e^{\lambda_e t} \tag{13-3}$$

$$\dot{\psi}=\dot{\psi}_{stat}+\hat{\dot{\psi}}e^{\lambda_e t} \tag{13-4}$$

对于一个稳态解，转向角 $\delta_s=\delta_{s\,stat}$ 的条件是一直存在的。特征值 λ_e 标志着稳态解是否稳定：$\mathrm{Re}(\lambda_e)<0$ 表明是稳定解，而 $\mathrm{Re}(\lambda_e)>0$ 表明是不稳定解，当 $\mathrm{Re}(\lambda_e)=0$ 时，解就是中心态[⊖]。

用式（13-3）和式（13-4）替换式（13-1）和式（13-2）中的 β 和 $\dot{\psi}$，能得到两个关于常数 $\hat{\beta}$ 和 $\hat{\dot{\psi}}$ 的线性方程：

⊖ 本章中公式的推导严格遵循 Mitschke 和 Wallentowitz 2004 年的著作。

⊖ 在这里不做进一步描述，有关动态系统的更多信息，请参阅 Verhulst 2006 年的著作。当 $\mathrm{Re}(\lambda_e)=0$ 时，用线性化方程不可能得出简单的结论。

$$\underbrace{\begin{pmatrix} mv\lambda_e + (c'_{\alpha 1} + c_{\alpha 2}) & \dfrac{mv^2 - (c_{\alpha 2}l_2 - c'_{\alpha 1}l_1)}{v} \\ -(c_{\alpha 2}l_2 - c'_{\alpha 1}l_1) & J_z\lambda_e + \dfrac{c'_{\alpha 1}l_1^2 + c_{\alpha 2}l_2^2}{v} \end{pmatrix}}_{=\underline{\underline{S}}} \begin{pmatrix} \hat{\beta} \\ \hat{\psi} \end{pmatrix} = \begin{pmatrix} 0 \\ 0 \end{pmatrix} \tag{13-5}$$

在系数矩阵 $\underline{\underline{S}}$ 的行列式为零的条件下，得到用来确定特征值 λ_e 的下式：

$$0 = \det(\underline{\underline{S}})$$
$$= \lambda_e^2 + 2\sigma_f\lambda_e + \nu_f^2 = 0 \tag{13-6}$$

式中，

$$2\sigma_f = \frac{m(c'_{\alpha 1}l_1^2 + c_{\alpha 2}l_2^2) + J_z(c'_{\alpha 1} + c_{\alpha 2})}{J_z m v} \tag{13-7}$$

$$\nu_f^2 = \frac{c'_{\alpha 1}c_{\alpha 2}l^2 + mv^2(c_{\alpha 2}l_2 - c'_{\alpha 1}l_1)}{J_z m v^2} \tag{13-8}$$

当 σ_f 和 ν_f^2 大于零时，二次方程解 λ_e 的实部小于零：

$$\mathrm{Re}(\lambda_{ei}) < 0 \,(i = 1, 2) \Leftrightarrow \sigma_f > 0, \nu_f^2 > 0 \tag{13-9}$$

特征值为：

$$\lambda_{e1,2} = -\sigma_f \pm \sqrt{\sigma_f^2 - \nu_f^2} \tag{13-10}$$

在 σ_f 的表达式中时，所有常数都大于零，因此，$\sigma_f > 0$。可以用特征车速的二次方 v_{ch}^2 来表示 ν_f^2：

$$\nu_f^2 = \frac{c'_{\alpha 1}c_{\alpha 2}l^2}{J_z m v^2}\left(1 + \frac{v^2}{v_{ch}^2}\right) \tag{13-11}$$

特征车速的符号对于不足转向和过度转向很重要：

$$v_{ch}^2 = \frac{c'_{\alpha 1}c_{\alpha 2}l^2}{m(c_{\alpha 2}l_2 - c'_{\alpha 1}l_1)} \tag{13-12}$$

$$\delta_s = \delta_{s0}\left(1 + \frac{v^2}{v_{ch}^2}\right) \tag{13-13}$$

在这里，δ_s 指的是转向盘的转角，且 $\delta_{s0} = \dfrac{i_s l}{\rho_{cc}}$。如果 $v_{ch}^2 > 0$，则车辆会呈现出不足转向的特性，且不受速度影响：

$$v_{ch}^2 > 0 \text{ 时}, \nu_f^2 > 0 \tag{13-14}$$

因此，具有不足转向特性的车辆总是稳定的。对于过度转向的汽车，$v_{ch}^2 < 0$。以下情况适用（$v_{crit}^2 = -v_{ch}^2$）：

$$v_{ch}^2 < 0 \text{ 且 } v^2 < v_{crit}^2 \text{ 时}: \nu_f^2 > 0 \tag{13-15}$$

$$v_{ch}^2 < 0 \text{ 且 } v^2 > v_{crit}^2 \text{ 时}: \nu_f^2 < 0 \tag{13-16}$$

这意味着：如果具有过度转向的车辆的车速大于临界车速，$v > v_{crit}$，车辆将会变得不稳定[○]。图 13-1 展示了不足转向车辆（正斜率线）与过度转向车辆（负斜率线）的转向角。一般来说，在具有正的转向角时（在左手边的圆周上）车辆行驶是稳定的。但是当过度转向的车辆车速超过临界车速时，车辆行驶将会变得不稳定。当超过临界车速时，转向角发生变化，驾驶人则需要反打转向盘。

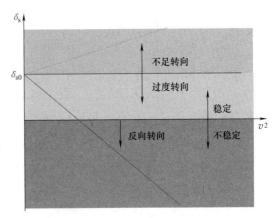

图 13-1　稳态回转行驶的稳定性

除了只考虑稳定性外，衰减特性在评估动态特性与衰减振荡频率方面也起到一定作用。衰减特性取决于衰减因数：

$$D_f = \frac{\sigma_f}{\nu_f} \tag{13-17}$$

动态特性取决于阻尼系统的固有圆频率：

$$\nu_{fd} = \nu_f \sqrt{1 - D_f^2} \tag{13-18}$$

但是，固有圆频率只有在 $D_f < 1$ 时有意义。因为对于 $D_f > 1$，衰减特性是非周期性的，所以 ν_{fd} 不再能用来表征频率。对于过度转向的车辆，当衰减因数大于 1 超过一定程度时，车辆特性就变成非周期性的了。只要 $\nu_f^2 > 0$，对于稳态的扰动就有一定的衰减作用。但是，如果 $\nu_f^2 < 0$（此时 $v > v_{crit}$），特征值 λ_{ei} 的实部为正，扰动会以指数方式增长：车辆行驶特性不稳定。对于不足转向的车辆，$\nu_f^2 > 0$ 不变，特征值 λ_{ei} 的实部总是负的。但是，对于不足转向的车辆，扰动会非周期性衰退。

13.2　转向特性

13.1 节中研究了稳态行驶条件下汽车的稳定性，转向角被认为是常数。在本节中，将考虑汽车对于阶跃转向输入的响应，也就是将转向角从零到一个常数 $\delta_{s\ stat}$ 进行非连续的变化。这种阶跃函数也被用于车辆测试中，例如，根据 ISO 7401 制定的阶跃转向角：$v = 80\,km/h$，$v^2/\rho_{cc} = 4\,m/s^2$，$\partial\delta_s/\partial t > 200(°)/s$。此阶跃转向角只能用斜坡函数近似表示。为了将阶跃转向角定义为只是时间的函数，并不是不去规定转向盘转角 δ_s，转向盘转角速度需要满足 $\partial\delta_s/\partial t > 200(°)/s$。转向盘转角 δ_s 必须经过选择以获得 $v^2/\rho_{cc} = 4\,m/s^2$ 的侧向加速度。由于车速与侧向加速度已经给定，在角阶跃输入后，车辆应该以半径 ρ_{cc} 做圆周运动。

$$\rho_{cc} = \left(\frac{80}{3.6}\right)^2 \left(\frac{m}{s}\right)^2 \frac{1}{4\,m/s^2} \approx 123.5\,m \tag{13-19}$$

拉普拉斯变换对于研究非谐波激励响应的线性微分方程系统是一个十分有用的工具。对于函数 $f(t)\,[f(t) = 0, t < 0]$ 的拉普拉斯变换 $\hat{f}(s)$，通过以下方法得到：

[○]　临界速度仅针对具有过度转向特性的车辆定义，因为对于具有不足转向特性的车辆，$v_{crit}^2 = -v_{ch}^2 < 0$，意味着临界速度 $v_{crit} = \sqrt{-v_{ch}^2}$ 将是虚数。

$$\hat{f}(s) = \int_0^\infty e^{-st} f(t)\, dt \qquad (13\text{-}20)$$

式中，s 不是自变量而是拉普拉斯变换中的复参变量。

对于函数 f 的时间导数的拉普拉斯变换为：

$$s\hat{f}(s) = \int_0^\infty e^{-st} \dot{f}(t)\, dt \qquad (13\text{-}21)$$

拉普拉斯逆变换用下面这个公式实现：

$$f(t) = \frac{1}{2\pi \mathrm{j}} \oint \hat{f}(s)\, e^{st}\, ds \qquad (13\text{-}22)$$

线积分 $\oint$ 的选择需要使函数 $\hat{f}(s)$ 的所有极点都位于积分的闭合曲线内。对于简单函数，拉普拉斯逆变换可如下表述：

$$\frac{1}{2\pi \mathrm{j}} \oint \frac{1}{s+a} e^{st}\, ds = e^{-at} \qquad (13\text{-}23)$$

$$\frac{1}{2\pi \mathrm{j}} \oint \frac{1}{(s+a)^k} e^{st}\, ds = \frac{1}{(k-1)!} t^{k-1} e^{-at} \qquad (13\text{-}24)$$

$$\frac{1}{2\pi \mathrm{j}} \oint \frac{1}{s^k} e^{st}\, ds = \frac{1}{(k-1)!} t^{k-1}, k \geqslant 2 \qquad (13\text{-}25)$$

将阶跃转向角进行拉普拉斯变换，得到 $\delta_{s\,stat}$ 的值：

$$\hat{\delta}_s(s) = \frac{\delta_{s\,stat}}{s} \qquad (13\text{-}26)$$

接下来，从线性系统的常微分方程式（13-1）和式（13-2）开始，用转向角 δ_s 的阶跃函数对这两个微分方程进行拉氏变换并获得：

$$\left[mvs + (c'_{\alpha 1} + c_{\alpha 2}) \right] \hat{\beta}(s) + \left[mv^2 - (c_{\alpha 2} l_2 - c'_{\alpha 1} l_1) \right] \frac{\hat{\dot{\psi}}(s)}{v} = c'_{\alpha 1} \frac{\delta_{s\,stat}}{i_s s} \qquad (13\text{-}27)$$

$$-(c_{\alpha 2} l_2 - c'_{\alpha 1} l_1) \hat{\beta}(s) + \left[vJ_z s + (c'_{\alpha 1} l_1^2 + c_{\alpha 2} l_2^2) \right] \frac{\hat{\dot{\psi}}(s)}{v} = c'_{\alpha 1} l_1 \frac{\delta_{s\,stat}}{i_s s} \qquad (13\text{-}28)$$

这里引入了 $\dot{\psi}$ 而不是 ψ 的拉普拉斯变换。这两个公式组成了 $\hat{\beta}(s)$ 和 $\hat{\dot{\psi}}(s)$ 的代数方程组。接下来，只考虑 $\dot{\psi}$ 的解，并根据阶跃转向角 $\delta_{s\,stat}$ 的大小确定 $\hat{\dot{\psi}}$。

$$\frac{\hat{\dot{\psi}}(s)}{\delta_{s\,stat}} = \frac{1}{i_s l} \frac{v}{1 + v^2/v_{ch}^2} \frac{1 + T_{z1} s}{1 + \dfrac{2\sigma_f}{\nu_f^2} s + \dfrac{1}{\nu_f^2} s^2} \frac{1}{s} \qquad (13\text{-}29)$$

式中，

$$T_{z1} = mvl_1 / (c_{\alpha 2} l) \qquad (13\text{-}30)$$

有理函数可以使用部分分式分解变成如下的简单形式：

$$\frac{A}{s} + \frac{B}{s - s_1} + \frac{C}{s - s_2} \qquad (13\text{-}31)$$

极点 s_1 和 s_2 是分母多项式 $(s^2 + 2\sigma_f s + \nu_f^2)$ 的两个零点：

$$s_{1,2} = -\sigma_f \pm \sqrt{\sigma_f^2 - \nu_f^2} \qquad (13\text{-}32)$$

借助部分分式分解形成的简化表示，用上面给的公式很容易实现逆变换：

$$\frac{\dot{\psi}(t)}{\delta_{s\,stat}} = \frac{1}{i_s l} \frac{v}{1+v^2/v_{ch}^2} \left(1 + \frac{s_1 + 2\sigma_f - T_{z1}\nu_f^2}{-s_1 + s_2} e^{s_1 t} + \frac{-s_2 - 2\sigma_f + T_{z1}\nu_f^2}{-s_1 + s_2} e^{s_2 t}\right) \qquad (13\text{-}33)$$

在阶跃转向的响应函数中，可以看到出现了与 13.1 节中相同的数学表达式。极点 s_1 和 s_2 与稳定性研究中的特征值 λ_{e1} 和 λ_{e2} 相等。当 $t = 0$ 时，可以得到如下的值：

$$\dot{\psi}(0) = 0 \qquad (13\text{-}34)$$

$$\frac{\ddot{\psi}(0)}{\delta_{s\,stat}} = \frac{c'_{\alpha1} l_1}{J_z i_s} \qquad (13\text{-}35)$$

考虑下列三种情况（其中总是满足 $\sigma_f > 0$）：

情况 1：$\nu_f^2 > 0$ 且 $\sigma_f^2 - \nu_f^2 > 0$

根据稳定性的研究，这种情况的车辆是稳定的，稳定性研究中的特征值 λ_{e1}、λ_{e2} 和极点 s_1、s_2 都是纯实数且都小于零。换言之，横摆角速度 $\dot{\psi}$ 相对于阶跃转向角 $\delta_{s\,stat}$ 的大小逐渐接近稳定值。

$$\lim_{t \to \infty} \frac{\dot{\psi}}{\delta_{s\,stat}} = \frac{1}{i_s l} \frac{v}{1+v^2/v_{ch}^2} \qquad (13\text{-}36)$$

这种运动情况在不足转向与过度转向的车辆低于临界车速时都可能发生。

情况 2：$\nu_f^2 > 0$ 且 $\sigma_f^2 - \nu_f^2 < 0$

这种情况下的车辆也是稳定的，它随着振荡接近稳态值。这种运动情况在不足转向与过度转向的车辆低于临界车速时都可能发生。

情况 3：$\nu_f^2 < 0$

这种情况会使 $\sigma_f^2 - \nu_f^2 > 0$ 以及 s_1 为正值。车辆不稳定，且对角阶跃输入的响应会使横摆角速度以指数形式增长。

图 13-2 给出了一个例子。一开始车辆直线行驶，在 $t = 0$ 时，转向盘突然转向。满足情况 1 与情况 2 的车辆继续以稳态形式圆周运动。满足情况 3 的车辆表现出不稳定性：在一个不断减小的曲率半径的轨迹上行驶，横摆角速度以指数形式增长。

可以看到稳定的操纵性与对阶跃转向输入的响应密切相关。

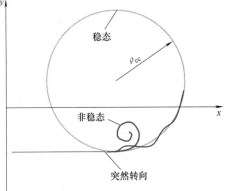

图 13-2 稳态和非稳态驾驶特性下的路径曲线（示意图）

13.3 侧风特性

空气阻力除了存在于车辆纵向方向，在侧向也会有侧风作用所引起的影响。侧风通常不足以对车辆的动态特性产生足以造成事故的影响，但驾驶人的确需要反打转向盘来抵消侧风的影响，这意味着车辆对于侧风的响应是驾驶舒适性的一个方面：驾驶人为抵抗侧风影响而转动转向盘，转动越少则说明车辆在这方面舒适性越好。下面这些因素决定了需要抵消侧风影响而保证车辆直线行驶转向盘需要转过的转角。侧向风的空气作用力影响即所谓的压力中心 S_{pp}，它从质心 S_{cm} 处偏移了 l_{pp}。在图 13-3 中，S_{pp} 向前移动⊖。

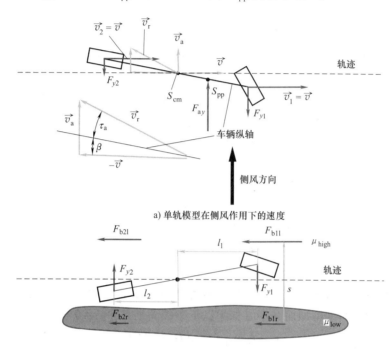

a) 单轨模型在侧风作用下的速度

b) 对开路面制动

图 13-3 反打转向盘（摘自 Mitschke 和 Wallentowitz 2004 年的著作）

下面来考虑稳态直线行驶。在这种情况下：

$$\ddot{\psi} = 0, \dot{\psi} = 0, \dot{\beta} = 0 \tag{13-37}$$

由于侧向风，稳态车辆的质心侧偏角可能在直线行驶期间保持不变。假设这些稳态值并考虑在式（13-1）与式（13-2）中的侧风项⊖：

$$F_{ay} = c_y A \frac{\rho_a}{2} v_r^2 \tag{13-38}$$

可得到：

$$(c'_{\alpha1} + c_{\alpha2}) \beta = c'_{\alpha1} \frac{\delta_s}{i_s} + c_y A \frac{\rho_a}{2} v_r^2 \tag{13-39}$$

$$-(c_{\alpha2} l_2 - c'_{\alpha1} l_1) \beta = c'_{\alpha1} l_1 \frac{\delta_s}{i_s} + c_y A \frac{\rho_a}{2} v_r^2 l_{pp} \tag{13-40}$$

⊖ 在图 13-3 中，显示了两种需要反向转向的情况：侧风和对开路面制动。在侧风情况下，侧向力作用在车辆上；在对开路面制动的情况下，没有侧向力作用在车辆上。

⊖ 这里使用单轨模型的运动方程（参见 Mitschke 和 Wallentowitz 2004 年的著作）；MacAdam 于 1989 年采用了一种更简单的方法，即使用力矩平衡来具体且更容易地描述稳态线性运动。

空气系数 c_y 取决于侧风的入射角 τ_a。对于一个小的入射角 $\tau_a < 20°$，空气系数 c_y 通过一个线性方程就可以足够精确地近似：

$$c_y \approx c_{y1} \tau_a \tag{13-41}$$

如此一来：

$$F_{ay} \approx c_{y1} \tau_a A \frac{\rho_a}{2} v_r^2 \approx k_y v_r^2 \tau_a \tag{13-42}$$

式中，$k_y = c_{y1} A \rho_a / 2$ 是线性化的空气系数。假设 τ_a 和 β 为小角度，对于特殊情况（风向垂直于质心 S_{cm} 的运动方向）：

$$v_r \sin(\tau_a + \beta) = v_a \tag{13-43}$$

$$v_r \cos(\tau_a + \beta) = v \tag{13-44}$$

从以上公式中得到〔由式（13-44）得出 $v_r = v$〕：

$$\tau_a = -\beta + \frac{v_a}{v} \tag{13-45}$$

$$v_r^2 \tau_a = -v^2 \beta + v v_a \tag{13-46}$$

总体而言，对于风速 v_a 的稳态转向盘转角为：

$$\frac{\delta_{s\,stat}}{v_a} = -\frac{i_s k_y v}{c'_{\alpha1}} \frac{c_{\alpha2}(l_2 + l_{pp}) - c'_{\alpha1}(l_1 - l_{pp})}{c_{\alpha2} l + k_y (l_1 - l_{pp}) v^2} \tag{13-47}$$

稳态转向盘转角与风速 v_a、车速 v 以及线性化空气系数 k_y 成正比。它通常会随着前轴的轮胎刚度以及转向刚度增加而减小。如果以下条件满足，$\delta_{s\,stat} = 0$ 也有可能：

$$c_{\alpha2}(l_2 + l_{pp}) - c'_{\alpha1}(l_1 - l_{pp}) = 0 \tag{13-48}$$

它等同于：

$$l_{pp} = \frac{c'_{\alpha1} l_1 - c_{\alpha2} l_2}{c'_{\alpha1} + c_{\alpha2}} \tag{13-49}$$

对于不足转向的车辆：

$$c'_{\alpha1} l_1 - c_{\alpha2} l_2 < 0 \tag{13-50}$$

这意味着对于不足转向的车辆，当风压中心位于质心后方时，不需要反打转向盘，所以 $l_{pp} < 0$ 并且取 l_{pp} 为式（13-49）中的值。风压中心通常在质心前面，所以需要反打转向盘。对于前轮驱动的车辆，质心 S_{cm} 通常更靠近车辆前方，即更靠近风压中心 S_{pp} 附近，所以这种车辆相对于后轮驱动的车辆更不容易受侧向风的影响。

13.4 问题与练习

记忆

1. 对于不足转向和过度转向的车辆，转向盘转角与速度二次方的关系如何？
2. 需要哪些方程来获得关于稳态转向稳定性的信息？
3. 使用哪些方法来获取稳态环形行驶的稳定性的信息？
4. 什么样的行驶特性会导致不稳定？
5. 哪些参数在侧风特性中起作用？

理解

1. 如何预测稳态转向的稳定性？解释该过程。

2. 车辆如何响应角阶跃转向输入？

3. 侧风如何影响车辆的转向过度和不足转向特性？

4. 解释 l_{pp}、$c_{\alpha 1}$、$c_{\alpha 2}$、l_1、l_2 的变化趋势对 $\delta_{s\,stat}/v_a$ 的影响，例如增加 l_{pp} 导致 $\delta_{s\,stat}/v_a$ 增大还是减小？

应用

给出以下参数：$c_{\alpha 1} = 50\mathrm{kN/rad}$，$c_{\alpha 2} = 60\mathrm{kN/rad}$，$l_1 = 2.1\mathrm{m}$，$l_2 = 2.2\mathrm{m}$，$\rho_{cc} = 100\mathrm{m}$，$i_s = 19$，

$\widetilde{k_s} = 10\mathrm{kN \cdot m/rad}$ （对于齿条齿轮转向系统），$m = 1350\mathrm{kg}$，$J_z = 3000\mathrm{kg \cdot m^2}$，$v = 30\mathrm{m/s}$，

$n_c = 0.04\mathrm{m}$。

1）计算 ν_f^2 和 σ_f^2。

2）计算无阻尼系统的固有圆频率。

3）估计速度非常高时具有不足转向特性车辆的 ν_f（查看方程的极限特性）。

第 14 章　轮胎载荷转移的影响

在单轨模型中，假设其质心在道路水平面上。因此，在转向（或者加速、制动）时轮胎载荷没有发生变化。在本章中，将考虑质心高于路面（h_{cm}）的车辆在转向时的情况。这种双轨模型能够得出车辆载荷的变化，以及这些变化对动力学特性影响的结论。在 14.1 节中，以一种简化的方法考虑侧向加速度所引起的轮胎载荷变化。在 14.2 节中，更加深入地研究轮胎载荷的变化。

第 14 章部分
彩色曲线图

14.1　忽略车辆侧倾的轮载转移

假设车辆以速度 v 在半径为 ρ_{cc} 的圆上稳态行驶。向心加速度为 v^2/ρ_{cc}。由于向心力 mv^2/ρ_{cc} 产生的力矩：

$$M = m\frac{v^2}{\rho_{cc}}h_{cm} \tag{14-1}$$

向心力导致轮胎载荷从车辆内侧车轮转移到外侧车轮，这些轮胎载荷的转移分别用 ΔF_{zji} 与 ΔF_{zjo} 来表示：其角标对于前轮 $j=1$，后轮 $j=2$，轨迹曲线的内侧车轮用 "i" 表示，轨迹曲线的外侧车轮用 "o" 表示。

这些载荷转移与侧向力 F_{y1i}、F_{y1o}、F_{y2i} 和 F_{y2o} 以及离心力都表示在图 14-1 中。

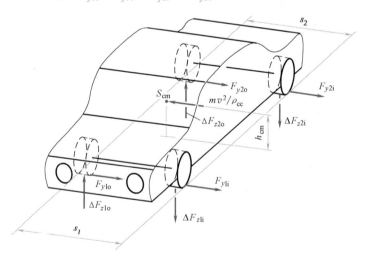

图 14-1　转向时各轮胎载荷分布

前轴轮距 s_1 与后轴轮距 s_2 相等。每个独立车轮上的侧向力由侧偏角与轮胎载荷决定。当行驶轨迹的曲率半径 ρ_{cc} 相较于轮距 s_1 与 s_2 大很多时，内、外车轮的侧偏角是相等的[⊖]：

⊖　出于这种简化考虑，忽略了转向几何和悬架几何中的不同运动学。

$$\alpha_{1i}=\alpha_{1o},\ \alpha_{2i}=\alpha_{2o} \tag{14-2}$$

这意味着内、外弯道车轮侧偏力的不同不是由于侧偏角不同而是由于车轮负载不同导致的。使用图 14-2 来展现它们的关系。它展现了对于三种不同的轮胎载荷：$F_{z0}+\Delta F_z$、F_{z0} 和 $F_{z0}-\Delta F_z$，侧向力 F_y 与侧偏角 α 的函数曲线。现在，可以看到平均侧偏角随着轮胎载荷的变化而增加。假设在前后轴上总的载荷分布不变，接下来只考虑一个车桥，比如在后轴两侧车轮的总载荷 F_{z0} 而不考虑内外侧车轮的载荷转移。由于转向（和离心力），内侧轮胎载荷减少了 ΔF_z，由于后轴总载荷保持不变，转向时外侧轮胎载荷增加了与内侧轮载减小大小相同的 ΔF_z。图 14-2 中 $\alpha=4°$ 处的箭头（对于中间曲线 F_{z0}）显示了如果忽略这些轮胎载荷变化会产生的车轮侧向力。在 $\alpha=4°$ 时这些箭头总和给出了车辆经过弯道时（不考虑轮载转移）所必需的轮胎侧向力 F_{ytot}。首先，如果假设内外侧车轮的侧偏角保持不变，只有轮胎载荷变化，可以确定所得到的侧向力。由此产生的轮胎侧向力显示在左边矩形高亮区。可以看到内侧车轮侧向力 $\tilde{F}_{ytot}$（左边虚线小箭头）与外侧车轮侧向力（左侧点画线大箭头）的和小于总的侧向力（没有载荷转移的情况下，在 $\alpha=4°$ 处箭头的和）。这表示侧向力不足以弥补离心力对应的那部分力。所以两侧车轮的侧偏角都必须增大 $\Delta\alpha$。合力显示在右侧矩形高亮区。

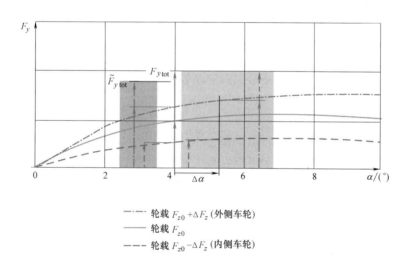

----轮载 $F_{z0}+\Delta F_z$（外侧车轮）
——轮载 F_{z0}
- - 轮载 $F_{z0}-\Delta F_z$（内侧车轮）

图 14-2　由于轮胎载荷分配变化增加的侧偏角

当考虑内外侧轮胎载荷变化时，侧偏角会增加：当侧偏角增加时，随着轮胎载荷分布的变化，侧向力趋于最大值，最大的可转移侧向力减小。所以，当设计汽车时，需要注意使转向时轮胎载荷变化较小，这样可以最大程度地利用地面附着性能。当总侧向力 F_{ytot}（对于后轴为 $F_{y2i}+F_{y2o}$）不变，平均侧偏角 $\bar\alpha_2=(\alpha_{2i}+\alpha_{2o})/2$ 的增加导致侧偏刚度 $\bar c_{\alpha2}$ 的减小：

$$\underbrace{F_{ytot}}_{常数}=\underbrace{\bar c_{\alpha2}}_{减小}\overbrace{\bar\alpha_2}^{增大} \tag{14-3}$$

在双轨模型中，轮胎载荷变化将导致进一步的结果，尤其是如果将轮胎载荷变化对于前后轴的影响作为研究目标时。这种载荷转移对于不足转向与过度转向特性有影响。

为了初步了解哪些参数影响载荷转移，研究接下来这个轮胎载荷转移的简化情况。假设所有车轮上载荷的转移量都是 ΔF_z，前后轴轮距相等为 $s = s_1 = s_2$。载荷平衡（围绕位于路面上车轮中间的一个轴的力矩总和为零），即：

$$0 = \frac{mv^2}{\rho_{cc}} h_{cm} - 2\Delta F_z s \tag{14-4}$$

在这些简化假设下，转向时车轮的载荷转移为：

$$\Delta F_z = \frac{h_{cm}}{2s} \frac{mv^2}{\rho_{cc}} \tag{14-5}$$

结果表明，轮胎载荷转移随着质心高度 h_{cm} 的增加以及轮距 s 的减小而增加。这说明最大可转移侧向力随着质心高度的增加以及轮距的减小而增加。所以质心高度与轮距的比是能否获得好的路面附着性能的设计标准之一。

通过式（14-5），可以对侧翻做出推论。如果：

$$\Delta F = \frac{mg}{4} \tag{14-6}$$

在这种极限情况下，内侧车轮的载荷变为零。

用这种极限情况来取代式（14-5）中的 ΔF，可以获得描述简单侧翻情况的不等式：

$$g \frac{s}{2h_{cm}} \leqslant \frac{v^2}{\rho_{cc}} \tag{14-7}$$

这个公式描述了一个给定了几何参数 s 和 h_{cm} 的汽车将侧翻时的 v 和 ρ_{cc} 的值。这里侧向加速度 v^2/ρ_{cc} 不会超过 $\mu_a g$（μ_a 是最大附着系数）$^{\ominus}$。如果用 $v^2/\rho_{cc} \leqslant \mu_a g$ 拓展式（14-7），消去重力加速度 g，可以得到：

$$\frac{s}{2h_{cm}} \leqslant \mu_a \tag{14-8}$$

如果式（14-8）成立，车辆至少可能在最大转向速度时侧翻。相反，如果

$$\frac{s}{2h_{cm}} > \mu_a \tag{14-9}$$

成立，车辆可能不会侧翻。车辆的侧翻对于运动型多功能汽车尤其重要，因为这种车辆的质心高度相对较大。特征值 $s/(2h_{cm})$ 被称为静态稳定系数（Static Stability Factor，SSF）。需要强调的是，静态稳定系数只是一种粗略估计车辆翻车危险的方法。在更复杂的模型或实际情况中，还需要考虑大量其他的影响因素。

14.2 考虑车辆侧倾情况下的车辆载荷转移

在本节中，确定由于考虑了车身侧倾运动导致的轮胎载荷变化。为了描述侧倾，先介绍瞬时转动轴的概念。它是车身瞬时转动所绕的那根轴。先考虑通过一根车轴（比如前轴）的车身截面（与 x 方向垂直），假设车轮被双横臂悬架悬挂起来（图 14-3）。其他悬架的瞬时转动轴可以被类似地推导出来。

$\ominus$ 如果假设车辆的总垂直载荷为 mg，并且最大侧向力受附着极限值 μ_a 的限制，则离心力 mv^2/ρ_{cc} 不能超过此极限 $mg\mu_a$，从而导致 $v^2/\rho_{cc} \leqslant \mu_a g$。

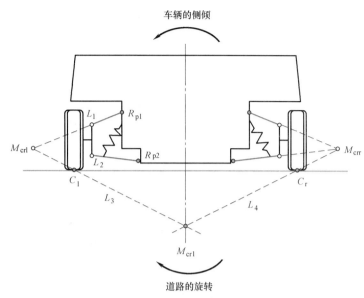

图 14-3 瞬时转动中心的推导（改编自 Mitschke 和 Wallentowitz 2004 年的著作）

　　为了计算一个车身截面的瞬时转动中心（转动轴），使用一种专门设计用来方便观察的布局。假设车身固定并且不考虑它的转动，那么路面就需要相对转动。路面的瞬时转动中心为 M_{cr1}，并且它也是车身转动的瞬时转动中心 M_{cr1}。路面旋转（图 14-3 中的水平线），所以车轮上下运动。由于车身固定，车轮必须围绕旋转点 R_{p1} 和 R_{p2} 旋转。控制臂和它们延伸线上每一点的瞬时速度 L_i（$i=1$，2）都与相对应的控制臂垂直。因此延伸部分的交点 M_{crl} 和 M_{crr} 无法移动，所以它们的速度必须为零（因为速度矢量垂直于控制臂并且控制臂不共线）。

　　这表明由 M_{crl} 和 M_{crr} 可推导出车轮的瞬时转动中心。左侧车轮与路面接触点 C_1 的速度现在可以很容易地由直线 L_3 连接 M_{crl} 和 C_1 建立：速度矢量与这条直线 L_3 垂直。由于车轮上 C_1 点与地面相连，可以得到路面上 C_1 点的速度，它也与直线 L_3 垂直。同样地，可以得到路面上点 C_r 的速度方向。一方面，直线 L_3 通过 M_{crl} 和 C_1，另一方面，直线 L_4 通过 M_{crr} 和 C_r。直线 L_3 与直线 L_4 的交点 M_{cr1} 就是瞬时转动中心（对于前轴）。

　　获得后轴与前轴的瞬时中心 M_{cr2} 和 M_{cr1}。连接两个瞬时中心 M_{cr2} 和 M_{cr1} 的轴就叫作瞬时侧倾轴线，如图 14-4 所示。这个轴线不是固定的，而是由于很多非线性因素根据侧倾角移动。

　　在推导轮胎载荷转移的过程中，必须注意车辆是一种静不定系统。像以往一样（对于这类系统），首先将整个系统分为多个子系统。然后再考虑子系统的变形或偏转，这些又被分为外加载荷以及分力的函数，进而确定子系统的实际变形量。这些变形量必须在几何上兼容，也就是必须相等。因此，可以从一系列公式的结果中得到所需要的偏转量。这里推导具有刚性车轴的轮胎载荷转移。图 14-5 展现了整车及其瞬时侧倾轴线。瞬时侧倾轴线与车身相对固定。图 14-6 展现了不同角度下子系统的受力图。首先关注车身。图 14-6a 描述了瞬时侧倾轴线的点 M_{cr2} 和 M_{cr1} 以及车身由于离心力 $m_b v^2/\rho_{cc}$ 作用而转过的角度 κ。该结构被从刚性轴上分离出来；前、后轴分别产生的截面力矩 M_1 和 M_2，和力矩为 $M=M_1+M_2$。这里，假设瞬时侧倾轴线有一个小的倾斜角 γ 并且忽略三角函数校正项（即 $\cos\gamma \approx 1$）。

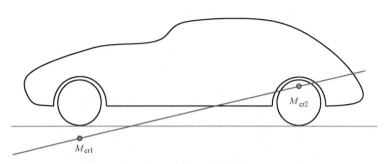

图 14-4　瞬时侧倾轴线的推导

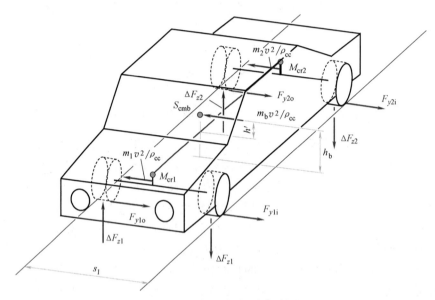

图 14-5　整车及其瞬时侧倾轴线

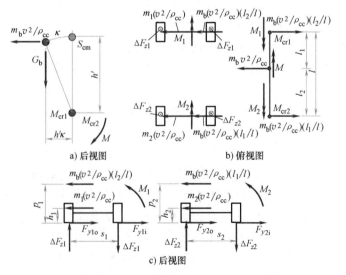

a) 后视图　　　　　b) 俯视图

c) 后视图

图 14-6　确定轮胎载荷变化

在计算瞬时轴的力矩之和时，从受力图中获得总力矩 M：

$$M = \frac{m_b v^2}{\rho_{cc}} h' + G_b h' \kappa \tag{14-10}$$

此处，因为假设 κ 很小，所以 $\cos\kappa \approx 1$，$\sin\kappa \approx \kappa$。为了使受力图清晰明了，瞬时侧倾轴线与刚性轴之间的力没有作出，而且该力在求瞬时侧倾轴线的力矩和时没有起到任何作用。

图 14-6b 用连接 M_{cr2} 和 M_{cr1} 的直线表示结构的瞬时侧倾轴线。瞬时侧倾轴线与刚性车轴分离（截面力矩 M_1 和 M_2）。轴上力矩之和如下：

$$M = M_1 + M_2 \tag{14-11}$$

由前后轴侧倾刚度 C_1 和 C_2 得到的截面力矩 M_1 和 M_2 以及侧倾角 κ 在下式中给出：

$$M_j = C_j \kappa, j = 1, 2 \tag{14-12}$$

由式（14-10）和式（14-12）可得：

$$C_1 \kappa + C_2 \kappa = \frac{m_b v^2}{\rho_{cc}} h' + G_b h' \kappa \tag{14-13}$$

得到角 κ：

$$\kappa = \frac{G_b h'}{C_1 + C_2 - G_b h'} \frac{v^2}{g\rho_{cc}} \tag{14-14}$$

在角 κ 的帮助下，可以立刻确定力矩 M_1 和 M_2。利用侧向力平衡，分别使用图 14-6b 中的受力图获得了各自作用点 M_{cr1} 和 M_{cr2} 上的截面力 $m_b(v^2/\rho_{cc})(l_2/l)$ 和 $m_b(v^2/\rho_{cc})(l_1/l)$（这里假设有可以忽略的瞬时侧倾轴线的倾斜）。

借助受力图（图 14-6c），由车轮接地点（左或右）的力矩得出了两根刚性车轴的载荷变化（轮胎载荷的静态部分在这些受力图中没有表示出来）：

$$\Delta F_{z1} = \frac{m_b v^2}{\rho_{cc}} \left(\frac{l_2}{l} \frac{p_1}{s_1} + \frac{C_1}{C_1 + C_2 - G_b h'} \frac{h'}{s_1} + \frac{G_1}{G_b} \frac{h_1}{s_1} \right) \tag{14-15}$$

$$\Delta F_{z2} = \frac{m_b v^2}{\rho_{cc}} \left(\frac{l_1}{l} \frac{p_2}{s_2} + \frac{C_2}{C_1 + C_2 - G_b h'} \frac{h'}{s_2} + \frac{G_2}{G_b} \frac{h_2}{s_2} \right) \tag{14-16}$$

式中，m_b 为车身质量；l_1、l_2 分别为前后轴到质心的距离；l 为前后轴之间的距离；C_1、C_2 分别为前后轴的侧倾刚度；G_b 为车身重量，$G_b = m_b g$；h' 为质心到瞬时侧倾轴线的距离；G_1、G_2 分别为前后轴荷；s_1、s_2 分别为前后轮距；p_1、p_2 分别为瞬时转动轴线到前、后路面的距离；h_1、h_2 分别为前后轴质心到路面的距离。

轮胎载荷转移部分受到结构变化的影响，比如：

1）质心的位置 l_1/l，l_2/l，h_1，h_2。

2）瞬时转动中心的高度与轮距之比：p_1/s_1，p_2/s_2。

3）质心到瞬时侧倾轴线的距离与轮距之比：h'/s_1，h'/s_2。

4）侧倾刚度的比值：$C_1/(C_1 + C_2 - G_b h')$，$C_2/(C_1 + C_2 - G_b h')$。

14.1 节中解释了轮胎载荷转移也会导致侧偏角增大。选择合适的前后轴的侧倾刚度可以影响平均侧偏角，从而影响前后轴侧偏角之差（或者平均侧偏刚度）。通过影响轮胎载荷转移，可以改变车辆的特性，比如使车辆从过度转向特性变为中性或不足转向特性。侧倾刚度 C_i 取决于弹簧刚度 k_i（$i = 1, 2$）以及悬架的几何关系。通过粗略近似，通过悬架弹簧刚度 k_i 得到侧倾刚度 C_i：

$$C_i = 2\left(\frac{s_i}{2}\right)^2 k_i \qquad (14\text{-}17)$$

但是，悬架弹簧刚度 k_i 必须经过选择，这样才能满足舒适性和安全性标准这类要求。因此，这些值都不能太大，因为太大会限制车身加速度（使舒适性变差）。一种办法是增大侧倾刚度 C_i 但是不改变弹簧刚度 k_i，也就是使用所谓的横向稳定杆，如图 14-7 所示。

横向稳定杆（图 14-7 中高亮部分）是一根固定在控制臂和车身上的杆。横向稳定杆的刚度由它的弯曲与扭转刚度以及几何参数 a_s、b_s 和 α_s 决定。如果 $\alpha_s = 0°$，杆受到扭转变形；如果 $\alpha_s = 90°$，杆弯曲变形。在纯扭转变形 $\alpha_s = 0°$ 时，活动臂的长度 a_s 和稳定杆的扭转刚度主要决定了整个横向稳定杆的总体刚度，而横向稳定杆的弯曲应力只起到很小的作用。α_s 越大，弯曲部分影响越大。

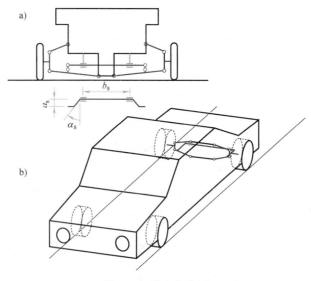

图 14-7　横向稳定杆

横向稳定杆在悬架左右弹簧压缩量相同时不起作用，因为没有扭转力矩在横向稳定杆与车架间直接传递。横向稳定杆在车身发生侧倾时起到最大作用。车辆一边受到凸起障碍、一边掉入坑中的情况与车身结构发生侧倾的情况相同，以 180° 的相位差激励左右车轮，横向稳定杆开始抵消这个激励。车辆的舒适性在这种情况下下降。横向稳定杆一般装在前轴，因为它可以增加侧倾刚度 C_1。这反过来会导致轮胎载荷变化 ΔF_{z1} 增加，前轴平均侧偏角 $\bar{\alpha}_1$ 增大。这也会导致平均侧偏刚度 $\bar{c}_{\alpha1}$ 减小。如果考虑式（14-18）中的转向盘转角 δ_s，这个转角取决于向心加速度，它也决定了车辆有过度转向特性还是不足转向特性：

$$\delta_s = \frac{i_s l}{\rho_{cc}} + m i_s \frac{c_{\alpha2} l_2 - c'_{\alpha1} l_1}{c'_{\alpha1} c_{\alpha2} l} \frac{v^2}{\rho_{cc}} \qquad (14\text{-}18)$$

可以看到：

$$c'_{\alpha1} = \frac{c_{\alpha1}}{1 + \dfrac{c_{\alpha1} n_c}{\tilde{k}_s}} \qquad (14\text{-}19)$$

平均侧偏刚度 $\bar{c}_{\alpha 1}$ 的减小使汽车具有不足转向特性增加的趋势。

装在前轴的横向稳定杆能增强不足转向特性（或者减小过度转向特性），但是装在后轴的横向稳定杆会起到相反的效果。除了使乘坐舒适性变差，横向稳定杆还会带来更不利的情况：增大装有横向稳定杆那根轴的平均侧偏角，这也意味着这根轴上的车轮更加接近地面附着极限。

主动横向稳定杆可以主动影响汽车的动态特性（如图 16-8 所示的装有主动横向稳定杆的前轴）。这将一根传统的横向稳定杆分成两部分，这两部分通过液压旋转式执行机构连接。可以根据汽车的侧向加速度调整汽车的动态特性，从而避免侧倾（达到一定的侧向加速度），提升直线行驶时的舒适性，在越野行驶时通过关闭横向稳定杆两部分之间的耦合改善运动特性。图 14-8 展现了横向稳定杆刚度的主要影响。如果两部分刚度都很小，汽车更舒适。如果刚度大，汽车拥有更好的运动特性。增加前轴刚度有增加汽车不足转向特性的趋势，增加后轴刚度有增加汽车过度转向特性的趋势。

图 14-9 给出了一个主动型横向稳定杆的例子。主动的部分可以在图的中间部分看到。

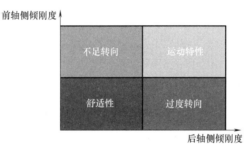

图 14-8　横向稳定杆对于前后轴侧倾刚度的影响

图 14-9　主动横向稳定系统（ARS）：主动式横向稳定杆（经 ZF Friedrichshafen 公司授权引用）

14.3　问题与练习

记忆

1. 什么导致了轮胎载荷的变化？
2. 如果不考虑侧倾，过弯时轮胎载荷的变化取决于什么？

理解

1. 转向时轮胎载荷的变化对单轨模型的侧偏角和侧偏刚度有什么影响？

2. 如果考虑侧倾，转向时轮胎载荷的变化取决于什么？

3. 为什么前桥上经常使用横向稳定杆？说明理由。

4. 解释侧倾刚度如何在过度转向和不足转向方面影响车辆特性。

应用

1. 如果在转向时前轴的横向稳定杆刚度增加，车辆会发生什么情况：车辆会转向弯道内侧还是外侧？

2. 如果在转向时增加后桥的横向稳定杆刚度，车辆会发生什么情况：车辆会转向内侧还是外侧？

3. 参数 p_1 和 p_2 如何影响转向过度或转向不足的行为？

分析

1. 单轨模型做匀速圆周运动时，前后轴的横向稳定杆刚度如何影响质心侧偏角？

2. 单轨模型做匀速圆周运动时，前后轴横向稳定杆刚度如何影响质心侧偏角梯度？

第 15 章　前束/后束、外倾角和自转向系数

在本章中，15.1 节研究了前束/后束和外倾角的影响。

15.1　前束/后束和外倾角

第 15 章部分
彩色曲线图

在本节中，考虑车轮前束/后束和外倾角以及它们对于侧向力的影响。两个参数都以角度的形式表示并且给出了车轮的位置（见图 15-1）。

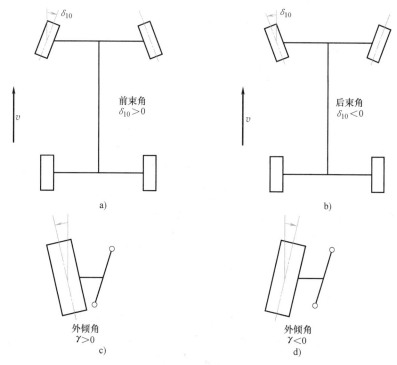

图 15-1　前束/后束和外倾角

1. 车轮束角

束角描述了车轮绕 $\vec{e}_{wz}$ 轴的静态旋转。当车轮向内侧转时，称之为前束（图 15-1a）；当车轮向外侧转时，称之为后束（图 15-1b）。当车轮为前束时，角 δ_{10} 为正，后束时为负。

2. 车轮外倾角

外倾角是车轮平面 $\vec{e}_{wx}$-$\vec{e}_{wz}$ 与垂直的 $\vec{e}_{iz}$ 轴的夹角。在结构上，当车轮朝车辆外倾时外倾角 γ 为正，向内倾时为负。

前束/后束与外倾角都会影响行驶特性。考虑在前轴有前束角 δ_{10} 与没有前束角 δ_{10} 的车辆的转向。如图 15-2 所示，在转向时首先不改变轮胎载荷。当侧偏角 $\alpha = 4°$ 时，两个力之和

（图 15-2 中在 $\alpha = 4°$ 时的左箭头）产生总的侧向力。如果考虑轮胎载荷变化，侧偏角会增大 $\Delta \alpha$，导致整个转向力（在 $\alpha = 4°$ 时箭头的和）与侧向力之和相等（在 $\alpha = 5.2°$ 时大的实心箭头与小的实心箭头）。在接下来的情况中，将考虑前轮前束的情况；因此，前轮向内侧倾 δ_{10}（见图 15-1a）。

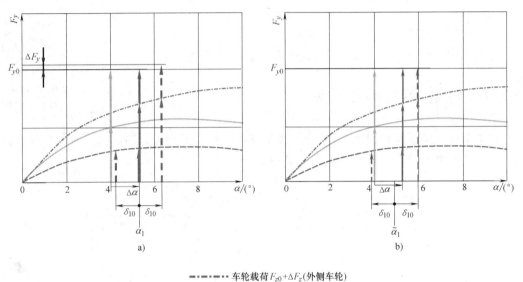

图 15-2　车轮前束与侧偏角的影响

前束角 δ_{10} 使侧偏角改变。内侧车轮的侧偏角减小，外侧车轮的侧偏角增加。通过将侧偏角 α_1 增加或减少到 δ_{10}，如图 15-1a 所示，得到的总侧向力比 F_{y0} 大 ΔF_y。因此，为了使总侧向力之和为 F_{y0}，平均侧偏角可以被减小到 $\tilde{\alpha}_1$（见图 15-2b）。实际侧偏角 $\tilde{\alpha}_1 - \delta_{10}$ 和 $\tilde{\alpha}_1 + \delta_{10}$ 使侧向力相加时正好等于 F_{y0}。下面的式子适用于角 $\tilde{\alpha}_1$：

$$\tilde{\alpha}_1 + \delta_{10} > \alpha_1 \tag{15-1}$$

角 $\tilde{\alpha}_1$ 的值必须从曲线中迭代得到，由于非线性因素，不可能直接使用曲线来确定这个角。通过将平均侧偏角减小到 $\tilde{\alpha}_1$，内侧车轮上最大的可转移侧向力增加，因此得到增大了的转向力储备。在轨迹外侧的车轮，转向储备力减小，但由于储备力已经比原来大，总体上从可能的最大转向力中得到了更大的转向储备力（与侧偏角有关）。车轮前束角增大了汽车可能的最大向心加速度 v^2/ρ_{cc}，因此，对于一个给定的弯道半径 ρ_{cc}，车轮前束角能增大最大允许车速。

接下来，考虑车轮外倾角对于侧向力的影响。为了用方程式描述它们的关系，需要跳出外倾角的传统定义。当车轮向外侧倾时，车轮外倾角为正；当车轮向内侧倾时，车轮外倾角为负。负的车轮外倾角能增加可转移侧向力的最大值（假设侧偏角为常数）。当侧偏角与外倾角较小时，侧向力可以用如下线性关系近似表示：

$$F_y = c_\alpha \alpha - c_\gamma \gamma \tag{15-2}$$

侧向力侧偏角系数 c_α 和侧向力外倾角系数 c_γ 都随轮胎载荷的增加而增加。图 15-3 展

示了侧向力 F_y 与侧偏角 α 的函数关系。中间实心的曲线表示内外车轮的侧向力，此时也不考虑外倾角和轮胎载荷变化。在这种情况下，在两个车轮上的侧向力相等；总的侧向力为各个侧向力之和（在中心的实线箭头）。

将这种情况与拥有负的外倾角的车辆进行比较。这意味着外侧车轮的外倾角 γ 在式（15-2）中小于零而内侧车轮的外倾角大于零。不考虑轮胎载荷的变化，这些车轮外倾角产生了图 15-3 中决定侧向力的下侧的虚线和上侧的点线。通过轮胎载荷转移，从底部虚线和顶部点画线得到侧向力。

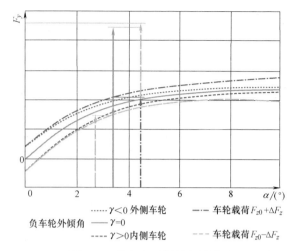

······ $\gamma < 0$ 外侧车轮   —·— 车轮载荷 $F_{z0} + \Delta F_z$
负车轮外倾角 —— $\gamma = 0$
---- $\gamma > 0$ 内侧车轮   ---- 车轮载荷 $F_{z0} - \Delta F_z$

图 15-3　外倾角对侧偏角的影响

对所产生的侧向力求和得到了更大的侧向力，因此，侧偏角减小。得出结论，一个负的外倾角会减小侧偏角或在相同侧偏角的情况下增大转向力。如果负外倾的绝对值增大（在相同的侧偏力下），平均侧偏角减小，平均侧偏刚度增加。

商式：

$$\frac{c_{\alpha 2} l_2 - c_{\alpha 1} l_1}{c_{\alpha 1} c_{\alpha 2} l} \tag{15-3}$$

决定了式（15-4）给出的前轮转向角公式的符号：

$$\delta_1 = \frac{l}{\rho_{cc}} + \frac{c_{\alpha 2} l_2 - c_{\alpha 1} l_1}{c_{\alpha 1} c_{\alpha 2} l} m \frac{v^2}{\rho_{cc}} \tag{15-4}$$

这个商式对于不足转向特性与过度转向特性十分重要（与 δ_s 的公式类似）。在增加后轴车轮负外倾角绝对值的情况下，增大的平均侧偏刚度 $\bar{c}_{\alpha 2}$ 会增大汽车的不足转向特性。一个正的前轮外倾角会导致侧偏角增大，进而导致前轮侧偏刚度 $\bar{c}_{\alpha 1}$ 减小，这也影响车辆使其朝不足转向特性方向发展。

15.2　问题与练习

记忆

1. 怎么定义前束角和后束角？
2. 怎么定义外倾角？

理解

1. 请描述在转向工况下前束角的影响。
2. 请描述在转向工况下外倾角的影响。
3. 解释不同的车辆参数如何影响车辆特性，特别是自转向特性。

第16章 悬架系统

在本章中，将讨论悬架系统，包括独立悬架和非独立悬架。独立悬架的例子中包括普通多连杆式、麦弗逊式和双横臂式（或上下 A 型控制臂式）悬架。轮架的六自由度（这些指的是一般的刚体车身的六个自由度；轮架包括轮毂和车轮轴承）中除了垂直位移的自由度，其余都被悬架锁死。独立悬架可以通过合理安排五个臂（或连杆）来实现这点。连杆就是通过支点一边安装在轮架和另一边安装在车身（或副车架）的一根杆，这样一个自由度就被锁死了（见图 16-1）。两臂可以被合并成一个悬架臂或 A 型控制臂。通过合理安排五个臂，可以锁死五个自由度，独立悬架就是使用的这种方法。图 16-1 展现了各种形式悬架的原理。实际的轮距用暗灰色表示。如果车轮是转向轮，那么其中一根臂是横拉杆。图 16-2 中有一种双横臂悬架的例子。

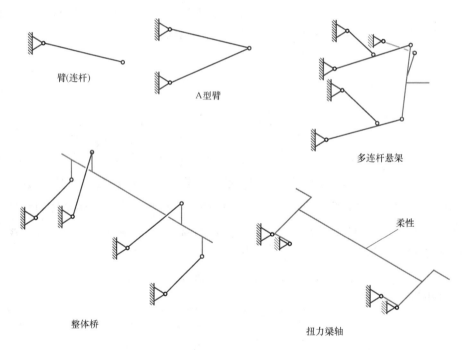

臂(连杆)

A型臂

多连杆悬架

整体桥

柔性

扭力梁轴

图 16-1 车轮悬架系统的原理

每根臂的端点都是在球面上运动的。这导致轮架的运动十分复杂。一般来说，它不会做纯粹的垂直方向的平移运动，而是会做包括旋转运动在内的空间运动。

尽管悬架臂是有弹性的，但由于仅有轴向力的作用，它们的变形量很小。为了更好地隔绝由悬架首先接触到的不平路面带来的振动和冲击，这些臂一般不是牢牢地固定在结构上的，而是借助橡胶衬套安装的。通过这些橡胶衬套的变形避免对车身和车辆内部的冲击。车架的变形不再是运动学上预先设定好的，而是在某种程度上受作用力的影响。由纯几何运动

和力导致的弹性变形运动产生的运动学称为弹性运动学[一]。

这种弹性运动会造成重要的定位参数（如车轮垂直运动时前束角和外倾角）的变化。图16-3展现了定位参数根据弹簧变形而变化的例子：图16-3a、b展现了前后车轮前束/后束的变化 $\Delta\delta$，而图16-3c、d展现了外倾角 γ 的变化。在图16-3a、b中没有包括无弹性变形下的标称前束/后束，但包括了它们的变化。由于这些变化，有可能明显改变影响行驶动力性能的束角和外倾角的大小。由于使用了橡胶衬套，虽然在图中没有发生任

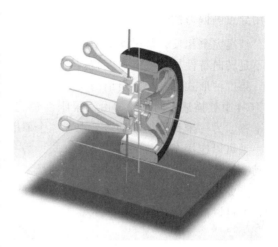

图 16-2 双横臂（或 A 型控制臂）悬架

何曲线的增量，但是变量 $\Delta\delta$ 和 γ 的面积（图16-3中灰色）作为位移 z 以及力和力矩的函数，显示出来了。在图16-3中，挠度 Δz 的数量级为 ±100mm，对于车轮前束的变化 $\Delta\delta$，数量级为 ±40′，对于外倾角的变化 γ，数量级为 ±2′。

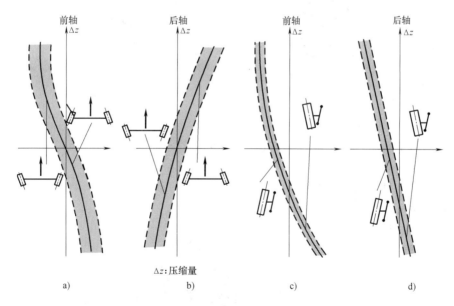

图 16-3 在悬架压缩与复原行程时前束角与外倾角的变化

（摘自 Mitschke 和 Wallentowitz 2004 年的著作）

图16-3a、b中的曲线代表的前束角的变化可以在如下转向情况时影响行驶特性：悬架在后轴外侧车轮的压缩量（或弹回量）$\Delta z>0$ 时，会增加后轴外侧车轮的前束角，进而增加侧偏角 α；对于后轴内侧车轮前束角的变化情况与外侧相反，侧偏角会减小。两种影响共同

[一] 由同时作用的力和力矩引起的悬架运动学特性十分重要，它对车辆的动态特性有重大影响，因此在特殊的运动学及弹性运动学试验设备中测试了这种特性。

作用导致侧偏力的增加。这导致平均侧偏角减小，进而导致平均侧偏刚度 $\bar{c}_{\alpha 2}$ 增大。在前轴，情况完全相反，其平均侧偏刚度 $\bar{c}_{\alpha 1}$ 减小。这导致表达式 $\bar{c}_{\alpha 2}l_2-\bar{c}_{\alpha 1}l_1$ 的结果被放大，车辆不足转向特性增强或者过度转向特性减弱。

第二种形式的悬架，所谓的实心（刚性）轴，大体上如图16-1所示；更多的细节将在图16-4中被描述。两个轮架由一根刚性轴连接。这根刚性轴必须有两个自由度：一个是垂直平移，另一个是沿纵轴旋转。由于这个原因，刚性轴需要用四个臂连接在车身上，这代表了一种可以连接车轴与车身的可能方式；另一种更简单的方式是使用钢板弹簧。车轮的垂直运动会被传递到另一个车轮，这是这种悬架的一个缺点。车轮外倾角在转向时不变，还有一些缺点如不易衰减振动和容易摆振，摆振只会在转向轴上发生。刚性轴在乘用车上应用较少，但可以被应用在重型货车上。

图16-4　实心轴（非独立悬架）

轮架之间既不是刚性连接，也不能完全独立运动的系统被称为扭转梁式车轴。

为了使车轮的垂直运动与车身弹性连接，一般要附加螺旋弹簧，其一侧连接轮架或悬架臂，另一侧连接车身。减振器用来衰减轮架的垂直运动。减振器可以与螺旋弹簧集成布置形成一个支柱，也可以将减振器和弹簧分开布置。如果采用这种方法，可以为减振器和弹簧安装不同的杠杆臂。

接下来展示一些悬架系统。图16-5展示了梅赛德斯奔驰B级车的麦弗逊式前悬架。悬架的约束避免了轮架绕两根轴线旋转（这意味着这两个方向的自由度被锁死）。从多体系统动力学（MBS）角度看，麦弗逊式悬架的上部分是通过万向球头与车体连接的刚体（活塞杆）。

减振器的活塞杆和筒通过圆柱副连接。从多体系统动力学角度看，减振器的筒与轮架形成一个刚体。当所有这些因素都被考虑在内时，轮架将有四个自由度

图16-5　梅赛德斯奔驰B级车的麦弗逊式前悬架
（经戴姆勒公司授权引用）

（万向联轴器的两个和圆柱副的两个）。所以，还需要三个能限制三个自由度的拉杆。其中两个拉杆，一般一个主要在轴向而另一个主要在侧向提供额外的约束。五个约束中最后一个来自转向系统，即转向横拉杆，因为麦弗逊式悬架主要用于前悬架。轴向和侧向的连杆可以如图 16-5 中一样，由一个 A 型控制臂代替。而且，这张图描述了横向稳定杆、驱动轴与轴间差速器、依靠速度控制转向比率的转向系统和副车架。

图 16-6 描述了主要零部件。麦弗逊式悬架的优点是减少了零部件数量，因此可以拥有更简单的设计，占用更少的空间。因为减振器锁死了两个方向的旋转自由度，因此它需要能够传递力矩。这就是麦弗逊式减振器的活塞直径比传统减振器活塞杆大的原因。这也是它的一个缺点，因为这种减振器的成本更高。另一个缺点在于麦弗逊式悬架需要的车辆高度要比用弹簧和减振器连接到下 A 型控制臂的悬架高。麦弗逊式悬架一般连接在轮架的上部，因为需要给颠簸预留空间，车辆中悬架与车身连接的上部高度必须足够大。

图 16-6　麦弗逊式前悬架的主要组成部分

图 16-7 展示了梅赛德斯奔驰 B 级车的后桥。这是一个四连杆悬架，它有三个横向连杆和一个纵向连杆。图中也描述了横向稳定杆。减振器和弹簧连接在轮架和车身上不同的点，这导致选择弹簧刚度和阻尼系数时有更好的独立性。

图 16-8 展现了梅赛德斯奔驰 M 级车的前悬架。这是一个有着装有空气弹簧的集成自适应阻尼系统的双横臂悬架（通过天棚算法控制）。另一个特别的部分是主动横向稳定杆：它将一个传统的横向稳定杆分成两个部分，这两个部分通过液压旋转执行机构连接。根据侧向加速度 v^2/ρ_{cc}，可以调整汽车的动态特性以防止它侧翻（达到一定的侧向加速度）。为了提升直线行驶的舒适性以及提升越野行驶时的动态特性，横向稳定杆两部分之间的耦合可以被中断。

图 16-7　梅赛德斯奔驰 B 级车的后桥
（经戴姆勒公司授权引用）

图 16-8　梅赛德斯奔驰 M 级车的麦弗逊式前悬架
（经戴姆勒公司授权引用）

图 16-9 展示了梅赛德斯奔驰 M 级车的后桥。这里也安装了主动横向稳定杆（执行机构在差速器后面）。空气弹簧和减振器是分开的。

拥有五连杆的悬架可以满足最多种类的设计，因为每根杆都可以根据舒适性、安全性和动态特性单独设计。但是，这种悬架一般比简单设计的悬架成本高。图 16-10 展示了梅赛德斯奔驰 C 级车的多连杆后桥。在前面的三根杆可以很容易辨认出来，其他的连杆部分被遮挡在其他零件后面。

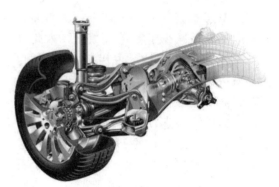

图 16-9　梅赛德斯奔驰 M 级车的后桥
（经戴姆勒公司授权引用）

图 16-10　梅赛德斯奔驰 C 级车的多连杆后桥
（经戴姆勒公司授权引用）

图 16-11 展示了五连杆悬架的设计原理，五根杆都可以在图中清楚看见。这张图还描述了转向轴（与四连杆的四个延伸部分几乎垂直相交的圆柱体）。可明显地看出，主销偏移距 r_k 和扰动力臂 r_σ 都很小。

在最后的例子中研究两种现象，这两种现象可以用弹性运动轴、圆周转向以及侧向力导致的转向解释。首先来看弹性运动轴。在讨论弹性运动轴之前，首先借用图 16-12 对弹性运动点进行机械模拟。在图 16-12 中，轮架（方形）通过三个转动运动副与三个连杆相连，这三根连杆通过三个弹性衬套（其中两个刚度大，一个刚度小）与副车架相连。轮架的惯量与质量分别用 J 与 m 表示。车身平面内移动的自由度用 x 与 y 表示，绕点 S 旋转的角度用 φ 表示。希望建立关于小角度 φ 的运动方程。如果点 S 与轮架上转动运动副的距离为 a，车身转动运动副与副车架处的转动运动副之间的距离为 b（a 和 b 都只描述了水平连杆；对于垂直连杆，距离也同样用 a 和 b 表示）。对于小角度 φ（使用泰勒级数展开的方法将余弦函数用泰勒展开式代替 $\cos\varphi = 1 - \varphi^2/2 + \cdots$），弹簧（衬套）的伸长量 Δs 为：

$$
\begin{aligned}
\Delta s &= \sqrt{a^2\sin^2\varphi + \left[b + a(1-\cos\varphi) \right]^2} - b \\
&= \sqrt{2a^2 + b^2 + 2ab(1-\cos\varphi) - 2a^2\cos\varphi} - b \\
&= \sqrt{b^2 + a^2\varphi^2 + ab\varphi^2 + \cdots} - b \\
&= \frac{b}{2}\left(\frac{a^2}{b^2} + \frac{a}{b} \right)\varphi^2 \cdots
\end{aligned}
\tag{16-1}
$$

如果假设车身绕点 S 旋转的角度 φ 很小且二次项可以被忽略，那么在车身做纯旋转运动时，弹簧衬套长度的变化也可以忽略。如果观察整个系统（刚度小的衬套被忽略）的运动方程式（16-2）~式（16-4），可以发现式（16-4）中没有恢复力矩。这表示，即使是作用在车身上十分小的力，如果点 S 与力的作用方向不在一条直线上时，也会出现很大的转角。

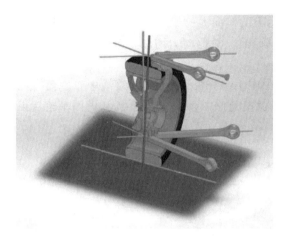

图 16-11　五连杆悬架的设计原理

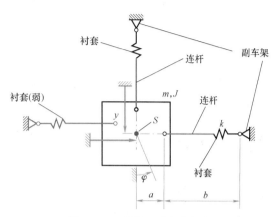

图 16-12　弹性运动点的解释

当然，因为受到运动方程式（16-2）~式（16-4）中被忽略的非线性部分的限制，角 φ 不会增大到非常大。车身可以很容易绕着点 S 旋转（如果刚度低的衬套被忽略），这也是连杆延长线的交点，它被弹性地固定住。

$$m\ddot{x} + kx = 0 \tag{16-2}$$

$$m\ddot{y} + ky = 0 \tag{16-3}$$

$$J\ddot{\varphi} = 0 \tag{16-4}$$

在解释完弹性运动点后，继续讲弹性运动轴。在图 16-13 中，这根轴被描绘为具有最大直径的圆柱体。这是个五连杆悬架。五连杆中的四根臂通过刚度很大的衬套（弹性元件）与副车架或车身相连，第五根臂（下 A 型控制臂中的一根）弱安装在副车架上。因此，得到了一个与弹性运动点相似的情况，转动中心点 S 为弹性安装臂延长线的交点。如果观察图 16-13 中这些弹性安装臂的延长线，可以发现所有四根延长线都经过同一条直线，这就是弹性运动轴（立体的情况类似于弹性运动点）。

在下一段，将关注侧偏力与制动力的影响。为了研究这些影响，先假设研究的悬架为后悬架。

首先考虑转向时的制动策略（可能是

图 16-13　与保时捷 911 的 LSA 后悬架类似的
五连杆悬架

轻微制动，或者由于后轴驱动的车辆发动机阻力矩导致的减速）。减速导致载荷从后轴转移到前轴。这导致后轴侧向力减小，前轴侧向力增加，最后总体上产生一个使车辆向内侧弯道旋转的力矩。由于弹性运动轴与路面的交点在车辆外部（杠杆臂为 n，传递牵引力的杠杆臂为 m），后轴两侧车轮的制动力产生了绕弹性运动轴的一个转矩。这意味着由于制动力产生的转矩很容易使两侧车轮前束变化。进而，内侧车轮的侧向力减小（因为轮胎侧偏角减小），而外侧车轮的侧向力增大。由于外侧车轮增大的侧向力的绝对值大于内侧车轮侧向力减小的绝对值（因为外侧轮胎载荷比内侧轮胎载荷大），总侧向力增加，上述提到的侧向力变化使车辆朝内侧弯道旋转的力矩被部分补偿了。

类似的侧向力也对车轮前束或后束有影响。如图 16-13 所示，交点在接地中心后面（杠杆臂为 s）。这表示侧向力会导致外侧车轮前束（这又意味着侧偏角增大）和内侧车轮后束（侧偏角减小），这会导致更大的侧向力。

16.1　问题与练习

记忆

1. 对于一个车轮的悬架，需要锁死几个自由度？
2. 单一连杆会锁死几个自由度？
3. A 型控制臂能锁死几个自由度？
4. 轮架的主自由度是什么？
5. 独立悬架的原理是什么？
6. 除了独立悬架，还有哪些基本形式的悬架？
7. 压缩和回弹期间哪些量会发生变化？
8. 弹性运动轴是如何定义的？

理解

1. 请解释改变压缩量和回弹量对车辆不足转向或过度转向特性的影响。
2. 弹性运动轴的位置对行驶特性有什么影响？
3. 解释不同位置的弹性运动轴的周向转向力和横向转向力。

第 17 章　离合器和变速器

在本章中将讨论一些离合器和变速器的例子。

17.1　离合器

第 17 章部分
彩色曲线图

离合器连接发动机与变速器。其功用是：

1）如果发动机和变速器的角速度不相等，依旧能够把转矩传递给变速器。例如，当汽车静止不动时就是这种情况，因为内燃机需要一个最小的角速度才能保持运转。

2）减缓传动系统的振动。

3）使起动过程柔和平稳。

4）实现快速换档。

车辆上有三种离合器较为常见：湿式和干式盘式离合器（包括单片或多片），以及液力变矩器。

图 17-1 展示的是一种干式双离合器。通常安装在发动机和离合器之间的大齿轮，用于起动内燃机。在图 17-1 中可以看到离合器的两个基本部件。两个分离拨叉（左下方）分离膜片弹簧。上部的拨叉可以被清楚地看到，而第二个拨叉则几乎被完全遮挡。同样可见的是带有扭转弹簧的离合器盘（一个是可见的）、衬里和压力板。图 17-1 中所示的双离合器包含至少 500 个独立零件。

双离合用于保证转矩从发动机无间断地传送到变速器。双离合变速器有两根输入轴和两根输出轴。两根输入轴通过两个圆盘和压力板连接到双离合器的两个输出侧；双离合器的输入侧连接发动机。在换档时，例如从一档换到二档，一档下的离合器在第二档的离合器处于接合状态的同时断开。转矩和角速度的主要关系如图 17-2 所示。图 17-2a 显示从动轮的需求

图 17-1　干式双离合器（舍弗勒公司授权引用）

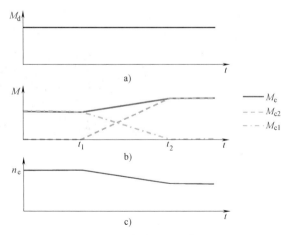

图 17-2　双离合器的工作原理

力矩 M_d；这里假设车辆的力矩 M_d 和速度恒定。力矩的传递路径在 t_1 和 t_2 之间发生变化。图 17-2b 描述了来自发动机的力矩（实线）。由于在换档过程中传动比的变化，发动机的力矩必须增加（假设图中 $i_d = 4, i_1 = 3, i_2 = 2$）。在离合器接合和分离时，第一个离合器传递的力矩 M_{c1} 从 $t = t_1$ 时的发动机力矩减小到零，而第二个离合器传递的力矩 M_{c2} 从零增大到 $t = t_2$ 时的发动机力矩。

图 17-3 显示了一个双离合器变速器（未显示离合器）的例子。两个离合器将附着在两根输入轴上；其中一根输入轴（较短的那根）是空心轴。在这个例子中，两根输出轴没有轴向定位（在图 17-4 和图 17-5 的例子中，两根输出轴也是同向的）。输入轴是轴向的，因为采用了一个较小的体积空间作为这种双离合配置必要的设计空间。如果要双离合变速器的传递力矩没

图 17-3 双离合变速器

有中断，就必须将邻近的档位分配到不同的输入、输出轴上。为使从一个档位到另一个档位连续变化，同时啮合一个离合器和分离另一个离合器是必要的。不间断双离合变速器的一个缺点是，它相较手动换档变速器所占空间较大，重量也稍微重一些（手动档和双离合变速器的效率差不多），但就换档舒适性而言，双离合系统可与自动变速器相媲美。另一个优势是，车辆起步时加速能力高于手动变速器。

在图 17-4 和图 17-5 中展示了另一种带有两根轴向输入轴和两根轴向中间轴的设计。在图 17-4 中是第一档接合，而在图 17-5 中是第二档接合。这个设计方案使用了两个多盘湿式离合器；外部离合器对应第一、三、五档，而内部离合器对应第二、四、六档。第七档并不是通过与中间轴接合实现的，而是通过输入、输出轴的直接接合实现的。

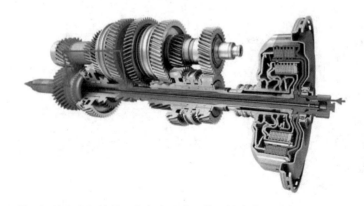

图 17-4 带两根轴向中间轴的双离合变速器：第一档接合（经保时捷公司授权引用）

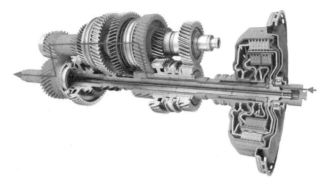

图 17-5　带两根轴向中间轴的双离合变速器：第二档接合

（经保时捷公司授权引用）

　　单盘离合器最重要的部件是离合器盘。图 17-6 展示了一个示例。它包括基本部分，也展示了一些附加功能。首先，将离心摆减振器连接到盘上。摆锤质量分为四部分。此外，离合器内衬并不是刚性地连接在离合器输出端上，而是通过一个 4 级扭转弹簧减振器相连。它的 4 级划分是通过带有 8 个嵌套的 16 个弹簧实现的（内部的弹簧在图中无法被看见）。内弹簧与盘之间存在一个间隙，因此内弹簧仅在超过一定扭力时才起作用。这会形成分段线性力矩角函数 $M = M(\alpha)$，如图 17-7 所示。阶段中的有效刚度 C_i^*（$i = 1, \cdots, 4$）和刚度曲线中阶段之间的切换点 α_i^* 与在图 17-7 的右侧部分给出的刚度 C_i 和间隙 α_i 并不是一个概念。例如，有下列关系成立：

$$C_1^* = \frac{C_1 C_2}{C_1 + C_2} \tag{17-1}$$

图 17-6　带扭转减振器和离心摆减振器的离合器盘

$$\alpha_1^* = \alpha_1 \frac{C_1}{C_1^*} \tag{17-2}$$

（经舍弗勒公司授权引用）

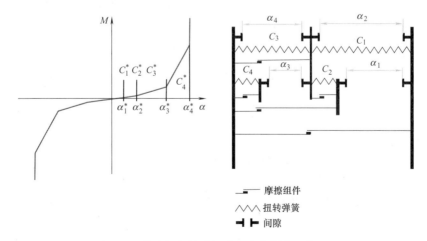

图 17-7　带多级扭转减振器的离合器盘工作原理

类似关系适用于 C_i^* 与 α_i^* 的其他值。刚度值为 C_1 和 C_2 的扭转弹簧有预阻尼装置的作用。库仑摩擦元件负责系统中的能量耗散和滞后。因此图 17-7 左侧显示的特征线应扩展到力矩-角度曲线附近的区域。

另一个减少传动系统中的振动，特别是内燃机引起的力矩和角速度的振荡的装置是飞轮。

一个刚性的飞轮因其转动惯量能减少振幅。双质量飞轮能更高效地减少这些振幅，图 17-8 展示了一个示例。在这个装置中，质量被分为两个部分。这两个部分由弓形弹簧连接，部件之间产生摩擦。这意味着双质量飞轮也是一种减振器（参见 9.2.1 节）。此外，图 17-8 所示离心摆式减振器被安装在发动机侧的双质量飞轮上，其目的是基于速度吸收某些频率的振动（参见 9.2.2 节）。

图 17-8　带离心摆减振器的
双质量飞轮
（经舍弗勒公司授权引用）

17.2　变速器

乘用车的变速器设计有许多种，图 17-9 中提供了常见设计种类的概览（见 Naunheimer 2011 年的著作）。

手动档汽车的换档与离合器接合（或分离）都是手动实现的。两种中间轴设计主要用于乘用车：两轴式变速器和中间轴式变速器。在两轴式变速器中力矩是从输入轴传递到中间轴的，中间轴也是输出轴。

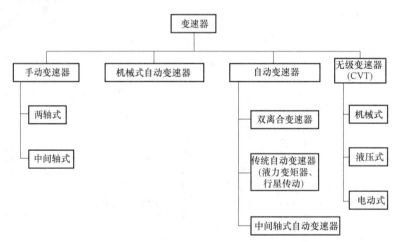

图 17-9　乘用车变速器概览

在中间轴式变速器中，输入轴和输出轴在同一直线上，并且中间轴与输入或输出轴是由一对齿轮连接的。

两轴式变速器主要用于前置前驱汽车。在这种配置中带有差速器的主减速器被集成到变速器中。中间轴式变速器主要用于前置后驱的车辆中，在这种布置中差速器位于后轴。

图 17-10 展示了一种简单的中间轴式变速器。齿轮与轴通过同步啮合连接在一起。不同

的传动比是通过连接不同齿轮与输出轴或直接连接输入、输出轴实现的。在后一种情况中，变速器传动比是1。倒档需要一根额外的轴。

在机械式自动变速器中离合与换档可以自动实现。由于这种变速器仅有一种过程是自动实现的，这种变速器被称为半自动变速器。最早的应用之一是1967年的大众汽车，三对齿轮由液力变矩器辅助。在这种自动变速器中，换档是手动实现的。半自动变速器在车辆中的应用并不广泛。

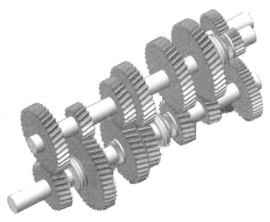

图 17-10 五档中间轴式变速器（五档直接传动）

自动变速器可分为液力机械变速器和带有中间轴的双离合自动变速器。第一种类型带有一个带锁止离合器的液力变矩器（在现代车辆中）。第二种类型在液力变矩器非转换模式下锁止了涡轮和叶轮以提高效率。行星齿轮辅以制动器和离合器以实现不同的传动比。

图 17-11 展示了一个自动变速器的示例。这个变速器包含四组行星齿轮与五组制动器和离合器。具有大传动比变速器的目的首先是实现动力和牵引力的平衡供应，其次是在广泛的速度和动力需求（或牵引力需求）范围内实现高效率。不同的传动比是通过制动器和离合器的组合来实现的。

自动变速器的一个关键部件是液力变矩器，下面将会介绍。

这种液力传动装置既作为离合器又作为变速器运行，因此，由于传动两侧角速度不同，液力变矩器既是离合器又是变速器。

液力变矩器的一个特点是它由三个旋转部件组成：叶轮（或泵轮）、涡轮和定子。液力变矩器的核心部件是定子，它实现了速度和力矩的转换。定子通过单向离合器安装到壳体上从而与车身相连。叶轮被安装在输入轴上（与发动机连接），而涡轮被安装在输出轴上（与变速器连接）。图 17-12 展示了液力变矩器的一个例子。

图 17-11 自动变速器，8 档，第一档接合

图 17-12 带有离心式过滤器和离合器
的液力变矩器
（经舍弗勒公司授权引用）

液力变矩器的运行有两种基本模式。

第一种模式即力矩与角速度转换模式，叶轮的转速明显高于涡轮的转速（其转速在汽车起动时可能为零）。该模式下，流体流过定子叶片的后部，单向离合器锁止以防止定子旋转。锁止即意味着外壳与定子之间存在力矩传递。

在第二种模式下，定子自由旋转，并且定子与外壳间没有力矩传递。

若叶轮力矩为 M_i，涡轮力矩为 M_t，定子力矩为 M_s，则它们的力矩满足以下关系式：

$$M_i + M_t + M_s = 0 \tag{17-3}$$

当定子锁止时，则有：

$$M_s \neq 0 \rightarrow |M_t| = |M_i + M_s| > |M_i| \tag{17-4}$$

当定子未被锁止时，则有：

$$M_s = 0 \rightarrow |M_t| = |M_i| \tag{17-5}$$

在转换模式下，变矩器的输入轴和输出轴的力矩和角速度都是不同的。力矩按照式（17-4）被放大。图 17-13 展示的是液力变矩器的特性曲线。这里输入转矩 T_{in} 和输出转矩 T_{out} 分别被名义转矩 T_o 相除。

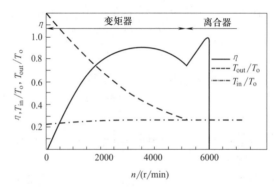

图 17-13　液力变矩器的特性曲线

另一种变速器是所谓的无级变速器，简称 CVT。CVT 有不同的形式。

这里描述了一种形式，由两个滑轮间的钢链（非传动带）组成（见图 17-14）。滑轮是可调的，因此可以实现无级变速。为了传递大力矩，链的张紧力必须很高。其工作原理如图 17-15 所示。组成滑轮的两部分发生相对位移，会改变滑轮作用半径的大小，从而实现多种传动比。使用 CVT 的发动机，特别是内燃机，可以在最高效率区域工作，而不必改变发动机转速。无级变速器的一些方面近些年得到了改进，例如最大可变力矩和效率。与传统机械 CVT 相比，一种集成电机的 CVT（eCVT）的力矩变化通过电磁力实现。

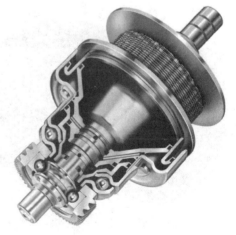

图 17-14　CVT 的一个滑轮和一部分链条
（经舍弗勒公司授权引用）

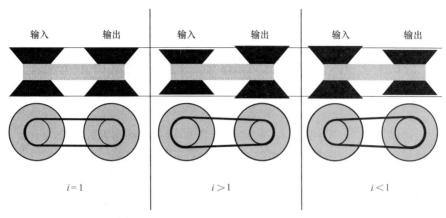

输入　　　输出　　　　输入　　　输出　　　　输入　　　输出

$i=1$　　　　　　　　$i>1$　　　　　　　　$i<1$

图 17-15　CVT 的工作原理

17.3　问题与练习

记忆

1. 离合器的功用是什么？
2. 动力系统有哪些减振结构？
3. 无间断的动力传输如何实现？
4. 如何区分不同类型的变速器？

第 18 章　减振器、弹簧和制动器

本章主要讲解第 18.1 节中的减振器、第 18.2 节中的主动悬架、第 18.3
节中的悬架弹簧和第 18.4 节中的制动器。

第 18 章部分
彩色曲线图

18.1　减振器

在汽车行业中，一般使用单筒或双筒减振器。

单筒减振器的原理图如图 18-1 所示。减振器内气体的压强小于 2.5MPa。减振器内部的
高压是为了避免气蚀现象。活塞杆的移动带动减振器活塞上下移动。在活塞移动过程中，液
压油流过压缩阀 2 或伸张阀 1。通常压缩阀与伸张阀在压缩与伸张行程中有着不同的特性。
在油液与气体之间的分离活塞的作用是将气体与油液完全隔离。在压缩行程中，活塞杆处于
工作缸内的体积增大，需要压缩气体的体积来弥补活塞杆的体积。由于内部的高压，因此对
于密封性有严格的要求。在减振器压缩行程中，液体在阀中的流动过程如图 18-2 所示，伸
张行程的液体流动过程如图 18-3 所示。

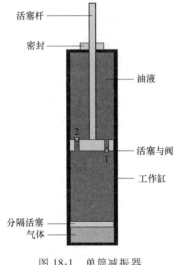

图 18-1　单筒减振器
1—伸张阀　2—压缩阀

图 18-2　单筒减振器：压缩
行程流动的详细说明
（经 ZF Friedrichshafen 公司授权引用）

图 18-3　单筒减振器：伸张
行程流动的详细说明
（经 ZF Friedrichshafen 公司授权引用）

单筒减振器的一个优点是它可以安装在任意方向。其缺点是与双筒减振器相比，由于它
需要更高的制造精度，同时对密封性的要求更高，因此需要更高的成本。单筒减振器的另一
个优点是油液冷却效率高。此外，作用在活塞杆上的静压力会令活塞杆上始终存在一个静载
荷。假设压力为 2.5MPa，活塞杆半径为 6mm，这个静载荷大约为 280N。

带有压缩阀 1 与伸张阀 2 的双筒减振器的结构如图 18-4 所示。此时液压油上无静态压力，因此双筒减振器对于密封和制造精度的要求不像单筒减振器那么高。在内缸与外缸之间的是补偿缸。补偿缸内液体的作用是用来补偿活塞杆的体积。液压油通过压缩阀 4 或伸张阀 3 进入或流出补偿缸。补偿缸约为半满状态，剩余部分用来在油升温膨胀（缸内温度可能达到 120℃）时吸收膨胀部分。双筒减振器的安装方向不是任意的；否则，在伸张行程中，补偿缸中的气体会被吸入工作缸。

压缩行程油液在阀中的流动过程如图 18-5 所示，伸张行程油液的流动过程如图 18-6 所示。

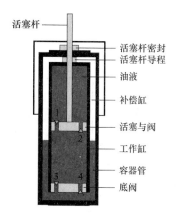

活塞杆
活塞杆密封
活塞杆导程
油液
补偿缸
活塞与阀
工作缸
容器管
底阀

图 18-4 双筒减振器
1、4—压缩阀　2、3—伸张阀

图 18-5 双筒减振器：压缩行程流动的详细说明
（经 ZF Friedrichshafen 公司授权引用）

图 18-6 双筒减振器：伸张行程流动的详细说明
（经 ZF Friedrichshafen 公司授权引用）

一些特殊形式的减振器也在被应用。一种是悬架支柱组件，它由悬架弹簧和减振器组成。这个组件被应用于麦弗逊悬架中。因为螺旋弹簧不能传递径向的力和力矩，需要减振器来完成这个功能，因此活塞杆的直径要比传统减振器大。

连续阻尼控制（CDC）是一种特殊的自适应阻尼系统结构。除了活塞阀和基础阀，它还增加了第三个比例调节阀。比例调节阀利用一根附加的控制管路来控制液体的分流流量。比例阀可以针对道路或振荡等因素进行电子调节。

油液在可变比例阀中的流动如图 18-7 所示。这种形式的减振器的阻尼特性只能被动适应外界条件，不能主动影响系统，因此被称为自适应阻尼。这也说明这种方法没有外界能量输入系统中。在 18.2.2 节中将介绍 CDC 减振器在天棚阻尼系统中的应用。天棚阻尼系统通过控制阻尼来隔离车轮与车身的振动。但这种隔离只是部分隔离，因为减振器只能耗散能量，把弹

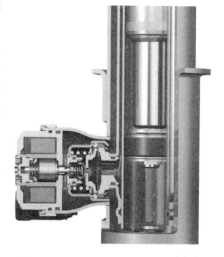

图 18-7 在 CDC 减振器中的比例阀
（经 ZF Friedrichshafen AG 授权引用）

簧的弹性能量转换成热能，不能将电能转化为机械能。因此，减振器仍是一个被动系统，但其具有自适应性。

18.2 理想的主动悬架和天棚阻尼器

本节主要讲解一些主动车身控制的细节。在 18.2.1 中介绍理想的主动车身控制，在 18.2.2 中介绍天棚阻尼器。

18.2.1 理想的主动悬架

理想意味着假设有一个激励能提供任意方向的力和位移，该激励作用于车轮与车身之间，如图 18-8 所示。

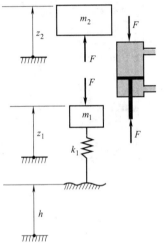

激励产生的力为 F，在分析工作原理时忽略座椅和驾驶人的影响。系统状态可由式（18-1）及式（18-2）组成的常微分方程组描述：

$$m_2 \ddot{z}_2 = F \tag{18-1}$$

$$m_1 \ddot{z}_1 + k_1 z_1 = -F + k_1 h \tag{18-2}$$

假设这个系统受正弦颠簸路面的激励。颠簸路面通过一个正弦复数函数 h 来描述，且只有实部是相关的。由于主要考虑计算结果的振幅，因此这种描述是有效的。路面激励在时域中表示为：

$$h = \hat{h} e^{i\omega t} \tag{18-3}$$

图 18-8 理想主动车身控制
（作动器通过其力重新定位）

如果 $\kappa = 2\pi/L$ 为正弦颠簸路面的波数，v 为车速，那么时间频率为 $\omega = v\kappa$。由于线性微分方程组的激励是正弦的，与时间相关的变量也是正弦的：

$$z_1 = \hat{z}_1 e^{i\omega t} \tag{18-4}$$

$$z_2 = \hat{z}_2 e^{i\omega t} \tag{18-5}$$

$$F = \hat{F} e^{i\omega t} \tag{18-6}$$

$$F_z = \hat{F}_z e^{i\omega t} \tag{18-7}$$

最后一个变量 F_z 为轮胎动载荷，它表示的只有正弦部分而非静载荷。轮胎载荷是由车轮的变形造成的。

车轮刚度为 k_1，可以得到：

$$\hat{F}_z = k_1 (\hat{h} - \hat{z}_1) \tag{18-8}$$

解此方程可以得到 $\hat{z}_1$：

$$\hat{z}_1 = \hat{h} - \frac{1}{k_1} \hat{F}_z \tag{18-9}$$

将 $\hat{z}_1$ 代入式（18-2）得到（将 $\ddot{z}_1 = -\omega^2 \hat{z}_1 e^{i\omega t}$ 代入并除以 $e^{i\omega t} \neq 0$）：

$$-m_1 \omega^2 \hat{z}_1 + k_1 \hat{z}_1 = -\hat{F} + k_1 \hat{h} \tag{18-10}$$

得出：

$$\hat{F} = \hat{F}_z\left(1 - \frac{m_1}{k_1}\omega^2\right) + m_1\omega^2\hat{h} \tag{18-11}$$

式（18-11）包含了作动器力 $\hat{F}$、轮胎载荷 $\hat{F}_z$ 和不平路面 $\hat{h}$ 的复振幅。引入一个频率比：

$$\eta_1 = \frac{\omega}{\omega_w} \tag{18-12}$$

式中，$\omega_w = \sqrt{k_1/m_1}$ 为车轮的固有频率。

式（18-11）可以被写为：

$$\hat{F} = \hat{F}_z(1 - \eta_1^2) + k_1\eta_1^2\hat{h} \tag{18-13}$$

由式（18-13）可以看出，可以通过改变三个复振幅的相位来达到不同的效果。考虑两种极端的情况。

首先，$\hat{F} = 0$ 的情况。在这种情况下，控制作动器使车身与车轮之间没有动态的力（当然，车轮与车身之间的静态力依然存在）。这个消失的力 $\hat{F} = 0$ 使车身加速度消失，即车身加速度为 0，这时车身的舒适性变得十分理想。轮胎载荷的复振幅由式（18-11）可得：

$$\hat{F}_z = -k_1\frac{\eta_1^2}{1 - \eta_1^2}\hat{h} \tag{18-14}$$

如果激励频率为 $\omega = \sqrt{k_1/m_1}$，则分母 $1 - \eta_1^2$ 变为 0，它表示系统在车轮固有频率激励下的状态。此时分母为 0，这将会使轮胎载荷复振幅值 $\hat{F}_z$ 变得很大。这会使车辆安全性变得很差（或非常糟糕）。

第二种极端情况是理想的安全性，这意味着轮胎动载荷的消失。由式（18-11），在 $\hat{F}_z = 0$ 时可得：

$$\hat{F} = k_1\eta_1^2\hat{h} \tag{18-15}$$

如果激励频率与车轮固有频率相等（$\eta_1 = 1$），那么不平路面的激励将直接影响车身，车身与车轮之间只有车轮刚度起作用。由于车轮刚度很大，因此车身与车轮之间的力也很大，因此舒适性会变得很差。如果关注复振幅 $\hat{h}$，通过对不平路面的随机性描述，可以知道路面功率谱密度随 Ω^{-w} 的减小而减小，此处指数 $w = 2$。

$$\Phi_h(\Omega) = \Phi(\Omega_0)\left(\frac{\Omega}{\Omega_0}\right)^{-w} \tag{18-16}$$

由此可知，复振幅 $\hat{h}$ 与 $\sqrt{\Omega^{-w}} = \Omega^{-w/2}$ 的变化类似，或如时间频率的函数 $\omega = v\Omega$，振幅 $\hat{h}$ 减小的趋势与 $\omega^{-w/2}$ 相同。因为 $\eta_1^2 = \omega^2/\omega_w^2$ 且 $w \approx 2$，复振幅 $\hat{F} = k_1\eta_1^2\hat{h}$ 随 $\omega^{2-w/2}$ 近似线性增加，因此对于理想的安全性，舒适性会变得很差。

因此只可能采取折中的办法。需要在三个复振幅之间选择合适的值，使下式成立：

$$\left|\hat{F}\right| + \left|\hat{F}_z(1 - \eta_1^2)\right| = \left|k_1\eta_1^2\hat{h}\right| \tag{18-17}$$

一般来说，满足：

$$\left|\hat{F}\right| + \left|\hat{F}_z(1 - \eta_1^2)\right| \geq \left|k_1\eta_1^2\hat{h}\right| \tag{18-18}$$

这表示，在最理想的情况下 [见式（18-17）]，力 $\hat{F}$ 与 $\hat{F}_z$ 必须小于 $|k_1\eta_1^2\hat{h}|$。同时，舒适性与安全性之间的矛盾仍然存在，即使对于理想的主动作动器也是如此。

图 18-9 展示了梅赛德斯 S 级的主动悬架系统。主动元件（如梅赛德斯的主动车身控制）可以使用液压装置实现，也可以使用电动装置。通过主动元件的控制，可以实现接近式（18-17）中的理想状态。

图 18-9　梅赛德斯 S 级的主动悬架系统（经戴姆勒公司授权引用）

18.2.2　天棚阻尼器

天棚阻尼器的阻尼特性可以实现连续变化。通过使用比例阀的液压可控分流器来实现阻尼特性的连续变化。将车身与车轮的加速度数据提供给控制算法，可以实现对每个车轮的独立控制。此外，如果要控制车身俯仰与侧倾运动，车轮的独立控制器必须与中央控制器连接，以此实现对车身的控制。

车身与车轮之间的减振器在协调安全性与舒适性矛盾关系中起着至关重要的作用，它同时影响着舒适性与安全性。一个避免这种矛盾的方法是为车身提供一个不作用于车轮的减振器。由于不可能将减振器一端与车身相连而另一端与环境相连，因此假设将减振器一端与车身相连而另一端与天空中想象的天棚相连（这在现实中是不可能的，但目的是检验能否提高舒适性）。因为阻尼力不作用于车轮，不会影响轮胎动载荷，因此在可以调节这个天棚阻尼器来改善良好的舒适性的同时不影响安全性。

这种天棚阻尼器如图 18-10a 所示。天棚阻尼器被安装在车身与天空之间，在车轮与车身之间不存在减振器。阻尼系数可以根据安全性的要求独立选择。接下来，将分析是否可以在车轮与车身之间安装一个减振器，使其工作效果接近或等效于天棚阻尼器。如果天棚阻尼器的受力 F_{dsky} 与传统减振器的受力 F_d 相等，就可以达到这种效果，这里：

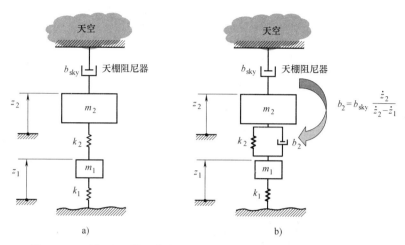

$$b_2 = b_{sky} \frac{\dot{z}_2}{\dot{z}_2 - \dot{z}_1}$$

图18-10　天棚阻尼器（摘自 Mitschke 和 Walentowitz 2004 年的著作）

$$F_{dsky} = b_{sky} \dot{z}_2 \qquad (18\text{-}19)$$

$$F_d = b_2(\dot{z}_2 - \dot{z}_1) \qquad (18\text{-}20)$$

令 $F_{dsky} = F_d$，得到一个与天棚阻尼器工作性能类似的传统减振器。为了实现天棚阻尼器的工作特性，需要使阻尼系数 b_2 随车速变化：

$$b_2 = b_{sky} \frac{\dot{z}_2}{\dot{z}_2 - \dot{z}_1} \qquad (18\text{-}21)$$

为了知道这种减振器是否能实现，应注意减振器的功率 P_{dsky} ［根据 $P_{dsky} = F_d(\dot{z}_2 - \dot{z}_1)$ 并用式（18-21）代替 b_2，可以得到 P_{dsky}］：

$$P_{dsky} = F_{dsky}(\dot{z}_2 - \dot{z}_1) \qquad (18\text{-}22)$$

$$P_{dsky} = b_{sky} \dot{z}_2(\dot{z}_2 - \dot{z}_1) \qquad (18\text{-}23)$$

由于减振器是被动元件，只能消耗功率（减振器只能将机械能转化为热能），因此 P_{dsky} 为正值，则需要满足：

$$\dot{z}_2(\dot{z}_2 - \dot{z}_1) > 0 \qquad (18\text{-}24)$$

式（18-24）的要求与随速度变化的阻尼系数 b_2 ［参见式（18-21）］为正值的要求等价［如果将式（18-21）乘以 $(\dot{z}_2 - \dot{z}_1)^2 \geq 0$，则两式明显等价，此处不考虑 $(\dot{z}_2 - \dot{z}_1)^2 = 0$ 的情况］。对于被动减振器，阻尼系数不可能取负值。这说明只有速度满足如下条件才可以实现天棚阻尼：

$$\dot{z}_2(\dot{z}_2 - \dot{z}_1) > 0 \qquad (18\text{-}25)$$

由图18-10a 可以明显看出车轮处没有阻尼，这会导致轮胎载荷出现很大的波动。为了避免这些波动，引入了一个额外的减振器（阻尼系数为 $\tilde{b}_2$）。那么减振器的阻尼力为：

$$F_{d\,tot} = b_{sky} \dot{z}_2 + \tilde{b}_2(\dot{z}_2 - \dot{z}_1)$$

$$= \left(b_{sky} \frac{\dot{z}_2}{\dot{z}_2 - \dot{z}_1} + \tilde{b}_2 \right)(\dot{z}_2 - \dot{z}_1)\,,\ \dot{z}_2(\dot{z}_2 - \dot{z}_1) > 0 \qquad (18\text{-}26)$$

$$F_{d\ tot} = \tilde{b}_2(\dot{z}_2 - \dot{z}_1)\ ,\ \dot{z}_2(\dot{z}_2 - \dot{z}_1) < 0 \qquad (18\text{-}27)$$

取这两种阻尼器结合的平均数，现在可以调整阻尼以获得良好的舒适性以及较低的轮胎载荷波动。为了控制天棚阻尼部分，需要知道车身速度 $\dot{z}_2$ 与车轮速度 $\dot{z}_1$。这表示如果要控制一个车轮，则需要在车辆中安装两个传感器。

天棚阻尼系统（CDC）的硬件部分结构如图 18-11 所示：它由车轮与车身的加速度传感器、控制单元以及比例阀组成。天棚阻尼器的结构如图 18-12 所示。在左下角可以看到控制阻尼特性的阀门。

图 18-11　CDC：连续阻尼控制

（经 ZF Friedrichshafen 公司授权引用）

图 18-12　CDC 减振器

（经 ZF Friedrichshafen 公司授权引用）

18.3　悬架弹簧

在汽车中，连接车桥与车身的弹簧有很多种形式。

在乘用车中，弹簧的位移可能达到 ± 100mm。螺旋弹簧（很少使用钢板弹簧）是应用最广泛的弹簧，也有少部分使用空气弹簧和扭杆弹簧。

钢板弹簧和扭杆弹簧起着特殊的作用，因为它们也可以作为悬架杆件。在重型汽车中常使用钢板弹簧或扭杆弹簧，但在乘用车中很少使用。螺旋弹簧与空气弹簧不适合用于代替悬架杆件。除了这些弹簧（空气弹簧、钢板弹簧和扭杆弹簧），在悬架中也使用橡胶衬套来减少噪声与振动。

钢板弹簧（参见图 18-13 中的弹簧 6）是弯曲梁，且截面惯性矩很小，因此它的变形量很大。簧片长度不等的多片式钢板弹簧或变截面（抛物线截面）的钢板弹簧可以减小在夹紧端的弯曲应力。

钢板弹簧和螺旋弹簧的结构如图 18-13 所示。

螺旋弹簧是一个螺旋的扭转杆。图 18-13 展示了其一些不同的设计形状。它的基本形状为线径与弹簧直径不变的圆柱形。其刚度特性（即力随弹簧变形量的变化）为线性。

通过不变的线径与弹簧直径但可变的节距可以使螺旋弹簧具有非线性刚度特性。当弹簧变形时，由于弹簧的节距不同，弹簧的活动圈数减少，因此获得了渐进特性（参见图 18-13 中的弹簧 2）。同时改变线径和节距，也可以获得渐进的特性曲线（参见图 18-13 中的弹簧 3）。中凸形螺旋弹簧的参数自由度是最多的，它的倾斜度、线径和平均直径都不是常数（参见图 18-13 中的弹簧 4）。

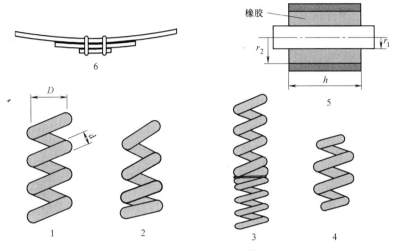

图 18-13　悬架弹簧

线径 d 为常数，平均弹簧直径为 D 且活动圈数为 n 的弹簧刚度为：

$$c = \frac{Gd^4}{8nD^3} \tag{18-28}$$

式中，G 为剪切模量。

橡胶衬套（参见图 18-13 中的 5）可以被看作汽车中的一个额外的弹性元件，例如：安装在悬架控制臂与车身或副车架的连接处、发动机或变速器支架、横向稳定杆或减振器支架的连接处（例如麦弗逊悬架的支柱）。橡胶衬套的主要刚度为轴向刚度 c_a、径向刚度 c_r 和扭转刚度 c_φ：

$$c_a = \frac{2\pi h G}{\ln(r_2/r_1)} \tag{18-29}$$

$$c_r = \frac{k 7.5\pi h G}{\ln(r_2/r_1)} \tag{18-30}$$

$$c_\varphi = \frac{4\pi h G}{1/r_1^2 - 1/r_2^2} \tag{18-31}$$

修正系数 k 取决于高度 h 与橡胶衬套厚度 $s = r_2 - r_1$ 的比值。对于 $h/s = 0$，修正系数为 1，且 k 随着比值 h/s 增大到 5 而逐渐增大到 2.1。剪切模量 G 随肖氏 A 级硬度 H 的增加而增加（G 的单位为 N/mm^2，H 的单位为 Sh A；参见 Battermann 和 Koehler 1982 年的著作）：

$$G = 0.086 \times 1.045^H \tag{18-32}$$

在液压气动（油气）弹簧与空气弹簧中，弹簧刚度取决于固定的或可变的气体量（氮气或空气）。气体的体积在不同的颠簸行程中变化。空气弹簧的工作原理如图 18-14 所示。

作用在活塞上的力 F 为

$$F = A(p - p_o) \qquad (18\text{-}33)$$

式中，p 为气室内部气压；p_o 为外部气压；A 为横截面面积。空气弹簧内部压力 p 在气体体积减小时增大，在体积增大时减小。

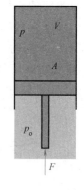

图 18-14 空气弹簧的工作原理

在体积变化的过程中，温度近似保持不变（这被称为等温过程）或变化很小，温度的变化量与体积变化的速度相关。等温过程可以表示为：

$$pV = 常数 \qquad (18\text{-}34)$$

如果体积变化很快，与环境几乎没有热量交换。这种状态叫作绝热过程，可以通过下式表述：

$$pV^{\kappa} = 常数 \qquad (18\text{-}35)$$

式中，对于空气 $\kappa \approx 1.4$。

一般情况下，压力 p、体积 V 之间的关系可以通过如下多变方程表示：

$$pV^{n} = 常数 \qquad (18\text{-}36)$$

式中，n 为多变指数，它在 1（等温过程）与 1.4（绝热过程）之间变化。

多变指数随体积变化速度的增加而变大。

气体弹簧的特性是非线性的，但弹簧力 F 的梯度 $\mathrm{d}F/\mathrm{d}s$ 可以通过含振动行程 s 的函数表示。由

$$F = A\left[\frac{p_0 V_0^n}{(V_0 - As)^n} - p_o\right] \qquad (18\text{-}37)$$

可以得出：

$$\frac{\mathrm{d}F}{\mathrm{d}s} = A^2 n \frac{p_0 V_0^n}{(V_0 - As)^{n+1}} \qquad (18\text{-}38)$$

由于气室内的气体会扩散，因此需要有一个与弹跳控制器相连的压缩机。在弹跳速度很小的情况下，弹跳控制器可以补偿弹簧的跳动。

空气弹簧分为两种：一种是气体体积不变的空气弹簧，另一种是气体质量不变的油气弹簧。

气体体积不变的空气弹簧的工作原理如图 18-15 所示，气体质量不变的油气弹簧的工作原理如图 18-16 所示。

气体体积不变的弹簧的活塞在气室存放气体的位置挤压气室。当车辆加载、弹簧跳动偏离参考值时，三通阀将空气弹簧与压缩机连接，此时压缩阀增加压力，弹簧跳动恢复参考值。同理，卸载时弹簧放气来维持参考值。

令 $p_0 V_0^n = pV^n$ 且 $(V_0 - As)^{n+1} = V^{n+1}$，整理式（18-38），得到：

$$\frac{\mathrm{d}F}{\mathrm{d}s} = A^2 n \frac{p}{V} \qquad (18\text{-}39)$$

由于体积 V 不变且静态压力随载荷成比例增加，四分之一车辆模型的一阶固有频率 f_1 在加载或卸载时保持不变。假设重量 mg 是平均分配在四个车轮上的，一个空气弹簧所受压力 $p = mg/(4A)$。线性单质量振动系统（质量为 m、刚度为 c）的一阶固有频率为 $\sqrt{c/m}$，因此有：

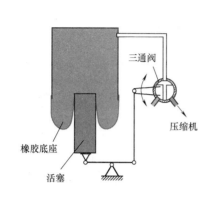

图 18-15　体积不变的空气弹簧的工作原理

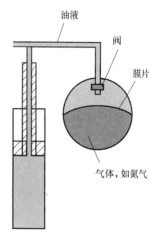

图 18-16　气体质量不变的油气弹簧的工作原理

$$f_e = \frac{1}{2\pi}\sqrt{\frac{\mathrm{d}F/\mathrm{d}s}{m/4}} \qquad (18-40)$$

即

$$f_e = \frac{1}{2\pi}\sqrt{\frac{Ang}{V}} \qquad (18-41)$$

可以看到固有频率与质量无关，因此与载荷也无关。

　　由于体积 V 为式（18-41）的分母，安装了体积不变的空气弹簧的四分之一车辆模型的一阶固有频率与载荷无关。安装了质量不变的空气弹簧的一阶固有频率会随着载荷的增加而变大（由于气体体积变小）。

　　气室内部的容积有时太小，无法获得较低的一阶固有频率［参见式（18-41）］，因此，在一些气体弹簧中，在主气室上连接一个附加外部气室，如图 18-17 所示。主气室与外部气室之间通过一个自适应阀连接。这种改造可以用于控制阻尼特性。空气弹簧的一个重要方面是气室的形状，因为橡胶在高频下刚度会变得很大。空气弹簧的最大压力为 1.5MPa 左右。

　　图 18-18 展示了一个没有安装附加外部气室的空气弹簧。图 18-19 展示了一辆货车悬架中的空气弹簧。在一些高端乘用车或重型汽车中应用了体积不变的空气弹簧，但是这项技术还没有在小型汽车中普及。

　　第二种油气弹簧，即气体质量不变的弹簧，比体积不变的空气弹簧应用更早。这种形式的气体弹簧一般称为液压气动空气（油气）弹簧，它是由雪铁龙公司在 20 世纪 50 年代作为工业标准件引入的。

　　气体质量不变的油气弹簧的基本结构如图 18-16 所示。它的原理是气体（在乘用车中一般用氮气）通过一片橡胶膜与液压油分隔。由于弹簧内存在气体，且液压油刚度很大，因此弹簧可以发生变形。这种悬架弹簧有一些优点。首先，弹簧刚度可以被调整为很小的值，以获得好的舒适性。其次，阻尼可以通过液压阀来调整。当阀为可变阀时，就可以获得自适应的阻尼特性。由于液压部分的截面面积一般比体积不变的空气弹簧中的截面面积小，油气弹簧的气体压力也比体积不变的空气弹簧更高（为 1.5~2MPa）。油气弹簧也有一些缺点：由于弹簧刚度较小，因此一般需要安装液压泵以提高液压压力来防止装载后底盘间隙过小。尽管这需要额外的成本，但与体积不变的空气弹簧的气动系统相比相差不多。

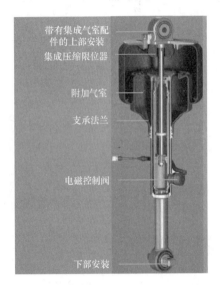

图 18-17　具有附加外部气室的空气弹簧
（经 ZF Friedrichshafen 公司授权引用）

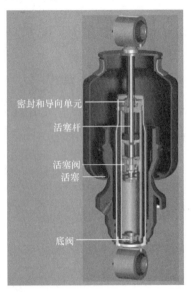

图 18-18　不具有附加气室的空气弹簧
（经 ZF Friedrichshafen 公司授权引用）

图 18-19　货车悬架中的空气弹簧（经 ZF Friedrichshafen 公司授权引用）

18.4　制动系统

在车辆中必须要有制动系统来减速，来让驾驶人完成停车、下坡减速以及驻车等动作。制动系统有很多法律法规要求，下文所示为一些欧洲的法规要求：

1）车辆必须有两套独立的制动系统，一般通过两个制动回路实现。

2）如果一条制动回路失灵，另一条制动回路需要能至少制动两个车轮，且两个车轮不能在车辆同侧。

3）车辆上需要安装一套行车制动器和一套驻车制动器；后者要能使汽车在坡度 $p=25\%$ 的坡道上驻车。

　　这说明制动器具有减少车辆动能来实现减速与使车辆静止的功能。

　　通过能量的转化形式，可以将制动系统分为以下几种形式：

　　1）摩擦制动。

　　2）发动机制动或排气制动。

　　3）电磁或涡流制动。

　　4）基于 Föttinger 原理的液压制动器或液力缓速器。

　　摩擦制动器是乘用车中最常使用的制动器。这些制动器被设计成盘式制动器（现代汽车的标准）或鼓式制动器。图 18-20 展示了一种固定钳式的盘式制动器。

　　这种制动器的特点是制动钳不能相对制动盘垂直移动。在制动盘两侧都有活塞。外侧的活塞（在制动盘与车轮间）限制了制动器与车轮之间的最小距离。

　　浮动钳式的盘式制动器的结构形式如图 18-21 所示。它取消了制动盘与车轮间的活塞，因而制动钳可以相对制动盘垂直移动。因此，这种制动器一个优点是可以被安置在车轮旁边；另一个优点是浮动钳式的盘式制动器的成本较低且可以实现间隙自调整与自动定心。

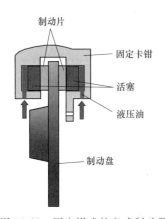

图 18-20　固定钳式的盘式制动器

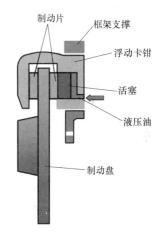

图 18-21　浮动钳式的盘式制动器

　　制动器与车轮之间的距离是影响制动力臂半径 r_σ 的重要几何因素。浮动钳式的盘式制动器的发展使减小扰动力臂半径 r_σ 并将摩擦半径 r_k 减小到零甚至是负值成为可能。负的摩擦半径可以提升车辆动力学性能，但是在装有防抱制动系统（ABS）的车辆中，零或者较小的摩擦半径比较合适。

　　盘式制动器的特点为：

　　1）制动盘具有良好的冷却性，因此很少出现制动的热衰减现象（热衰减是由制动盘加热导致的制动效果降低）。

　　2）具有稳定的制动性能。

　　3）受热膨胀时只有微小的变化。

　　制动系统一般是由液压驱动的，在中心部分有双腔制动主缸，如图 18-22 所示。双腔制动主缸包含两个活塞，分配给两个制动子系统。踩下制动踏板使制动缸推杆推动主活塞，在

正常工作条件下，制动主缸与副缸之间的液体（有一个提供微小力的弹簧）将力从主缸传递给副缸。

如果主液压制动回路失灵（比如液压油泄漏），踏板上的力立刻可以通过主活塞前端处的活塞推杆传递给副活塞，且在这个过程中主液压缸中的压力不会增大。

如果副液压制动回路失灵，副活塞移动到活塞缸端部停止，且副液压缸中的压力不会增大。接着，主活塞继续移动就可以使主液压缸中的压力增加；主活塞的运动行程在这种失灵的情况下更大。在主副活塞之间以及副活塞缸和副活塞之间有弹簧连接，用于在踏板力减小后使系统复原。储液缸中的液体在需要时可以再次充满系统。

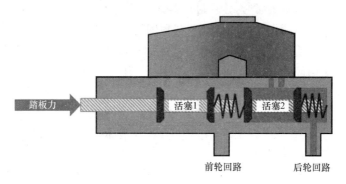

图 18-22　制动回路的结构

双腔制动主缸与储液缸通过两条支路连接，在制动时通过杯形密封件关闭这两条支路。

制动回路的结构有不同的设计形式，如图 18-23 所示。回路通过与它们外观相似的字母命名，如Ⅱ型（或 TT 型或黑白型）、X 型（或对角线型）、HI 型（或 HT 型）、LL 型和 HH型。如今最简单也最常用的形式是Ⅱ型与 X 型。在这两种设计中，每个车轮的制动器在一个回路中只需要一套活塞（在浮动钳的情况下）。另外的设计（HI 型、LL 型和 HH 型）在

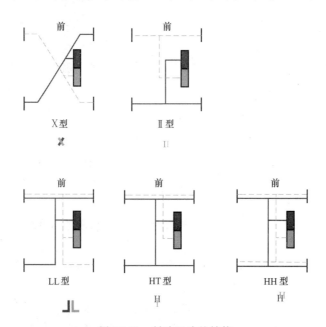

图 18-23　制动回路的结构

一些车轮上需要一套以上的活塞：HI 型和 LL 型的每个前轮有两套活塞，HH 型的每个车轮都需要两套活塞。

在货车或重型汽车中，需要使用额外的制动器，如排气制动器（若使用这种制动器，排气管需要被一个阀部分关闭）、涡流制动器（在涡流制动器中，转子被连接在轴上，定子被连接在底盘上；当电流流过定子线圈时，在转子中产生磁场，它使转子感应产生涡流，此时制动生效）或液压缓速器（在液压缓速器中，液体在定子与转子间产生制动力矩）。

18.5 问题与练习

记忆

1. 说明不同种类的减振器与悬架弹簧。
2. 说明两种气体弹簧一阶固有频率的区别。

理解

1. 为什么车辆制动管路系统中的制动回路不布置在车辆同一边？解释说明。
2. 两条制动回路中的压力相等吗？
3. 前后车轮间不同的制动压力是如何实现的？

应用

说明在一条制动回路失灵后，使用图 18-23 中的不同制动回路结构的车辆在直线行驶与转向时，横摆力矩的变化情况。考虑摩擦半径的正负与轴的弹性。

第 19 章　纵向和侧向主动控制系统

本章讲解影响车辆纵向和侧向动态特性的主动控制系统，主要包括防抱制动系统（ABS）、驱动防滑系统（ASR）和车身电子稳定系统（ESP）。

第 19 章部分
彩色曲线图

19.1　ABS 的主要组成

在紧急制动的危险驾驶环境下，当制动性能达到最高时，如果车辆没有防抱制动系统（ABS），将可能会有一个或多个车轮抱死。前轮抱死意味着车辆丧失转向能力，后轮抱死可能导致行驶不稳定。因此，ABS 对于防止车轮抱死、保证行驶安全性起到至关重要的作用。

ABS 的主要组成部分如图 19-1 所示。传统的制动系统由制动踏板、制动动力单元、包含储液缸的制动主缸、制动管路、制动软管和车轮制动器组成。如果要增加 ABS，还需要增加四个车轮的轮速传感器、液压机构（安装了电磁阀的液压调节器）和一个控制器。轮速传感器用来测量四个车轮的转速，监测各个车轮是否有抱死倾向。车轮的加速度和滑移率是评价抱死倾向的重要参数。有一些 ABS 只需要三个车速传感器，如图 19-2 所示博世公司的 ABS，在这个系统中，后驱动轮的转速通过万向联轴器上的传感器测得。选择车轮加速度和滑移率同时作为评价抱死

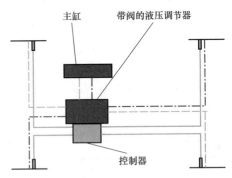

图 19-1　ABS 的主要组成部分

的重要参数的原因是，在一些控制策略中，如果只考虑两个值中的一个，会发生控制不及时、对抱死不敏感的情况。例如，在紧急制动或路面附着力突变时，通过只基于滑移率的控制不能迅速调节滑移率到一个正常值。

如果只控制车轮加速度，在一些轻微制动的工况会使车辆稳定性变差，车轮滑移率过高，因为此时车轮滑移率很难甚至是不可能被检测到。在通常的行驶工况下一般不会达到轮胎与地面的附着极限，但是，借助滑移率控制，在一些极限工况下可以更可靠地检测与控制地面与车轮的附着状态。比如，非驱动轮的轮速可以被用于计算滑移率。

在接下来的例子中可以认识到只基于滑移率控制的局限性。假设四个车轮即将同时抱死，那么车轮圆周速度 v_{ci}（$i=1,\cdots,4$）同时倾向于零（假设四个车轮的加速度相同）：$v_{ci}=at$（此处 a 为加速度，t 为时间），假设车速 $v_v=\dfrac{1}{4}\sum\limits_{k=1}^{4}v_{ck}$ 是由四个车轮的圆周速度 v_{ci} 取平均值得到的。可以得到四个车轮上的滑移率 S_i（$i=1,\cdots,4$）：

$$S_i = \frac{v_v - v_{ci}}{v_v} \tag{19-1}$$

整理得：

$$S_i = \frac{\overbrace{\frac{1}{4}\sum_{k=1}^{4} v_{ck}}^{=at} - \overbrace{v_{ci}}^{=at}}{\frac{1}{4}\sum_{k=1}^{4} v_{ck}} \tag{19-2}$$

即：

$$S_i = 0 \tag{19-3}$$

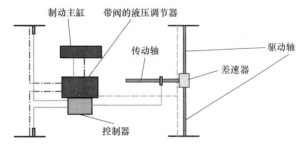

图 19-2　来自博世公司（1978 年）的第一个 ABS 的拓扑图，
它安装了速度传感器用来测量万向轴的速度

　　轮速会随时间线性减小，但这对检测并没有影响。ABS 使用感应式轮速传感器（在旧系统中）和基于霍尔效应的轮速传感器。使用感应式轮速传感器的难点在于它只能在车速较低时产生微小的测量信号，但这个微小信号在一些特定条件下无法进一步精确处理。霍尔式传感器能提供与车速无关的同等质量的被测信号。

　　液压单元（图 19-3）控制着四个车轮制动缸中的制动压力。因为制动回路中的压力不能直接传递给制动轮缸，所以在每个车轮制动器中都需要安装两个两位两通电磁阀。其中一个电磁阀称为输入阀（IV），建立了制动主缸与制动轮缸之间的联系；第二个阀称为输出阀（OV），建立了制动轮缸与反馈回路的联系。低压储罐负责将制动液降压，而回油泵的功能是实现制动液的回流。

　　如果 IV 与 OV 是关闭的，车轮制动缸中压力保持恒定，这是设备控制制动压力的一种方法。如果 IV 关闭，OV 打开，相应车轮上的制动压力与制动力矩都会减小，这是控制器影响制动力矩的第二种方法。当制动压力减小后，可以再次通过关闭 OV 并打开 IV 使制动压力增加。短暂打开 IV 能使压力逐步增加。打开 OV 并关闭 IV 也可以使压力逐步下降。

　　ABS 完整的液压回路如图 19-3 所示。ABS 设备需要满足很多要求，如：

　　1）在不同路面（干混凝土、湿混凝土、结冰路面）条件下能保证行驶稳定性与转向稳定性。

　　2）要尽可能充分利用路面附着能力。

　　3）在路面条件快速变化时，ABS 必须能在短时间内立即介入，避免制动距离增加。

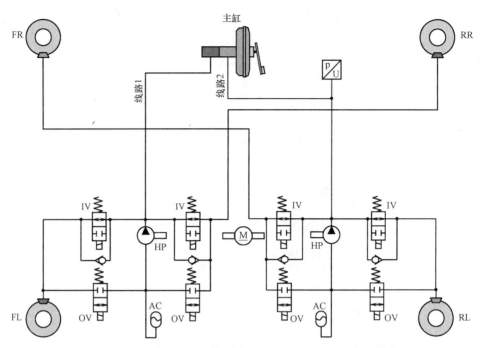

图 19-3　ABS 的液压回路连接（参见 Robert Bosch 2007 年的著作）

ABS 在路面条件变化时介入的时间过长，则意味着干燥、非结冰路面的良好的附着系数没有被充分利用，因此导致制动距离被不必要地延长。

4）如果车轮左侧与右侧路面条件不同（这种情况称为对开路面），那么由于左右侧制动力不同导致的横摆力矩不能发生突变，以便让驾驶人有足够的反应时间控制转向盘。

5）在转向时，ABS 应该也能减小制动距离。极限车速在转向时起着重要作用。在这种条件下，很重要的一点是，地面可提供给车轮的力的大小是有限的（基于卡姆圆）。

6）不平路面会导致轮胎载荷波动，ABS 应该能够控制这种变化的趋势。

7）ABS 也要能控制打滑现象。

19.2　ABS 的工作情况

ABS 参与工作的纵向附着系数与滑移率的曲线（μ-S 曲线）的范围实际上是由直线行驶时的附着极限确定的。图 19-4 展示了不同路面的 μ-S 曲线。纵向力系数 μ 是沿切线方向的纵向力 F_x 与轮胎载荷 F_z 之间的比值：

$$\mu = \frac{F_x}{F_z} \tag{19-4}$$

类似地，对于侧向力 F_y，侧向力系数可以被定义为 $\mu_s = F_y/F_z$。侧向力大小的计算取决于侧偏角 α。对于小的侧偏角，可以认为侧向力与侧偏角之间是线性的关系：$F_y = c_\alpha \alpha$。力 F_x 与 F_y 在这个范围内都起作用并相互影响。因此，纵向力系数 μ 和侧向力系数 μ_s 都受到侧偏角 α 的影响（参见图 19-5）。

ABS 的工作范围位于曲线路面附着系数 μ_a 最大处。附着系数处于最大值的区域是最有

利于实现最小制动距离的区域。唯一例外的情况是针对雪地而言的曲线。这是因为松散的雪会在抱死的车轮前形成楔子形状（这是根据滑移率很大时曲线的斜率得出的），并以此提升制动性能。

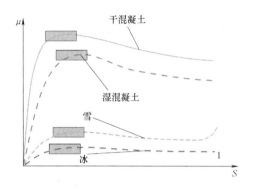

图 19-4 ABS 的工作范围
（摘自 Robert Bosch 2007 年的著作）

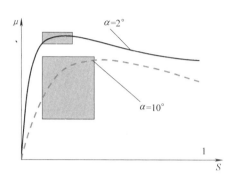

图 19-5 有侧偏角时 ABS 的工作范围
（摘自 Robert Bosch 2007 年的著作）

在沙地或碎石地上制动时也会发生类似的情况。但这些工况对于乘用车而言并不常用，因此并不重要。然而如果安装了 ABS，在这些路面上会使制动距离变长。当在这种路面上开车，关闭 ABS 会减短制动距离。但是，需要注意的、很重要的一点是，这对于越野车辆来说，沙地或碎石地是较为常用的工况。由于 ABS 的介入而使路面无法形成楔子，可能会导致在这些情况（雪、沙地）下，制动距离大幅增加；在某些情况下使车辆无法在斜坡路面上停车。因此对于商用车，在上文描述的这些情况下开车时，需要将 ABS 关闭来缩短制动距离。

图 19-5 展示了转向时的情况。转向时的情况与直线行驶相比，最主要的区别在于车轮在传递纵向力时还需要传递侧向力。这意味着在转向时，ABS 对车轮的控制方式与直线行驶时不同。当侧偏角较小时（如图 19-5 所示的 $\alpha = 2°$），ABS 的工作范围与直线行驶时的工作范围基本一致。

但是，当侧偏角较大时（$\alpha = 10°$），ABS 一开始在滑移率 S 很小和纵向力系数 μ 很小的条件下工作。制动会降低车速从而使侧向力快速下降。离心力 $F_c = mv^2/\rho_{cc}$ 与速度的二次方成正比，因此车速的变化会导致侧向力快速变化。由于在制动过程中侧向力随车速的二次方减小而快速减小，ABS 会在更高的滑移率或纵向力系数下起作用。因此，ABS 可以在更高的制动力下运行。

ABS 的控制变量为车轮的轮速（用于计算圆周加速度）、车轮滑移率、参考速度和车辆减速度。这些值是由轮速传感器的信号计算或估算出的。确定车速的方法之一是计算斜对角车轮的平均速度。但当 ABS 参与紧急制动时，这种方法是不适用的。这时只能粗略地估算出车速。对于驱动轮与非驱动轮而言，车轮的圆周速度 v_c（或加速度）这一变量必须以不同的方式评估。对于非驱动轮，因为车轮的惯性参数已知，因此，在紧急制动中，车轮的圆周减速度可以相对简单地估算出。对于驱动轮，离合器是否接合会使车轮加速度有不同的变化趋势。如果离合器接合在第一档或第二档，车轮与传动系统的惯性值，包括变速器、发动机和内燃机的阻力矩，比非接合状态大很多。因此，在紧急制动的情况下，不同的惯性矩（或不同的质量修正系数）导致的结果是车轮圆周加速度的增加较慢，将会使检测车轮是否抱死变得困难。

接下来，将介绍干燥路面上的一个典型的制动期间的控制循环。重要的变量（制动压力、车轮圆周加速度和车速以及车轮圆周速度）相对于时间的函数如图 19-6 所示。阶段 2~阶段 7 为一个完整的控制循环；阶段 8 标志着一个新的控制周期的开始。

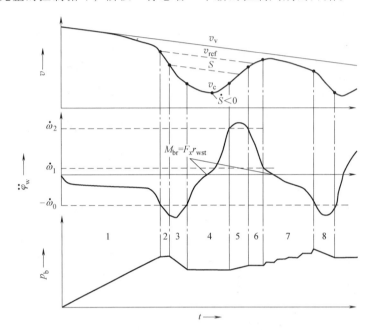

图 19-6 ABS 的控制循环［摘自 Robert Bosch 2007 年的著作；在阀的切换点，变量 $\ddot{\varphi}_w$ 对时间的导数不连续。因为制动压力对时间的导数的不连续性，导致了 $\ddot{\varphi}_w$ 的不连续性：$J_w \ddot{\varphi}_w = M_{br} - F_x r_{wst}$。在 $\dot{v}_c = 0$ 这个点上，滑移率小于 0，$\dot{S} = \dot{v}_v v_c / v_v^2 < 0$，滑移大于 $\mu^{-1}(\mu_h)$；在 $\ddot{\varphi}_w = 0$ 的点上，制动力矩 $|M_{br}|$ 与切向力矩 $|F_x r_{wst}|$ 相等：$M_{br} - F_x r_{wst} = 0$］

首先，在阶段 1，制动压力逐渐升高。这导致车速 v_v 以及车轮圆周速度 v_c 降低。比较这两个速度，可以发现轮速 v_c 比车速 v_v 下降得快。接着，滑移率增加，纵向力系数 μ 接近最大附着系数 μ_a。当纵向力系数超过附着系数时，车轮进入非稳定状态，并且快速减速。这种快速的减速被 ABS 的控制单元检测到。如图 19-6 所示，车轮圆周加速度超过负值 $-\dot{\omega}_0$（这是 ABS 的一个设定值），ABS 控制单元介入。ABS 控制单元的介入包括关闭输入阀，以此在阶段 2 制动压力保持恒定值。阶段 2 的初始速度被称为参考速度，它根据一个明确的参数（如制动开始时对减速度的外推）而持续减小。这里假设滑移率 S 位于 $\mu \approx \mu_a$ 的区域内，因此车辆减速度近似为常数。参考速度逐渐减小到滑移临界值（在图 19-6 顶部的速度图像中以 S 表示）。如果车轮圆周速度低于这个临界值，从阶段 3 开始，在这个阶段中，通过打开输出阀使制动压力减小。制动压力在车轮圆周加速度的绝对值低于 $\dot{\omega}_0$ 的临界值时停止减小，接下来就是压力不变的阶段 4（输入阀与输出阀都关闭）。当车轮圆周加速度超过正值 $\dot{\omega}_2$ 时阶段 4 结束。在这个点说明车轮的加速度仍然存在，同时车轮圆周速度 v_c 正接近于车速 v_v。如果车轮的圆周加速度增加到超过临界值 $\dot{\omega}_2$，则通过打开输入阀而使制动压力增加以使圆周加速度减小，直到加速度第二次达到临界值 $\dot{\omega}_2$。在此时，输入阀关闭（阶段 6），

直到圆周加速度低于临界值 $\dot{\omega}_1$ 时，压力保持恒定。接下来，在第 7 阶段，制动压力增加，直到减速度再次低于负的临界值 $-\dot{\omega}_0$。

接下来，从阶段 8 开始第二个周期，此时制动压力立即减小；在第二个制动周期中，不会出现与阶段 2 类似的恒压阶段。

ABS 在低附着系数的路面上的制动控制循环与高附着系数的路面不同。阶段 1 与阶段 3 对于两种路况都是一样的，在阶段 4 对于低附着系数的路面，需要进一步减小制动压力，否则再次使车轮加速的时间会变得过长，控制周期也会变得过长，ABS 也就不满足短时介入的要求。

19.3 横摆力矩延迟增长

如果左侧车轮的路面特性与右侧不同（不同的附着极限系数，μ_{high} 和 μ_{low}），由于左右制动力大小不同，车辆减速时会产生横摆力矩。根据车辆种类的不同，这个横摆力矩会产生不同的效果，也需要驾驶人进行不同的操作。横摆力矩的产生不只取决于路面附着情况，也取决于车辆的轮距。对于大轮距的车辆，力与力臂的乘积大于轮距小的车辆。如果轮距为 s，那么最大力矩 $M_{\max}$（相对于车辆质心）为：

$$M_{\max} = \frac{s}{2}(\mu_{\mathrm{high}} - \mu_{\mathrm{low}})\frac{G}{2} \tag{19-5}$$

式中，G 为车辆的重量。

根据轴距 l（前后轴之间的距离）与车辆绕垂直轴的转动惯量，这个力矩会产生不同的影响。首先，力矩 $M = M(t)$ 产生了角动量 $L = J_z\dot{\varphi}$。式中，J_z 为绕纵轴旋转的转动惯量；$\dot{\varphi}$ 为横摆角速度。角动量可以通过积分得到：

$$L = \int_0^{\Delta t} M(t)\,\mathrm{d}t \tag{19-6}$$

它在时间 Δt 后产生横摆角速度：

$$\dot{\psi} = \frac{1}{J_z}\int_0^{\Delta t} M(t)\,\mathrm{d}t \tag{19-7}$$

横摆力矩必须由侧向力弥补，这意味着驾驶人需要反打转向盘（参见图 13-3）。反打转向盘产生的相对于质心的力矩为（假设质心位于四个车轮接地点的几何中心，$c_{\alpha1}$ 为前轴一个车轮的侧偏刚度，后轴车轮的侧偏刚度 $c_{\alpha2} = c_{\alpha1}$，$\delta_{\mathrm{counter}}$ 为反打转向盘时前轮转角）[⊖]：

$$M_{\mathrm{counter}} = 2c_{\alpha1}\delta_{\mathrm{counter}}\frac{l}{2} \tag{19-8}$$

对于轴距大的车辆，需要的补偿力反而低于轴距小的车辆。对于大的重型车辆，转动惯量 J_z 很大，因此横摆力矩只会导致整车的横摆角速度缓慢地增加。在横摆角速度增加缓慢且具有大轴距时，大车比小车更容易通过反打转向盘来使车辆回正。反打转向盘对于大车和小车都是必要的，为了使转向盘更容易操控，路面附着系数 μ_{high} 较高的那侧制动压力增加

⊖ 与侧风影响的分析类似，单轨模型的质心侧偏角 $\beta = 0$，前后轮侧偏角 $\alpha_1 = 0$ 和 $\alpha_2 = 0$。在所描述的情况下，只有一个力矩作用在车辆上，没有侧向力产生。这意味着前桥和后桥的侧向力具有相反的符号和相同的绝对值：$\alpha_2 = \delta_{\mathrm{counter}}/2$ 和 $\alpha_2 = -\delta_{\mathrm{counter}}/2$，反之亦然；$|\beta| = \delta_{\mathrm{counter}}/2$。在这种分析中，忽略了 $\beta = 0$ 的几何非线性。

需要有一些延迟。制动压力增加对于小车而言延迟更多，对于大车延迟较少。

制动主缸的压力在路面附着系数较高一侧与较低一侧的压力变化如图 19-7 所示。ABS 的工作循环在两侧基本同时开始。阴影部分的面积代表对两条压力曲线压力差的积分，积分代表了角动量的变化量，因为制动压力与制动力成比例，因此，压力差与制动力之差成比例，横摆力矩可以通过制动力之差来计算。

小型车中压力变化的延迟如图 19-8 所示，大型车中压力变化的延迟如图 19-9 所示。很明显，对于小型车，μ_{high} 侧的压力增加得非常缓慢，这导致了积分很小，从而导致了角动量的变化很小。而对于大型车，形成压力的延迟很短，而积分和角动量的变化很大。

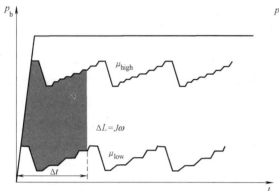

图 19-7　没有压力增大延迟时，对开路面上压力的逐步增长

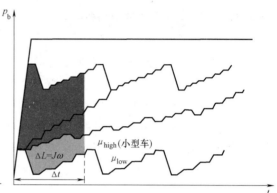

图 19-8　小型车压力的延迟增长

横摆力矩的延迟在转向时起着重要作用。在转向时制动，前轴轮胎载荷增加，后轴轮胎载荷减小。由于轮胎载荷增大，前轴的侧向力增加，后轴的侧向力减小，将产生横摆力矩，使车辆转向弯道内侧。如果考虑轮胎载荷的影响，很明显由于离心力产生的力矩，内外侧轮胎载荷不同：外侧轮胎载荷大于内侧轮胎载荷。如果在这种情况下，ABS 发挥作用，使制动缸压力的增加产生延迟，外侧车轮制动力的增加会有一定延迟。

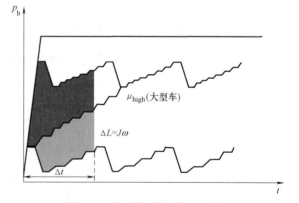

图 19-9　大型车压力的延迟增长

但是这是不可取的，因为外侧车轮制动力的快速增加会抵消载荷转移产生的横摆力矩，阻碍车辆转向内侧弯道的趋势。因此，在转向时，ABS 不能使用制动缸压力增加的延迟来控制车辆，但在左右车轮路面附着系数 μ 不同时却是需要使用的。

19.4　驱动力控制系统

某些工况下，在较差的路面加速时，车轮会打滑。车轮打滑带来的问题是，不仅纵向力会由于打滑而减小，侧向力也不能被传递。驱动防滑系统（ASR）被用于避免这种情况。打

滑有两个重要原因。一是两侧驱动轮的附着系数太低。在这种情况下，两个车轮都会打滑，无法传递侧向力，从而使横向稳定性下降。在后轮驱动的车辆上，侧向力的丧失是致命的，因为这会造成后轮侧滑。另一个原因是左右车轮的路面附着系数不同。车辆上同一车轴上的车轮是通过差速器连接的。差速器能够使左、右（或前、后）驱动轮实现以不同转速转动（车辆在转向时内外车轮转向半径不同）。但是差速器有差速不差转矩的特点，轴间差速的缺点在于可传递的力矩取决于行驶在低附着系数 μ_{low} 路面的车轮。如果这个附着系数很低，那么，即使是在高附着系数 μ_{high} 的路面上滚动的车轮，也只能传递很低的驱动力矩。传统的锥齿轮差速器将驱动力矩同等地分配在左右车轮上。当车辆在对开路面上行驶而在 μ_{low} 侧行驶的车轮打滑时，较高路面附着系数（μ_{high}）一侧的车轮与较低路面附着系数（μ_{low}）一侧的车轮受到来自地面的力矩相同。

这种情况下，就需要 ASR 介入。ASR 有两个任务：

首先，它影响发动机的总力矩，其次，它控制左右车轮之间的力矩分配。如果考虑车轮上的总力矩为 M_{tot}，可以发现它是由万向轴上力矩的一半 $M_{\text{car}}/2$、由于路面情况产生的制动力矩 M_{b} 和由滚动阻力导致的制动力矩 M_{road} 组成的。

$$M_{\text{tot}} = M_{\text{car}}/2 + M_{\text{b}} + M_{\text{road}} \tag{19-9}$$

在这个方程中，制动力矩 M_{b} 和 M_{road} 为负值。总力矩 M_{tot} 与 $M_{\text{car}}/2$ 和 M_{b} 有关。来自万向轴上的力矩 $M_{\text{car}}/2$ 可以通过改变发动机（电动机、燃油发动机或混合动力）参数进行调整，力矩 M_{b} 可以通过制动器上的制动力矩进行调整。

第二项任务为 ASR 可以基于左右车轮各自制动力矩变化来判断是否应当起作用。为了使左右车轮能在车辆加速时制动，除了传统的 ABS 外，还需要实现在没有踩下制动踏板的情况下，制动系统内的压力也可以增加。为了产生这种压力，ASR 中的回油泵必须为自吸泵。然而自吸泵不能让制动缸内产生的压力减少，因此还需要在回油泵和 ABS 各自的输出阀（OV）之间安装一种特殊的单向阀。

ASR 包括两种控制：第一种是万向联轴器控制器，可以控制万向轴处的转矩；第二种为差速锁控制，用来控制车轮之间的转矩差。万向联轴器控制器会对万向轴速度的快速增加产生响应，以防止驱动轴上两个相连的车轮打滑。差速锁控制器对车轮之间的速度产生响应，通过提供制动力矩，对快速打滑的车轮进行制动。这个制动力矩主要影响相应车轮上的总体转矩平衡。通过增加打滑车轮上的转矩，可以传递给没有打滑的 μ_{high} 路面行驶的车轮更大的转矩。

19.5　横向稳定系统

ESP（车身电子稳定系统）[⊖]可以在危险的路面环境下帮助驾驶人维持车辆的稳定性。ESP 能够防止由于车轮打滑导致的事故，并减少驾驶人的转向负担。ESP 在某些驾驶情况恶化的情况下执行。在如今的系统中，ESP 的重要性通常是次于 ABS 与 ASR 的。与 ABS 相比，ESP 是基于如质心侧偏角 β 和横摆角速度 $\dot{\psi}$ 等控制变量的。ESP 的传感器为四个车轮上的角速度传感器。除了 ABS 所需要的传感器，还使用了转向盘转角 δ_{s} 传感器、横摆角速

　　⊖　其他使用的类似系统的名称：DSC（动态稳定性控制）、VSC（车辆稳定性控制）以及许多其他名称和缩写。

度 $\dot{\psi}$ 传感器、测量侧向加速度 a_c 的加速度传感器和测量制动主缸中压力 p_b 的压力传感器，如图 19-10 所示。ESP 的控制原理为通过对单个车轮制动，产生施加在车身 z 方向上的力矩，以使车辆保持稳定。通过制动单个车轮可以产生一个由于纵向制动力而导致的额外横摆力矩，还可以使侧向力减小，这一点在车轮附着力接近最大附着力时（卡姆圆极限区域）尤为重要。

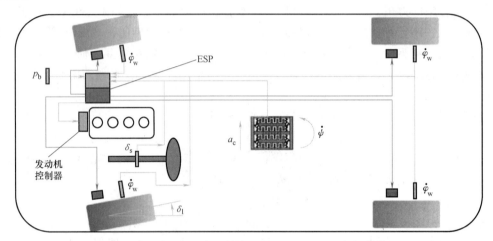

图 19-10　ESP 的组成（摘自 Robert Bosch 2007 年的著作）

使用如侧向加速度 a_c、转向盘转角 δ_s、横摆角速度 $\dot{\psi}$、车轮角速度 $\dot{\varphi}_{wi}$（$i=1,\cdots,4$）以及车辆纵向速度的估计值 v_x 这些量，可以估计出其他变量，如四个车轮上的制动力 F_{xi}、侧偏角 β、四个车轮的侧偏角 α_i、侧向速度 v_y，以及车轮上的侧向力 F_{yi}、轮胎载荷 F_{zi} 和车轮接地面处的合力 F_{ri}（$i=1,\cdots,4$）。

为了估计车辆的侧偏角，由式（19-10）开始：

$$\dot{\beta} = -\dot{\psi} + \frac{1}{v_x}(a_c\cos\beta - a_x\sin\beta) \tag{19-10}$$

根据向心加速度 $a_c = \dfrac{v_x^2}{\rho_{cc}}$（严格来讲，式中应该使用总速度 v，但是车辆的侧偏角一般比较小，因此近似使用 $v \approx v_x$）的关系与角速度 $\dot{\beta}$ 和 $\dot{\psi}$，得到：

$$\frac{v_x^2}{\rho_{cc}} = v_x(\dot{\beta} + \dot{\psi}) \tag{19-11}$$

式中，利用半径为 R 的圆周上的一点的速度 v 来计算角速度 $\omega = v/R$。将 $R = \rho_{cc}$，$v = v_x$ 以及 $\omega = \dot{\beta} + \dot{\psi}$ 代入，得到式（19-11）。

假设纵向加速度 a_x 很小，车辆侧偏角 β 很小，那么可以将式（19-10）简化为：

$$\dot{\beta} = \frac{a_y}{v_x} - \dot{\psi} \tag{19-12}$$

对式（19-12）积分，提供了一个计算车辆侧偏角 β 关于时间的方程：

$$\beta(t) = \beta_0 + \int_{t_0}^{t}\left(\frac{a_y}{v_x} - \dot{\psi}\right)\mathrm{d}t \tag{19-13}$$

由于测量值的误差，需要基于双轨模型的微分方程，使用卡尔曼滤波来估计车辆的纵向速度。

车辆侧偏角 β、横摆角速度 $\dot{\psi}$ 的目标值取决于被测的侧向加速度 a_c、转向盘转角 δ_s 和制动主缸的制动压力 p_b 以及需要的发动机转矩。将目标值与估计值进行比较；如果相差太大，就会计算出一个修正转矩，并通过对单个车轮的制动来产生该修正转矩。

19.6　ABS 与 ESP 的液压机构

X 型的四通道 ABS 液压机构的液压回路如图 19-3 所示。在 X 型液压回路中，每个对角线上的车轮通过两个制动回路进行制动。图中还展示了每个车轮的制动缸都有一个输入阀（IV）和输出阀（OV）。此外，在每个制动回路中，还有一个液压泵（HP）。这个泵用于在输出阀打开时传递制动液以减小制动压力。由于输出阀的响应时间很短，在回路中需要提供一个额外的低压储液器来接收短时间积累的制动液。第一代与第二代 ABS 设备使用三位三通电磁阀，只通过一个阀就能实现如压力增大、压力减小或保持压力的功能。这种阀需要的成本很高且需要供电，机械结构也较为复杂，后来被使用两个两位两通电磁阀所取代。在图 19-3 所示的液压回路中，所有车轮都可以被单独控制，也可以实现将两个后轮作为一个整体进行控制。在这些系统中，使用的是低选原则，也就是对于后两轮来说，ABS 是否介入，取决于在较低附着系数 μ_{low} 的路面上滚动的车轮的滑移率。

如果汽车还安装了 ASR，回油泵必须能独立地使压力升高。在这种情况下需要使用自吸泵。此外，对于 X 型布局的每条制动回路，还需要两个额外的阀，因此，一个 ASR 需要安装一共 12 个阀。图 19-11 展示了 ESP 液压机构的液压回路（X 型制动液压回路）。图中每个制动回路中都有两个额外的阀。与 ASR 相比，在 ESP 的制动回路中可能需要增加驾驶人施加的制动压力。因此，在 ESP 中，设计了高压选择阀（HSV），使其可以在更高的压差下

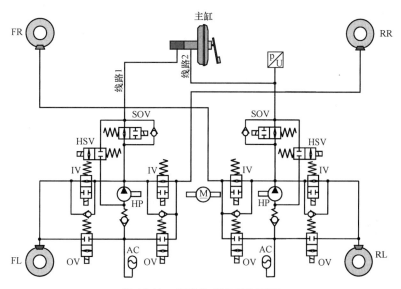

图 19-11　完整的 ESP 液压回路

（参见 Robert Bosch 2007 年的著作或 Bauser 与 Gawlik 2013 年的著作）

进行切换。在 ASR 与 ESP 的主动制动干预期间，高压选择阀（HSV）打开，转换阀（SOV）关闭。这就使液压泵（HP）可以将制动液从储油器泵入相应的制动回路来使制动回路中的压力增大。

每个自吸泵都有一个单向阀，因此自吸泵不会自动从制动缸中泵出制动液。

19.7 主动转向系统

在转向系统方面，主动转向系统在高端、中端和小型车上正在被越来越多地使用（主动前转向，简称 AFS）。这项科技不依赖纯线控转向系统，而是经常使用叠加转向系统。转向盘与齿条的机械连接通过行星齿轮实现（见图 19-12）。转向盘通过行星齿轮与转向柱相连，而太阳轮形成了与齿条之间的联系。通过一个螺旋传动的电动机作为主动元件作用在齿圈上。在电动机或电子控制设备失灵时，有一个电磁锁可以保证齿圈被锁死，这样也能保证转向盘对齿条的机械控制。

主动转向（叠加转向）系统可以实现不同的功能。首先，可以实现根据车速变化来改变转向机构传动比 i_s，如图 19-12 所示。在低速时，转向机构传动比变得很小，此时，转向很灵敏，转向盘转过一个小角度会产生很大的转向。但是在高速时，转向机构传动比变得很大，转向不灵敏，小的转向盘转角产生的转向很小。这种特性在低速时很有用，因为它使车辆操纵更轻便。在高速时，由于提高车辆的可控性进而提高了车辆的舒适性。

除了这种可变的转向机构传动比，系统可以主动介入转向过程，以类似于 ESP 的方式产生航向修正的效果。与 ESP 相比，通过主动转向系统进行转向干预比通过 ESP 进行制动干预更加快速，更难以被察觉，但稳定性不如 ESP。合理的转向干预对于在对开路面制动这一工况也同样有利。

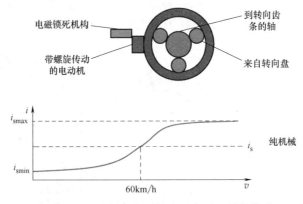

图 19-12 使用行星齿轮的主动转向示意图；转向传动比可变

19.8 问题与练习

记忆

1. ABS 由哪些部件组成？

2. 与 ABS 相比，ASR 需要哪些额外的液压元件？

理解

1. 说明 ABS 的液压系统是如何工作的。

2. 说明 ABS 对制动压力的干预策略。

3. 说明 ABS 的要求。

4. 解释当车辆车轮在对开路面上行驶时，ABS 对于大车和小车控制的不同之处，并解释合适的控制方法。

5. 解释为什么在转向制动工况中，横摆力矩延迟建立并不可取。

6. 解释车辆车轮在对开路面上起步时，ASR 的控制过程。

7. 解释 ASR 中万向联轴器控制和差速锁控制的执行过程。

第 20 章　多体系统动力学基础

在新车的虚拟开发过程中，动力学特性是借助所谓的多体系统动力学（MBS）计算的。前面章节描述的简单模型不足以获得这些动力学特性的细节，需要应用更精确的模型，例如捕捉几何非线性的模型或更精确地获取轮胎特性的模型。因此在本章中将对 MBS 做一个简短的介绍[○]。前面几章的基础仍有助于理解和描述在 MBS 模型辅助下计算出的结果。

MBS 的主要部件是刚体，其由运动副或力元件（例如弹簧）连接起来。

这些实体的特征之一是它们是刚性的，但现代的 MBS 软件也能近似地描述柔性体。

首先来看几个应用示例。

例 20-1　其中一个广泛应用的领域是汽车与火车，但机器人方面的研究也可应用 MBS。图 20-13 展示了车辆前桥的 MBS 模型。通常这些模型包括一个中心刚体，即表示具有座椅和其他内部设备等附加质量的车身。其他刚体有底盘车架、悬架（拖臂、叉臂等）、轮架与车轮以及动力系统的其他部分，如发动机、离合器、变速器、万向轴、差速器和驱动轴。即使 MBS 中实体通常是刚性的，但其中仍有一部分是用柔性体算法计算以获得它们的柔量。

例 20-2　为了研究汽车工业中车辆的安全性，在碰撞试验中使用了假人。这些假人的特性可由 MBS 模拟。四肢是几个刚体，它们由例如转动运动副（肘关节）或球形运动副（髋关节）等连接而成。由于柔韧性对人体其他诸如腹部和喉咙等部分十分重要，因此这些部分近似于由弹簧和减振器连接的数个刚体。

MBS 研究的目的是减少对乘员多次伤害的风险。这一目的可通过优化安全带或安全气囊等乘员安全系统实现。

例 20-3　另一些 MBS 典型例子是由刚体组成不同肢体的机器人。这些肢体由运动副连接起来。这些机器人示例和假人示例的区别在于机器人的每一处运动副都需要动力元件（电动机）。

20.1　刚体动力学

通常一个刚体在三维空间中有六个自由度。对于这六个自由度，一般需要六个变量来描述刚体在空间中的位置和方向。

三维空间中描述 P 点位置至少需要三个坐标。如果假定一个惯性坐标系（O，$\vec{e}_{ix}$，$\vec{e}_{iy}$，$\vec{e}_{iz}$）（参见图 20-1），一个从 O 点到 P 点的矢量 $\overrightarrow{OP} = \vec{r}_P$ 可以用三个坐标 x、y、z（笛卡儿坐标或直角坐标）描述：

$$\vec{r}_P = x\vec{e}_{ix} + y\vec{e}_{iy} + z\vec{e}_{iz} \tag{20-1}$$

人们更喜欢用元组和标量积表示：

○　进一步的介绍推荐阅读 Blundell 和 Harty 2004 年的著作或 Roberson 和 Schwertassek 1988 年的著作。

$$\vec{r}_P = x\vec{e}_{ix} + y\vec{e}_{iy} + z\vec{e}_{iz}$$

表示为：

$$\vec{r}_P = \underbrace{(x,y,z)}_{=\,\underline{r}_P^{\mathrm{T}}} \underbrace{\begin{pmatrix} \vec{e}_{ix} \\ \vec{e}_{iy} \\ \vec{e}_{iz} \end{pmatrix}}_{=\,\underline{\vec{e}}_i} \tag{20-2}$$

或：

$$\vec{r}_P = \underline{r}_P^{\mathrm{T}}\,\underline{\vec{e}}_i \tag{20-3}$$

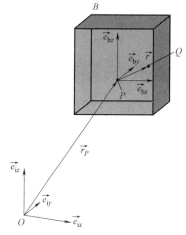

图 20-1　体坐标框架和物体坐标系

如果刚体上只有一点是固定的，那么刚体可以绕这一点旋转，因此刚体的方向是不确定的。由于需要六个变量来描述六个自由度，除了所谓的平移变量 x、y、z（对应于 3 个平移自由度），还要有另外 3 个变量。由欧拉定理（参考 Roberson 和 Schwertassek 1988 年的著作），刚体的运动可以分为平移和旋转，旋转可以由三个参数表示。以下有几种使用这三个参数的方法。

一个简单的方法是引入一个所谓的体坐标框架（P，$\vec{e}_{\mathrm{b}x}$，$\vec{e}_{\mathrm{b}y}$，$\vec{e}_{\mathrm{b}z}$）（参见图 20-1）。物体的朝向可以由基于惯性坐标系（$\vec{e}_{ix}$，$\vec{e}_{iy}$，$\vec{e}_{iz}$）的轴系（$\vec{e}_{\mathrm{b}x}$，$\vec{e}_{\mathrm{b}y}$，$\vec{e}_{\mathrm{b}z}$）的方向来描述。由于这两个坐标系都是右手正交系（根据右手原则：大拇指 $=\vec{e}_x$、食指 $=\vec{e}_y$、中指 $=\vec{e}_z$），因此从数学上可知存在一个旋转矩阵 $\underline{\underline{R}}$，它映射了惯性坐标系到物体坐标系：

$$\underline{\vec{e}}_{\mathrm{b}} = \underline{\underline{R}}\,\underline{\vec{e}}_i \tag{20-4}$$

接下来将回归矩阵的性质。这里，只需要 $\underline{\underline{R}}$ 的逆，即简单的转置：

$$\underline{\underline{R}}^{-1} = \underline{\underline{R}}^{\mathrm{T}} \tag{20-5}$$

现在考虑一个被平移和旋转的物体 B（见图 20-1），想描述这个物体中的一个点 Q。从 P 到 Q 的矢量 $\vec{r}$ 可在体坐标框架的帮助下写成：

$$\vec{r} = \overrightarrow{PQ} = (r,s,t)\,\underline{\vec{e}}_{\mathrm{b}} \tag{20-6}$$

总之，可以得出将矢量 $\overrightarrow{OP}$ 和 $\overrightarrow{PQ}$ 相加可得矢量 $\vec{r}_Q = \overrightarrow{OQ}$：

$$\vec{r}_Q = \vec{r}_P + \vec{r} \tag{20-7}$$

现在想要推导出 Q 点的速度（为了得出物体 B 的动能）。因此，必须将矢量 $\vec{r}_Q$ 对时间求微分。为了进行微分，必须注意到 P 点的坐标 (x,y,z) 是基于时间的，而坐标 (s,r,t) 是与时间相互独立的，因为 Q 点是固定在刚体 B 内的，得到：

$$\dot{\vec{r}}_Q = \dot{\vec{r}}_P + \frac{\mathrm{d}}{\mathrm{d}t}(\vec{r})$$

$$= \dot{\vec{r}}_P + \frac{\mathrm{d}}{\mathrm{d}t}\big[(r,s,t)\,\underline{\underline{R}}\,\underline{\vec{e}}_i\big]$$

$$= \dot{\vec{r}}_P + (r,s,t)\,\underline{\underline{\dot{R}}}\,\underline{\vec{e}}_i \qquad 代入\ \underline{\vec{e}}_i = \underline{\underline{R}}^{\mathrm{T}}\,\underline{\vec{e}}_{\mathrm{b}}$$

$$= \dot{\vec{r}}_P + (r,s,t) \underbrace{\dot{\underline{R}} \underline{R}^T}_{=\underline{\Omega}} \vec{e}_b$$

$$= (\dot{x}, \dot{y}, \dot{z}) \vec{e}_i + (r,s,t) \underline{\Omega} \vec{e}_b \qquad (20\text{-}8)$$

首先考虑矩阵 $\underline{\Omega} = \dot{\underline{R}}\ \underline{R}^T$。为了得到这个矩阵的性质，对单位矩阵

$$\underline{I} = \begin{pmatrix} 1 & 0 & 0 \\ 0 & 1 & 0 \\ 0 & 0 & 1 \end{pmatrix} \qquad (20\text{-}9)$$

进行求导，由于

$$\underline{I} = \underline{R}\ \underline{R}^T \qquad (20\text{-}10)$$

与时间无关，其关于时间的导数为：

$$\underline{0} = \dot{\underline{R}} \underline{R}^T + \underline{R} \dot{\underline{R}}^T$$

$$= \underbrace{\underline{R}\ \underline{R}^T}_{\underline{\Omega}} + \underbrace{(\underline{R}\ \underline{R}^T)^T}_{\underline{\Omega}^T} \qquad (20\text{-}11)$$

因此：

$$\underline{\Omega} = -\underline{\Omega}^T \qquad (20\text{-}12)$$

这意味着 $\underline{\Omega}$ 是角速度的反对称矩阵（或反对称张量）。$\underline{\Omega}$ 的主对角元素为零，其非对角元素只有三个独立变量：

$$\underline{\Omega} = \begin{pmatrix} 0 & \omega_3 & -\omega_2 \\ -\omega_3 & 0 & \omega_1 \\ \omega_2 & -\omega_1 & 0 \end{pmatrix} \qquad (20\text{-}13)$$

有时物体坐标系需要改变，之后得到新的角速度张量 $\widetilde{\underline{\Omega}}$（$\hat{\underline{R}}$ 是从一个物体坐标系转换到另一个轴系的旋转矩阵）：

$$\widetilde{\underline{\Omega}} = \hat{\underline{R}}\ \underline{\Omega}\ \hat{\underline{R}}^T \qquad (20\text{-}14)$$

由旋转产生的 Q 点的速度可以用矢量积来计算：

$$(r,s,t)\underline{\Omega} = (\omega_1, \omega_2, \omega_3) \times (r,s,t) \qquad (20\text{-}15)$$

20.2　刚体的动能

利用刚体 B 上 Q 点的速度方程，现在可以计算出整个刚体 B 的动能。动能可以用于计算出例如带拉格朗日或哈密尔顿式的运动方程。在这种情况下，假设体坐标框架上的 P 点是刚体的质心。如果把点 Q 在刚体 B 中的坐标表示为 (r,s,t)，可得（P 点为质心）：

$$0 = \int_V r\rho \mathrm{d}V$$

$$0 = \int_V s\rho \mathrm{d}V$$

$$0 = \int_V t\rho \, \mathrm{d}V \tag{20-16}$$

式中，V 表示刚体 B 在三维空间中所占区域；ρ 为质量密度。

动能 T 为：

$$T = \frac{1}{2}\int_V \rho \, |\dot{\vec{r}}_Q|^2 \, \mathrm{d}V \tag{20-17}$$

式中，速度的二次方可由下式计算：

$$
\begin{aligned}
|\dot{\vec{r}}_Q|^2 = &(\dot{x}, \dot{y}, \dot{z})(\dot{x}, \dot{y}, \dot{z})^{\mathrm{T}} + \\
&2(\dot{x}, \dot{y}, \dot{z})((r, s, t)\underline{\underline{\Omega}} R)^{\mathrm{T}} + \\
&(r, s, t)\underline{\underline{\Omega}} \underline{\underline{\Omega}}^{\mathrm{T}}(r, s, t)^{\mathrm{T}}
\end{aligned}
\tag{20-18}
$$

其中第二项在式（20-17）中积分后会消失，因为一阶质量矩［如式（20-16）］为零（因为固连于刚体的坐标系的原点 P 为刚体质心）。分别讨论其他两项。第一项为动能的平移部分：

$$\frac{1}{2}\int_V \rho(\dot{x}, \dot{y}, \dot{z})(\dot{x}, \dot{y}, \dot{z})^{\mathrm{T}} \mathrm{d}V = \frac{1}{2}M|\dot{\vec{r}}_P|^2 \tag{20-19}$$

式中，M 为物体 B 的质量。

为了讨论第二项，将式重组：

$$
\begin{aligned}
(r, s, t)\underline{\underline{\Omega}}\,\underline{\underline{\Omega}}^{\mathrm{T}}(r, s, t)^{\mathrm{T}} = &(r, s, t)
\begin{pmatrix}
\omega_2^2 + \omega_3^2 & -\omega_1\omega_2 & -\omega_1\omega_3 \\
-\omega_1\omega_2 & \omega_1^2 + \omega_3^2 & -\omega_2\omega_3 \\
-\omega_1\omega_3 & -\omega_2\omega_3 & \omega_1^2 + \omega_2^2
\end{pmatrix}
\begin{pmatrix} r \\ s \\ t \end{pmatrix} \\
= &\omega_1^2(s^2 + t^2) + \omega_2^2(r^2 + t^2) + \omega_3^2(r^2 + s^2) - \\
&2\omega_1\omega_2 rs - 2\omega_1\omega_3 rt - 2\omega_2\omega_3 st
\end{aligned}
\tag{20-20}
$$

用缩写 J_{jh} 表示二阶质量矩，进而得到整个动能公式，其中最后一项表示动能的旋转部分。如下：

$$
\begin{aligned}
&J_{11} = \int_V \rho(s^2 + t^2)\mathrm{d}V, \quad J_{22} = \int_V \rho(r^2 + t^2)\mathrm{d}V, \\
&J_{33} = \int_V \rho(r^2 + s^2)\mathrm{d}V, \quad J_{12} = \int_V \rho rs \, \mathrm{d}V_V, \\
&J_{13} = \int_V \rho rt \, \mathrm{d}V, \qquad\qquad J_{23} = \int_V \rho st \, \mathrm{d}V
\end{aligned}
\tag{20-21}
$$

现在全部动能可以重写为：

$$T = \frac{1}{2}M|\dot{\vec{r}}_P|^2 + \frac{1}{2}(J_{11}\omega_1^2 + J_{22}\omega_2^2 + J_{33}\omega_3^2 - 2J_{12}\omega_1\omega_2 - 2J_{13}\omega_1\omega_3 - 2J_{23}\omega_2\omega_3) \tag{20-22}$$

张量 $\underline{\underline{J}}$：

$$
\underline{\underline{J}} =
\begin{pmatrix}
J_{11} & -J_{12} & -J_{13} \\
-J_{21} & J_{22} & -J_{23} \\
-J_{31} & -J_{32} & J_{33}
\end{pmatrix}
\tag{20-23}
$$

式中，$J_{12} = J_{21}$，$J_{13} = J_{31}$，$J_{23} = J_{32}$。张量 $\underline{\underline{\Omega}}$ 是基于物体坐标系 $\vec{e}_{\mathrm{b}}$ 计算出的。

如果刚体的物体坐标系改变，新的惯性矩的张量 $\tilde{\underline{\underline{J}}}$ 可由下式计算：

$$\tilde{\underline{\underline{J}}} = \hat{\underline{\underline{R}}}\,\underline{\underline{J}}\,\hat{\underline{\underline{R}}}^{\mathrm{T}} \tag{20-24}$$

动能可以用于推导出例如带拉格朗日或哈密尔顿式的运动方程。

在这里，得出了一个刚体的动能。在 MBS 中通常不止有一个物体，现在必须考虑有两个刚体的情况，如图 20-2 所示。两个刚体可以由运动副连接。两个刚体中的一个，B_1 像前述的刚体 B 一样由惯性坐标系和物体坐标系中的矢量来描述。B_1 和 B_2 之间的运动副位于 B_1 上的 J_1。在这里，引入运动副坐标框架。刚体的物体坐标系 $\hat{\underline{b}}_1$ 可由下式计算：

$$(\vec{e}_{b1x}, \vec{e}_{b1y}, \vec{e}_{b1z})^{\mathrm{T}} = \underline{\underline{R}}_1 (\vec{e}_{ix}, \vec{e}_{iy}, \vec{e}_{iz})^{\mathrm{T}} \tag{20-25}$$

式中，$\underline{\underline{R}}_1$ 是旋转张量。

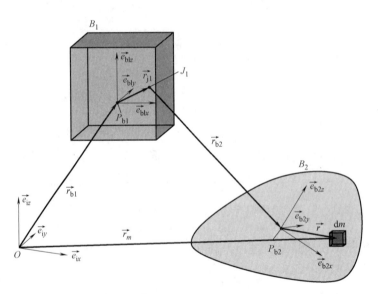

图 20-2　两个刚体

从刚体 B_1 的质心 P_{b1} 到运动副 J_1 的矢量是 $\vec{r}_{j1}$。从刚体 B_2 的质心 P_{b2} 到运动副 J_1 的矢量是 $\vec{r}_{b2}$。

在刚体 B_2 中，考虑无穷小的质量单元 $\mathrm{d}m$。从惯性系的原点 O 到 $\mathrm{d}m$ 的矢量为：

$$\vec{r}_m = \vec{r}_{b1} + \vec{r}_{j1} + \vec{r}_{b2} + \vec{r}$$

$$= \underline{r}_{b1}^{\mathrm{T}} \begin{pmatrix} \vec{e}_{ix} \\ \vec{e}_{iy} \\ \vec{e}_{iz} \end{pmatrix} + \underline{r}_{j1}^{\mathrm{T}} \begin{pmatrix} \vec{e}_{b1x} \\ \vec{e}_{b1y} \\ \vec{e}_{b1z} \end{pmatrix} + \underline{r}_{b2}^{\mathrm{T}} \begin{pmatrix} \vec{e}_{b1x} \\ \vec{e}_{b1y} \\ \vec{e}_{b1z} \end{pmatrix} + \underline{r}^{\mathrm{T}} \begin{pmatrix} \vec{e}_{b2x} \\ \vec{e}_{b2y} \\ \vec{e}_{b2z} \end{pmatrix} \tag{20-26}$$

运动副 J_1 固连在 B_1 上，质量单元 $\mathrm{d}m$ 固连在 B_2 上。因此，如果使用物体坐标系，则矢量 $\vec{r}_{j1}$ 和 $\vec{r}$ 的元组 $\underline{r}_{j1}$ 和 $\underline{r}$ 与时间无关。

$$\vec{r}_{j1} = \underline{r}_{j1}^{\mathrm{T}} (\vec{e}_{b1x}, \vec{e}_{b1y}, \vec{e}_{b1z})^{\mathrm{T}} \qquad (20\text{-}27)$$

$$\vec{r} = \underline{r}^{\mathrm{T}} (\vec{e}_{b2x}, \vec{e}_{b2y}, \vec{e}_{b2z})^{\mathrm{T}} \qquad (20\text{-}28)$$

在这里，必须区分不同种类的运动副，这里有两个例子：

如果 J_1 是一个转动运动副，则刚体 B_2 关于运动副的旋转轴旋转。如果基于刚体 B_2 的物体坐标系计算矢量 $\vec{r}_{b2}$，则 $\underline{r}_{b2}$ 的坐标是与时间无关的。

如果 J_1 是一个平移运动副，则应引入前面提到的运动副固定坐标系$(J_1, \vec{e}_{jx}, \vec{e}_{jy}, \vec{e}_{jz})$。在这种情况下，这个运动副坐标轴系的原点当然固定在运动副 J_1 上。坐标系是以这样一种方式定向的：一个坐标轴（例如 $\vec{e}_{jx}$ 轴）与转动运动副转轴重合，这意味着平移运动副的相对运动轴与转动运动副轴系的旋转轴重合。

在这种情况下，从 J_1 到 P_{b2} 的矢量可基于运动副坐标轴系来表达。如果第一个轴 $\vec{e}_{jx}$ 是平移运动副的运动方向，则只有第一个坐标与时间相关。

只有惯性系的轴系是与时间无关的；其他物体坐标系随时间变化。现在通过引入瞬态旋转矩阵 $\underline{\underline{R}}_1$ 和 $\underline{\underline{R}}_2$ 来用惯性系代替与时间相关的坐标系：

$$(\vec{e}_{b1x}, \vec{e}_{b1y}, \vec{e}_{b1z})^{\mathrm{T}} = \underline{\underline{R}}_1 (\vec{e}_{ix}, \vec{e}_{iy}, \vec{e}_{iz})^{\mathrm{T}} \qquad (20\text{-}29)$$

$$(\vec{e}_{b2x}, \vec{e}_{b2y}, \vec{e}_{b2z})^{\mathrm{T}} = \underline{\underline{R}}_2 (\vec{e}_{b1x}, \vec{e}_{b1y}, \vec{e}_{b1z}) \qquad (20\text{-}30)$$

这样通过对时间求导获得了速度：

$$\dot{\vec{r}}_m = [\ \dot{\underline{r}}_{b1}^{\mathrm{T}} + \underline{r}_{j1}^{\mathrm{T}} \dot{\underline{\underline{R}}}_1 + \dot{\underline{r}}_{b2}^{\mathrm{T}} \underline{\underline{R}}_1 + \underline{r}_{b2}^{\mathrm{T}} \dot{\underline{\underline{R}}}_1 + $$

$$\underline{r}^{\mathrm{T}} (\dot{\underline{\underline{R}}}_2 \underline{\underline{R}}_1 + \underline{\underline{R}}_2 \dot{\underline{\underline{R}}}_1)] \begin{pmatrix} \vec{e}_{ix} \\ \vec{e}_{iy} \\ \vec{e}_{iz} \end{pmatrix} \qquad (20\text{-}31)$$

前四项产生平动动能，第五项产生转动动能，这两个值都是积分后得到的。因为矢量由连续旋转矩阵构成，因此很容易得出动能：

$$\dot{\underline{\underline{R}}}_2 \underline{\underline{R}}_1 + \underline{\underline{R}}_2 \dot{\underline{\underline{R}}}_1 = \dot{\underline{\underline{R}}}_2 \underbrace{\underline{\underline{R}}_2^{\mathrm{T}} \underline{\underline{R}}_2}_{\underline{\underline{E}}} \underline{\underline{R}}_1 + \underline{\underline{R}}_2 \dot{\underline{\underline{R}}}_1 \underbrace{\underline{\underline{R}}_1^{\mathrm{T}} \underline{\underline{R}}}_{\underline{\underline{E}}}$$

$$= \underbrace{\dot{\underline{\underline{R}}}_2 \underline{\underline{R}}_2^{\mathrm{T}}}_{\underline{\underline{\Omega}}_2} \underline{\underline{R}}_2 \underline{\underline{R}}_1 + \underline{\underline{R}}_2 \underbrace{\dot{\underline{\underline{R}}}_1 \underline{\underline{R}}_1^{\mathrm{T}}}_{\underline{\underline{\Omega}}_1} \underline{\underline{R}}_1$$

$$= \underline{\underline{\Omega}}_2 \underline{\underline{R}}_2 \underline{\underline{R}}_1 + \underline{\underline{R}}_2 \underline{\underline{\Omega}}_1 \underbrace{\underline{\underline{R}}_2^{\mathrm{T}} \underline{\underline{R}}}_{\underline{\underline{E}}} \underline{\underline{R}}_1$$

$$= (\underline{\underline{\Omega}}_2 + \hat{\underline{\underline{\Omega}}}_1) \underline{\underline{R}}_2 \underline{\underline{R}}_1 \qquad (20\text{-}32)$$

式中，

$$\hat{\underline{\underline{\Omega}}}_1 = \underline{\underline{R}}_2 \underline{\underline{\Omega}}_1 \underline{\underline{R}}_2^{\mathrm{T}} \qquad (20\text{-}33)$$

是基于 B_2 的物体坐标系的角速度的张量。查看速度的最后一个表达式：

$$
\underline{r}^{\mathrm{T}}(\underline{\dot{R}_2}\underline{R}+\underline{R}_2\underline{\dot{R}_1})\begin{pmatrix}\vec{e}_{\mathrm{ix}}\\\vec{e}_{\mathrm{iy}}\\\vec{e}_{\mathrm{iz}}\end{pmatrix}=\underline{r}^{\mathrm{T}}(\underline{\Omega}_2+\underline{\hat{\Omega}}_1)\underline{R}_2\underline{R}_1\begin{pmatrix}\vec{e}_{\mathrm{ix}}\\\vec{e}_{\mathrm{iy}}\\\vec{e}_{\mathrm{iz}}\end{pmatrix}
$$

$$
=\underline{r}^{\mathrm{T}}(\underline{\Omega}_2+\underline{\hat{\Omega}}_1)\begin{pmatrix}\vec{e}_{\mathrm{b2x}}\\\vec{e}_{\mathrm{b2y}}\\\vec{e}_{\mathrm{b2z}}\end{pmatrix}\qquad(20\text{-}34)
$$

很明显动能可以通过旋转张量的连续相乘及其对时间求导来计算。在对刚体体积积分后，得出了动能，在这里已经省略了平动部分的动能。因为一阶质量矩的消失，所以混合项消失了。

20.3　多体系统的组件

除了刚体外还可以定义其他组件。下面描述包括刚体在内的所有组件。

1. 刚体

惯性属性（质量、一阶和二阶质量矩）对定义刚体是必要的。通常刚体的位置由质心给出，并且这是定义一阶和二阶质量矩的参考点；因此，一阶质量矩为零，在一些程序中不能同时定义刚体物体坐标系上刚体的任一点与相对于这一点的质心。定义惯性属性的另一种方法是定义物体的表面和质量密度。一些 MBS 程序能够通过数值积分来计算惯性属性。在这种情况下，可以定义物体的任意点、表面（如有限元网格）和质量密度（相对于空间变量为常数或非常数函数）。通常定义一个刚体坐标框架；有了这个框架很容易定义二阶质量矩的张量，如果有必要，还可以定义表面。

2. 运动副

在 MBS 中，几个刚体相互作用。实现这些相互作用的一种可能性是使用运动副。这是一种约束，因为它限制了成对物体的相对运动。为了简化定义，附加坐标系位于运动副点上。例如，这些固连于运动副的坐标系定义了旋转运动副的旋转轴。

图 20-3~图 20-8 展示了运动副的一些例子。有些刚体在相对于惯性系的运动中可能受到约束；对于一些特殊的不是两个刚体间的约束，一些 MBS 程序有特殊方式来定义它们。

图 20-3　旋转运动副　　　　图 20-4　平移运动副或棱柱运动副　　　图 20-5　圆柱运动副

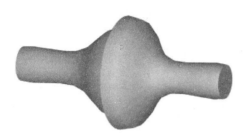

图 20-6　球形运动副

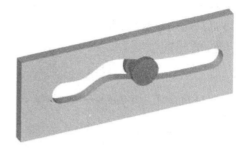

图 20-7　一级非线性运动副

3. 力

力可以用不同的方式来分类。它们可以被细分为主动力和被动力。

被动力只取决于物体的运动（相对位移和速度）。来源于激励的主动力取决于动力源。这些主动力和被动力的类型是外力；另一种类型是来自运动副的约束力或反作用力。

图 20-8　万向联轴器（万向节）

4. 表面几何结构

在所有 MBS 程序中输入刚体的表面是不可能的。如果可能，这些表面既可以用来计算内部惯性特性（总质量、一阶和二阶质量矩），也可以用来计算两个物体接触时的接触力。第一种可能很容易应用在程序中。第二种很有挑战性。因为附加约束力出现在接触的情况下，整个系统的自由度减少。附加约束力取决于接触点的状况：在滑动情况下，在接触处有一个垂直于两个物体公切面的法向约束力和一个取决于法向力和滑动速度等的切向力。在旋转情况下，两个接触物体间所有的反作用力都是约束力。

20.4　刚体的朝向

除了一个点 P（例如质心），在三维空间中描述一个物体还需要物体的朝向。点 P 和朝向通常由相对描述给出，这意味着 P 点的位置是相对于坐标系原点的位置给出的，并且朝向是由相对于参考系的物体坐标系给出的。

正如本章开头描述的，相对位移是由三个笛卡儿坐标给出的。朝向可由一个旋转矩阵 $\underset{=}{R}$ 描述。该矩阵有三个自由参数，并且在 MBS 程序中，有几种方法将矩阵输入程序。

1. 由数值描述的旋转矩阵

一种可能是输入全部九个元素。用数值定义的旋转矩阵是不合适的。例如，考虑这个矩阵：

$$\underset{=}{R} = \begin{pmatrix} \dfrac{\sqrt{6}}{4} & \dfrac{\sqrt{2}}{4} & \dfrac{\sqrt{2}}{2} \\[2mm] -\dfrac{\sqrt{6}}{4} & -\dfrac{\sqrt{2}}{4} & -\dfrac{\sqrt{2}}{2} \\[2mm] \dfrac{1}{2} & -\dfrac{\sqrt{3}}{2} & 0 \end{pmatrix} \tag{20-35}$$

这是三个不同方向旋转（30°、90°和45°）的结果。很明显，有许多二次方根，这些二次方根只能用数值来近似。这可能会导致违反必要条件，例如 $\det(\underline{\underline{R}}) = 1$。

2. 欧拉角

每一个旋转矩阵可以由三个简单的旋转参数来表示。通常欧拉角用于描述简单的旋转。使用欧拉角描述一个简单的旋转角度，第一次旋转相对于轴 $\vec{e}_3$，然后相对于新的轴 $\vec{e}_1$，最后一次旋转相对于新的 $\vec{e}_3$ 轴。一个关键点是旋转是相对于由先前旋转产生的新轴进行的，三次旋转意味着有三个旋转参数。一个重点是第一轴和最后一个轴互相相关，因为最后一个旋转轴是通过第二次旋转得到的第一旋转轴。用 3-1-3 来描述前述的旋转顺序。

当然也有其他可能性，例如 3-2-3、1-3-1、1-2-1、2-1-2、2-3-2。这些旋转顺序的共同特征是第一个旋转轴与最后的旋转轴是相同的。整个旋转可以由三个角描述，例如 φ、ϑ、ψ。一些文献中约定使用修正角。

这种旋转矩阵的表示中有一个奇点。考虑第二角度 $\vartheta = \pi = 180°$ 或 $\vartheta = 0$ 的情况。第一旋转角和第三旋转角具有相同的值 $\varphi - \psi$ 或 $\varphi + \psi$，分别产生独立于数值 φ 和 ψ 的各个值相同的旋转矩阵。这种情况的原因是第一和最后旋转轴是重合的（数学上的原因是只有具有 $\varphi - \psi$ 或 $\varphi + \psi$ 参数的三角函数出现在整个矩阵中）。

下面是一个欧拉角的旋转矩阵的例子：

$$\begin{pmatrix} \cos\psi\cos\varphi - \cos\vartheta\sin\varphi\sin\psi & \cos\psi\sin\varphi + \cos\vartheta\cos\varphi\sin\psi & \sin\psi\sin\vartheta \\ -\sin\psi\cos\varphi - \cos\vartheta\sin\varphi\cos\psi & -\sin\psi\sin\varphi + \cos\vartheta\cos\varphi\cos\psi & \cos\psi\sin\vartheta \\ \sin\vartheta\sin\varphi & -\sin\vartheta\cos\varphi & \cos\vartheta \end{pmatrix}$$

3. 泰特-布莱恩角

欧拉角的主要特性是第一和第三旋转是绕同一轴。在泰特-布莱恩角的定义中所有轴都是不同的，例如第一次旋转相对于 $\vec{e}_1$ 轴（角 α），第二次旋转相对于 $\vec{e}_2$ 轴（角 β），第三次相对于 $\vec{e}_3$（角 γ）。角 α、β 和 γ 被称为泰特-布莱恩角。有时，特别是在德语文献中，它们被称为卡丹角，在程序中有时被称为 1-2-3 欧拉角。与欧拉角相似，当第二角 $\beta = \pi/2$ 或 $\beta = 3\pi/2$ 时会出现一个奇点。

4. 欧拉参数

每个旋转矩阵都有一个特征值 1。这个特征值的特征矢量可以被认为是旋转轴；对应角度是 α，可以用旋转矩阵 $\underline{\underline{R}}$ 的迹计算：

$$\operatorname{tr}(\underline{\underline{R}}) = 1 + 2\cos\alpha \tag{20-36}$$

5. 四元数

四元数是复数的扩展。在复数中，虚数单位 j（$j^2 = -1$；有时也被写作 i）被引入以扩充实数域到复数域。四元数与加法运算和非交换乘法运算一起称为非交换代数。每个四元数可以被描述（类似于复数的描述方式）为：

$$\alpha_1 + \alpha_2 i + \alpha_3 j + \alpha_4 k \tag{20-37}$$

这里引入 i、j、k，类似于复数中为把实数域扩展到复数域而引入的 j。额外引入的 i、j、k 满足如下乘法规则（此列表不完整）：

$$ijk = i^2 = j^2 = k^2 = -1 \tag{20-38}$$

$$ij = k \tag{20-39}$$

所有绝对值为 1 的四元数都等价于一组旋转，欧拉角可以被映射到四元数。四元数的应用领域包括计算机图形和机器人的编程。

6. 凯利-克莱因参数

另一种表示旋转的方法涉及使用这种形式的复矩阵：

$$\underline{Q} = \begin{pmatrix} \alpha & \beta \\ \gamma & \delta \end{pmatrix} \tag{20-40}$$

如果这些分量满足下列方程（横杠表示复共轭）：

$$\alpha = \bar{\delta} \tag{20-41}$$

$$\gamma = \bar{\beta} \tag{20-42}$$

则这些矩阵是上述四元数的一种表示。在如下附加条件下：

$$\alpha\delta - \beta\gamma = 1 \tag{20-43}$$

这些矩阵是绝对值为 1 的四元数的表示，因此是旋转的表示。这些参数 α、β、γ 和 δ 通常被称为凯利-克莱因参量。

7. 坐标系

这种旋转定义的可能对用户来说简单方便。这种想法是用三个点定义一个坐标系：第一点 N_1 是坐标系的原点，第二点 N_2 定义了矢量 $\vec{e}_1$（参见图 20-9）的方向，第三点 N_3 定义了 N_1 和 N_2 所在的平面。这个平面上有两个矢量垂直于 $\vec{e}_1$。点 N_3 是由两个矢量 $\vec{e}_1$ 和 $\vec{e}_2$ 定义的平面上的一点，因此可以选出矢量 $\vec{e}_2$（图中虚线

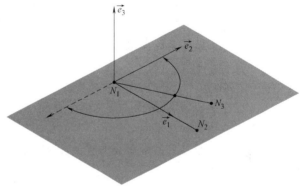

图 20-9 用坐标系定义的旋转矩阵

表示的矢量不满足条件，而实线表示的矢量满足）。第三个矢量是由矢量叉乘 $\vec{e}_3 = \vec{e}_1 \times \vec{e}_2$ 定义的。

20.5 方程的推导和求解

20.5.1 节描述推导运动方程的主要方法，而 20.5.2 节描述求解这些方程的算法。

20.5.1 方程的推导

为了能自动推导运动方程，计算机需要系统地描述 MBS 的不同部分，如何相互连接。实现这一目标存在不同的方法，其中一个例子涉及使用图形来描述这些相互连接。

这种图形是一系列顶点 $V = \{v_j, j = 1, \cdots, N\}$，其中每个顶点代表坐标系的一个刚体和连接顶点的一组分支。一个分支有一对两个顶点。这对顶点 (v_j, v_k) 代表两个刚体 v_j 和 v_k 之间的相互作用。这种相互作用可能是由运动副导致的结果，而不是由力元件导致的。

这种图形的一个重要属性是它是否存在一个回路。一个回路是由一系列分支$\{v_{i1},v_{i2}\}$，$\{v_{i2},v_{i3}\}$，$\cdots$，$\{v_{ik-1},v_{ik}\}$组成的，其中$v_{i1}=v_{ik}$，这意味着这些分支构成了一个闭环。运动方程的数值解算法根据是否存在回路而不同。没有回路的MBS可以由一系列简单的微分方程描述，而带有回路的MBS可以由一个所谓的微分代数方程（DAE）系统描述。DAE的数值解法远比微分方程复杂。

建立运动方程有两种主要方法。第一种方法被称作欧拉法。这种方法从N个刚体中每一个刚体的牛顿-欧拉运动方程开始。如果牛顿-欧拉方程是由一阶微分方程表示的，则每个刚体有12个方程，则整个系统有$12N$个方程。一组未知量是位移（如质心）和旋转角（如欧拉角）及其对时间的一阶导数，所以每个刚体有12个未知量。此外，约束中还有未知的力和力矩，总的来说，未知量比方程要多。附加信息来自约束方程和一些动力学原理（见Ro-berson和Schwertassek 1988年的著作）。在建立运动方程的过程中，$12N$个变量必须减少并且来自约束的力必须被消去。因此该方法又被称为消元法。第二种方法是为未知的约束力和力矩引入额外变量，即所谓的拉格朗日乘数法。由于在过程中增加了未知量，这个方法又被称为增广法。

其他建立运动方程的方法包括应用拉格朗日方程或哈密顿方程。

由于描述刚体运动的变量之间相互依赖，且必须满足运动一致性条件，因此所有的方法都存在一个难点，即闭合运动链。

20.5.2 方程的求解

运动方程在MBS树状结构中是常微分方程，在具有闭合运动链的MBS中是微分代数方程。两种方程的数值解法不同。

只考虑没有代数部分的常微分方程的简单方法。该方程可以写为如下简单形式：

$$\dot{y}=f(t,y),y(t_0)=y_0 \tag{20-44}$$

元组y包括约束力和约束力矩消去后的状态变量（消元法）或者说元组包括全部N个刚体的$12N$个变量，以及约束力和力矩的拉格朗日乘数。图20-10所示的一阶显式欧拉法是最简单和最具说明性的方法之一。在这种方法中，一个多边形是逐步计算的，其中的步长h可以是可变的。局部收敛速度是二次的。

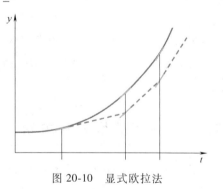

图20-10 显式欧拉法

一般来说，求解过程可以分为显式法和隐式法，也可以分为单步法和多步法。

起始点是$t=t_0$时刻的初始值Y_0。由此，迭代过程产生了函数y在$t=t_n$处的近似值Y_n。这些求解过程可以被如下公式描述：

$$Y_{n+1}=\psi(Y_n)\text{ 显式单步法} \tag{20-45}$$

$$Y_{n+1}=\psi(Y_{n+1},Y_n)\text{ 隐式单步法} \tag{20-46}$$

$$Y_{n+1}=\psi(Y_n,\cdots,Y_{n-(k-1)})\text{ 显式多步法} \tag{20-47}$$

$$Y_{n+1}=\psi(Y_{n+1},\cdots,Y_{n-(k-1)})\text{ 隐式单步法} \tag{20-48}$$

在这些过程中，迭代公式的步长 $h_n = t_n - t_{n-1}$。如果假设步长 $h_0 = h_1 = h_2 = \cdots$，并且使用 h 表示这个步长，那么可以考虑迭代过程的局部和全局截断误差。

假设 $Y_n = y(t_n)$ 是精确解，如果

$$|Y_{n+1} - y(t_{n+1})| \leq Mh^{p+1}, p \geq 1 \tag{20-49}$$

则局部截断误差的阶数为 p。

若

$$|Y_n - y(t_n)| \leq \tilde{M}h^p, p \geq 1 \tag{20-50}$$

式中，$Y_0 = Y(t_0)$，则 Y_n 的全局截断误差的阶数为 p。

在一定条件下，可以从 p 阶的局部截断误差推导出 p 阶的全局截断误差。

20.6　MBS 的应用

MBS 在车辆动力学领域有多种应用。

这些应用的一部分涉及发动机和动力系统。图 20-11 显示了一个用于内燃机的摇臂气门驱动的示例。例如，在这个应用中，可以使用 MBS 计算凸轮凸角和推杆之间的力。另一个例子涉及计算动力系统的动态特性，如图 20-12 所示。转矩在这一应用中起着重要的作用，特别是在动态操纵中。如果在模型中引入了柔度，也可以研究扭转振动。

例如，车辆动力学研究整车特性的几个方面：

1）不足转向/过度转向。
2）转向过程中发动机转矩变化的影响。
3）转向时制动的影响。
4）考虑构件动态载荷和相对位移的空间设计研究。
5）悬架的运动学和柔顺性。

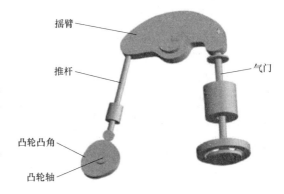

图 20-11　摇臂阀驱动
（来自 MBS 软件 ADAMS 的例子）

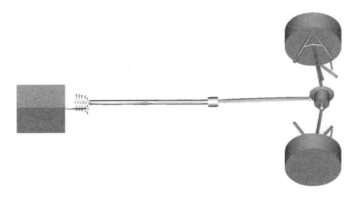

图 20-12　后驱传动（来自 MBS 软件 ADAMS 的例子）

图 20-13 显示了一个麦弗逊前悬架的典型组件。例如，刚体是轮架、车轮或 A 型控制臂。麦弗逊悬架支柱的下部不是额外的单体，因为它们与轮架紧密相连。一个额外的刚体是副车架。A 型控制臂通过橡胶衬套与副车架相连，副车架本身也通过橡胶衬套与底盘相连。此外，图中显示了转向装置和驱动轴。动力装置当然是 MBS 的一部分，但没有在图 20-13 中显示，而是显示了动力装置和横向稳定杆的两个安装座。

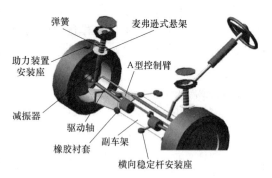

图 20-13　麦弗逊前轴的 MBS 模型

有些主要刚体没有详细显示，而是显示成一个小球体，它代表质心和惯性属性。运动副不可见，但包括在模型中，例如，A 型控制臂和轮架之间的运动副。如上所述，许多刚体不是用理想的刚体连接，而是用弹性衬套连接。

有些元件（如弹簧、减振器、衬套、支架）不是用物理模型描述的，而是用特征曲线描述。一个简单的例子是弹簧的力-位移曲线，或减振器的力-速度曲线。但对于多轴负载支座，如连接动力装置和车身之间的液压支座，曲线或特性图将变得更加复杂。

轮胎在涉及整车应用的 MBS 中起着至关重要的作用，有大量模型可供选择。这些模型可以根据不同的特征进行分类，如振幅和频率、复杂性或基础的数学描述。

借助这些模型可以进行许多研究。其中一个例子是稳态转向或阶跃转向操纵时的转向特性。后者的仿真结果如图 20-14 所示。该图显示了车辆的重要动态变量，如横摆角速度、转向角和侧向加速度（从左到右的垂直轴）。另一个例子如图 20-15 所示，其中转向角是侧向加速度的函数。

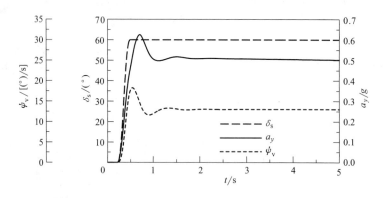

图 20-14　阶跃转向特性的仿真结果

当然，只存在刚体的假设是一种简化。实际上物体从来不是刚性的。这种假设带来的误差可能很小，但在某些情况下不能忽略刚体的变形。

例如，在某些情况下，可能想知道底盘的应力以评估可靠性或耐久性。在其他情况下，变形可能会影响悬架的运动学和柔顺性结果，例如副车架的变形。

由于应力和应变是预测疲劳的关键，因此只能通过考虑底盘的变形来进行此类研究。

有几种描述柔性体的方法。这里大致概括了其中一个，类似于 Craig-Bampton 方法（或固定界面法)。使用图 20-16 中所示的例子简要描述了自由界面方法，该方法显示了一个主体（一个矩形板）通过球形运动副在三个点与相邻的刚体相连。球形运动副有三个转动自由度，这意味着板和物体之间不可能相对平移。

在 MBS 中描述板的可变性首先涉及在有限元程序中对板进行建模（使用实体或壳单元）。将每一个运动副被锁定的自由度解锁，并引入一个单位力（用于平动自由度）。如果转动自由度被解锁，则在有限元模型中引入一个单位力矩。利用这些单位

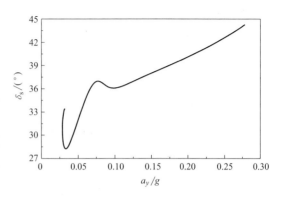

图 20-15　准稳态转向
（对于具有某些初始振荡的小侧向加速度）

量（力或力矩），在有限元程序中计算静态变形（或静态模态）。在所描述的示例中，有 9 种静态模态。

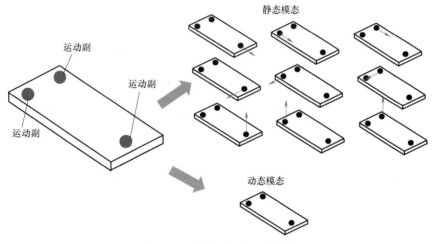

图 20-16　自由界面方法的模态

在这一步确定静态模态后，删除所有的运动副，并对板进行固有模态研究。这就产生了许多特征值和特征模态（或自然模态），称之为动态模态。静态模态和动态模态现在都用来建立运动方程。将静态模态称为 $u_{si} = u_{si}(x, y, z)$，而将动态模态称为 $u_{di} = u_{di}(x, y, z)$。然后可以使用以下函数来近似计算板的变形 u：

$$\underline{u} = \sum_{i=1}^{N_s} \alpha_{si} \underline{u}_{si} + \sum_{i=1}^{N_d} \alpha_{di} \underline{u}_{di} \tag{20-51}$$

这个公式允许通过对柔性体体积的积分来建立动能和势能的表达式。由于每个锁定自由度都有一个静态变形模态，因此相邻物体的每一种构型都可以用静态变形模态来精确描述。动态模态描述了系统的动态特性。在特征值分析中，通常不限制特征值的数量（在有限元特征值分

○ 此处概述的方法表示为自由界面法，并在 MacNeal 1971 年的第一批出版物之一中进行了描述；它是 Craig-Bampton 方法的推广，参见 Craig 和 Bampton 1968 年的著作。

析中，限制由所有节点的自由度给出）。因此，动态模态的数目通常受频率的限制。

动能和势能项含有与时间相关的系数 α_{si} 和 α_{di}，是系统的附加自由度。动能和势能可以用来建立整个系统的运动方程，例如使用拉格朗日公式。

20.7 问题与练习

记忆

1. 哪些组件可以在 MBS 中定义？
2. 描述一个旋转需要多少个参数？
3. 描述一个平移需要多少个参数？
4. 你知道哪些求解常微分方程的算法？

理解

1. 解释欧拉角和泰特-布莱恩角。
2. 解释一种考虑 MBS 中柔性体的方法。
3. 考虑一个由两个物体组成的系统，它们由转动运动副（平动运动副、圆柱运动副、球形运动副、旋转运动副）连接。这个系统有多少个自由度？
4. 对于一个转动运动副（平动运动副、圆柱运动副、球面运动副、万向联轴器），在自由界面法中需要计算多少个静态模态？
5. 对于一个转动运动副（平动运动副、圆柱运动副、球面运动副、万向联轴器），在自由界面法中必须计算哪个静态模态？

术 语 表

加速阻力：加速阻力源于达朗贝尔惯性力。这些惯性力（由平移或转动运动产生）的合力被称为加速（或惯性）阻力 F_i。加速阻力不仅包括平移加速度带来的惯性力，还将旋转质量的角加速度带来的纵向力考虑在内。

阿克曼转向角：为了描述车辆质心侧偏角和转向轮转角，引入速度趋于零时的前轮转角 δ_{10}：

$$\delta_{10} = \lim_{v \to 0} \delta_1 = \frac{l}{\rho_{cc}}$$

称 δ_{10} 为阿克曼转向角。

空气动力学阻力：对于正面投影面积为 A 的车辆，纵向行驶速度为 v_v 时，一个作用在车上的纵向力 F_a，即所谓的空气动力学阻力（风速 $v_a = 0$）：

$$F_a = c_d A \frac{\rho_a}{2} v_v^2$$

式中，c_d 为空气阻力系数，现代乘用车的空气阻力系数大概为 $0.2 \sim 0.3$；投影面积 A 通常为 $2\mathrm{m}^2$。

外倾角：指车轮 $\vec{e}_{wx}$-$\vec{e}_{wz}$ 平面与竖直方向轴线 $\vec{e}_{iz}$ 之间的夹角。当车轮向车身外侧倾斜时，车轮外倾角 γ 为正值，反之为负值。

轮胎主销拖距：侧向力 F_y 的作用点不在轮胎的对称平面上，而是沿着 x_w 方向偏移了一段距离 n_{tc}。距离 n_{tc} 称为轮胎主销拖距（见图 11-7b）。

曲率圆：曲率圆是一个纯粹的几何图形，它在某一点局部逼近轨迹。这意味着即使没有车辆沿着轨迹运动曲率圆也是存在的，它是轨迹的特性。

轮胎接地面：指轮胎与地面的接触部分。轮胎接地面的大小取决于轮胎的设计与尺寸、胎压和轮荷。对于乘用车的车轮，它大概有一张明信片大小（与此相比，有轨铁路车轮的接触区域只有拇指甲大小）。

侧偏刚度：在轮胎小侧偏角（$\alpha < 4°$）的情况下，侧向力 F_y 可近似线性化为：

$$F_y = c_\alpha \alpha$$

式中，c_α 就称为侧向力系数或者侧偏刚度。

参考系：$(A, \vec{e}_x, \vec{e}_y, \vec{e}_z)$ 为仿射空间里的参考系。其中，A 为原点，$\vec{e}_x$、$\vec{e}_y$、$\vec{e}_z$ 为笛卡儿坐标系的坐标轴。为了表示 P 点相对于 A 点的位置，需要用到三个坐标 x、y、z：

$$\overrightarrow{AP} = x\vec{e}_x + y\vec{e}_y + z\vec{e}_z$$

当 A 点为空间（或惯性参考系）里的一个定点，则参考系为惯性参考系（有时也称为地面/大地坐标系）。如果 A 点和笛卡儿坐标系的轴线 $\vec{e}_x$、$\vec{e}_y$、$\vec{e}_z$ 在物体上且与物体固连，此时称为物体坐标系。

四分之一车辆模型：四分之一车辆模型（双质量简化系统，图 10-1）是保留车辆动力学必要特征最简单的简化系统。该简化系统含有两部分质量：m_b（此处 m_b 代表 1/4 的车体质量）和 m_w（车轮质量）。弹簧和减振器安装在两部分质量中间（弹簧刚度 k_b，阻尼系数 b_b）。车轮质量 m_w 与不平路面之间同样存在弹簧-阻尼系统（弹簧刚度 k_w，阻尼系数 b_w）。将车轮简化成车轮质量 m_w、轮胎刚度 k_w 和轮胎阻尼 b_w 三部分有助于更好复现轮胎的特性。

驾驶性能图：驾驶性能图包含：

1）将发动机的实际输出特性图换算成与行驶速度相关的作用在车轮上的驱动力和功率的函数，并画在同一张图表中。

2）车辆所需的驱动力（即行驶阻力）或驱动功率。

通过这些图，可以确定车辆平路上最大行驶速度、任意档位下的爬坡能力和加速性能等。

坡度阻力：坡度阻力（爬坡阻力）F_g 为车辆重力沿平行于路面方向的分力：

$$F_g = m_{tot} g \sin\alpha$$

瞬时转动中心：瞬时转动中心是一个假想点。在某一瞬时认为车辆绕这一点转动，如果想象一个与车辆相固连的且与路面平行的无限大的一个刚性平面，瞬时转动中心就是这个平面上的不动点，即这一点的速度就为零。瞬时转动中心 M_{cr} 是车辆上任意不同两点速度矢量法线的交点。

渐进比：渐进比 α_{gz} 表示两级相邻档位的传动比的比（商）：

$$\alpha_{gz} = \frac{i_{z-1}}{i_z}, z = 1, \cdots, N_{z\,max}$$

滚动阻力系数：滚动阻力系数 f_r 为轮胎接地面处的滚动阻力 F_r 与法向力 F_z 的比：

$$f_r = \frac{F_r}{F_z}$$

滚动阻力：车轮在地面上滚动时，轮胎接地面中会产生作用于路面与车轮之间的不对称的法向力分布（图 2-2）。非对称法向力的合力 F_z 的作用线不过轮心，而沿着滚动方向偏移了一段距离。轮心与 F_z 的作用线之间的距离即为轮胎拖距 e_w，从而产生力矩 $M_w = e_w F_z$。为了克服这个力矩，驱动轮处必须有驱动力矩，从动轮则必须有牵引力 F_r 存在。此时的力 F_r 就被称为滚动阻力。可以通过解力矩平衡方程 $0 = r_{wst} F_r - e_w F_z$ 得到 F_r：

$$F_r = \frac{e_w}{r_{wst}} F_z$$

对驱动轮，滚动阻力为：

$$F_r = \frac{M_w}{r_{wst}}$$

自转向系数：下述系数：

$$\frac{1}{i_s l} \frac{\partial(\delta_s - \delta_{s0})}{\partial(v^2/\rho_{cc})}$$

被称为车辆的自转向系数。若不考虑转向系刚度，那么自转向系数变为：

$$\frac{\partial(\delta_1-\delta_{10})}{\partial(v^2/\rho)}$$

单轨模型：单轨模型是研究车辆侧向动力学的关键模型，利用该模型可以得出车辆侧向动力学关键参数之间的关系以及一些结论。单轨模型通常构成简单 ESP 系统的基础。关于单轨模型一个重要的假设是：车辆质心位于地面上，即车辆质心到平坦路面的距离是 0，$h_{cm}=0$。但这种简化也限制了模型的普适性。

滑移率：对驱动轮而言，滑移率 S 定义为车轮的圆周速度 $v_c=R_{w0}\omega$ 和车辆行驶速度 v_v 的差值与车轮圆周速度 v_c 的商：

$$S=\frac{v_c-v_v}{v_c}$$

制动状态下车轮的滑移率定义为：

$$S=\frac{v_v-v_c}{v_v}$$

滑移率通常用百分比表示。

轮胎侧偏角：当轮胎的 x_w 轴方向（轮胎坐标系中的纵向方向）与运动方向（图 11-7b 中的 $\vec{v}_w$ 方向）不重合时发生横向偏离。把 x_w 与 $\vec{v}_w$ 的夹角 α 称为轮胎侧偏角。

束角：束角描述了车轮绕 $\vec{e}_{wz}$ 轴的静态旋转。当车轮向内侧转时，称之为前束（见图 15-1a）；当车轮向外侧转时，称之为后束（见图 15-1b）。当车轮为前束时，角 δ_{10} 为正，后束时为负。

传动比：传动比 i_z 为变速器或齿轮的输入速度 n_{iz} 与输出速度 n_{oz} 之比（商）：

$$i_z=\frac{n_{iz}}{n_{oz}},z=1,\cdots,N_{z\,max}$$

下标 z 表示处在第 $N_{z\,max}$ 档的传动阶段。传动比与速度无关。

轮胎纵向力系数：车轮处于驱动或制动状态下产生一个切向力 F_x，其大小取决于滑移率 S 和法向力 F_z：

$$F_x=\mu(S)F_z$$

系数 μ 称为轮胎纵向力系数。μ 为滑移率 S 的函数，驱动状态下与制动状态下的系数近似相等：$\mu(S)\approx\mu_b(S)\approx\mu_d(S)$。

过度转向：如果 $v_{ch}^2<0$，这意味着车速 v 升高时，需要减小转向盘转角（来维持转向半径 ρ_{cc} 不变），这种情况称为过度转向。

不足转向：如果 $v_{ch}^2>0$，这意味着车速 v 升高时，需要增大转向盘转角（来维持转向半径 ρ_{cc} 不变），这种情况称为不足转向。

质心侧偏角：车辆质心运动方向与车辆纵向轴线之间的夹角 β 称为质心侧偏角。横摆角与质心侧偏角之和即为车辆航向角。